D1726529

СЕКРЕТНАЯ ПАПКА

ДЕЛО №_____

ГОД_____

ХРАНИТЬ_____ЛЕТ

Москва
ЦЕНТРПОЛИГРАФ
2000

СЕКРЕТНАЯ ПАПКА

ДЕЛО №_____

КОНСТАНТИН ПРЕОБРАЖЕНСКИЙ

_____ ГОД _____

ХРАНИТЬ_____ЛЕТ

КГБ В ЯПОНИИ

ШПИОН, КОТОРЫЙ ЛЮБИЛ ТОКИО

Москва
ЦЕНТРПОЛИГРАФ
2000

УДК 82-3
ББК 66.4
П72

Серия «Секретная папка» выпускается
с 1999 года

*Разработка серийного оформления
художника И.А. Озерова*

Фотографии для книги предоставлены автором

Оценка издательством событий и фактов, изложенных в книге,
может не совпадать с позицией автора.
За сведения и факты, изложенные в книге,
издательство ответственности не несет.

Посвящаю моим детям, Георгию и Марии Преображенским, и крестным детям: Ольге Грачевой, Севастиану и Василиссе Цепляевым, Денису Фоменко и Константину Мухину

Глава 1

ШПИОНСКАЯ КУХНЯ

Шпионская кухня — это не только тайное помещение под крышей любого посольства, где плетутся заговоры. Это еще и самая настоящая кухня, источающая аппетитные запахи еды и расположенная за ресторанным залом. Ведь все вербовочные беседы за рубежом проводятся в ресторанах, и оттого каждый наш разведчик — еще и отличный специалист в области кулинарии, гурман. Достоинства национальных кухонь он использует для того, чтобы подобрать ключ к сердцу человека. Даже такого умного, как помощник японского министра...

I

О чем, думаете вы, чаще всего говорят между собой сотрудники советской разведки в часы досуга, прогуливаясь на лыжах в солнечный зимний день по лесу в Ясеневе, вокруг штаб-квартиры?

Может быть; они вспоминают какие-нибудь невероятные случаи из разведывательной работы за границей? Нет, это запрещают правила конспирации, а кроме того, такая тема считается нескромной, ибо у большинства коллег годы заграничной деятельности были заполнены лишь написанием скучных служебных бумаг в полутемной резидентуре, и ничего особенного с ними там не случалось.

Не обсуждают они и действий высокого руководства, потому что в разведке развито доносительство, и за неосторожный отзыв о начальниках можно стать невыездным.

Разумеется, не упоминают они и о внешней политике нашей страны, поскольку все не раз побывали за границей в качестве дипломатов, журналистов или торговых работников и очень хорошо знают, что наши газеты преподносят тамошнюю жизнь совсем не правдиво, а высказывать на этот счет собственную точку зрения опять же небезопасно. Нет, среди двоих такой разговор все же допускается, но о чем говорить, когда вы идете на лыжах группой?

И поэтому бойцы невидимого фронта беседуют об одном: о еде, неведомых в нашей стране экзотических блюдах. Именно они служат главной характеристикой той страны, в которой разведчику довелось побывать. Чувствуется, что эта тема каждому из них по-настоящему близка и интересна.

И потому приехавший из Ирана рассказывает не о жестоком режиме Хомейни, а о нежнейшем шашлыке из осетрины, который готовят прямо на морском берегу искусные повара. Разведчик, только что побывавший в Эквадоре, не обличает с гневом правящую в нем проамериканскую марионеточную клику, а, глотая слюнки, вспоминает тамошнее национальное блюдо. На жаровне, вмонтированной прямо в стол ресторана, раскладывают кусочки говядины, взятые абсолютно из всех частей коровьей туши, и это тонкое разнообразие вкусовых оттенков, запиваемое еще и отличным чилийским вином, остается в памяти на всю жизнь.

Те же, кому пришлось работать в Германии, не могут без волнения вспоминать о свинине: о запеченных ножках «айсбайн», жареных хвостиках, ушах или жилках и, главное, о знаменитых немецких колбасках, коих существует множество сортов.

При входе в один из больших кабинетов, занимаемый германским отделом политической разведки, даже висит на стене двухметровый кусок плотной бумаги, на котором напечатано стихотворение, посвященное тюрингской колбасе. Хотя буквы в нем русские, по каким-то неуловимым отличиям в их написании чувствуется, что смонтирован этот текст за границей, скорее всего, в одной из типографий Группы советских войск в Германии. Ведь все печатные станки находятся под особым контролем КГБ, и начальнику типографии ничего не стоило выполнить просьбу надзирающего за ним особиста об издании в нескольких экземплярах этого стихотворного опуса.

Оказывается, тюрингская колбаса отличается от всех прочих тем, что ее в сыром виде закладывают в батон белого хлеба, разрезанный пополам, и пекут в костре на углях... Стихотворение написано непрофессионально и даже бездарно. Например, в нем есть такие строчки:

> А как прожаришь серединку,
> Переверни ее на спинку.

Хотя, как известно, у колбасы никакой спинки нет. И все же, и все же, читая его, явственно представляешь, как растекается по хлебному мякишу жирный сок, как он с шипением капает на горящие угли, как щекочет ноздри смешанный аромат свежего жареного мяса и сосновой хвои...

7

Строго говоря, такому стихотворению в разведке не место. Кроме своего несерьезного содержания, оно еще со всей очевидностью свидетельствует о том, что в нашей стране такой колбасы нет и вообще с едой не все в порядке. Однако никто из начальников не требует снять аполитичный плакат, так же как и не пресекает бесконечных разглагольствований о еде. Они считаются здесь профессионально-чекистскими и приравниваются к обмену опытом: ведь мало кто знает о том, что вся разведывательная работа теснейшим образом связана с едой! За исключением особо секретных операций, вроде закладки тайников глубокой ночью в лесу, вся она проходит в ресторанном чаду, под звон бокалов и взрывов хохота, перемежаемая изощренными тостами, которые произносит советский разведчик, стараясь во что бы то ни стало склонить своего сотрапезника к сотрудничеству.

В любую минуту к столику могут подойти контрразведчики, обоих арестовать, и на этом карьера нашего разведчика рухнет, но он, отгоняя страх, кричит звонким от волнения голосом:

— Официант! Еще две кружки пива!..

Поэтому каждый советский разведчик является еще и тонким гурманом. Чуть ли не каждый день ему приходится посещать иностранные рестораны, и уже к концу первого года загранкомандировки разведка и еда складываются в его уме в единое целое.

Летом он приезжает в Москву в свой первый отпуск.

Оживленные, радостные коллеги-разведчики ходят из кабинета в кабинет, радуясь возможности говорить о работе в полный голос, не приглушая его, как принято в резидентуре. Повсюду слышен их громкий смех.

— Да что там рассуждать об организации встреч, если все и так ясно как день: знакомство с японцем — это две чашки кофе с пирожным, и до свидания! — возбужденно говорит один, разрубая воздух рукою. — Первая встреча для установления личных отношений — бифштекс и по кружке пива! Клиент начинает догадываться, что ты из разведки, — ужин из восьми блюд в китайском ресторане! Дело идет к вербовке — отдельный кабинет в ресторане японской кухни, жареные креветки и перепелки. Ну а уж если и вербовочную беседу надо проводить, то отправляйтесь во французский ресторан с омарами и вином-кислятиной!..

— А недавно к нам в токийскую резидентуру прибыл новый сотрудник, Петров, из провинциального КГБ, — подхватывает кто-то тоненьким, не знакомым мне голосом. — Так он заявил: не буду, мол, встречаться с агентурой в японских ресторанах, не могу жрать сырую рыбу! Ему, видите ли, больше по душе сало с горилкой. Как же при таких замашках он будет работать с японцами!..

«Ничего себе работа! — подумал я, склонившись над объемистым томом агентурной разработки. — Ходи по ресторанам, закусывай, причем на виду у сотен людей! Где же тут конспирация? И как насчет шпионажа?»

Однако мне, молодому чекисту, только что окончившему разведывательную школу, высказывать своего мнения не полагалось, хотя в Японии я уже побывал и даже наблюдал там одну шпионскую встречу...

Она, впрочем, тоже проходила в ресторане — китайском и очень дорогом. Пойти туда на свои деньги мы, советские студенты-стажеры, получавшие мизерную стипендию, естественно, не могли. Всю нашу группу в десять человек пригласил известный японский кинорежиссер Кинугаса, постановщик первого советско-японского фильма «Маленький беглец». Руководительница нашей группы Б. была на съемках его переводчицей, и щедрый старик Кинугаса решил ее таким образом отблагодарить.

Мы же радовались возможности впервые в жизни отведать китайской еды. С благоговейным восторгом вкушая одно блюдо за другим, мы принимали посильное участие в застольной беседе, расточая вежливые улыбки хозяину стола. Внимание, проявленное знаменитым режиссером к нам, безвестным студентам-стажерам, праздничная атмосфера ресторана, украшенного разноцветными бумажными фонариками, и восхитительно вкусная, обильная еда развеяли поначалу владевшую нами скованность, и мы пребывали в благодушном состоянии.

И вдруг что-то необычное и странное привлекло мое внимание. У меня екнуло сердце, словно кто-то окатил меня ледяной водой... По возвращении в Москву я, скорее всего, буду принят в разведку, где мне предстоит весьма специфическая работа, которую надо будет осваивать на практике...

Перед моим мысленным взором замелькали кадры учебного кинофильма, на которые наложился комментарий преподавателя... Стоп! Сейчас у меня на глазах совершалась типичная шпионская операция...

Теперь я отчетливо осознал, что в какой-то момент мое внимание привлекли сидевшие за столиком в дальнем углу зала два человека: дородный европеец средних лет и пожилой японец. Оказывается, на протяжении всего довольно продолжительного нашего застолья я непроизвольно наблюдал за этой странной парой. Видимо, она показалась мне подозрительной.

Лица европейца я не видел, он сидел ко мне спиной. Но именно его спина поначалу привлекла мое внимание. Дело в том, что она была как-то неестественно напряжена, как если бы она обладала способностью улавливать опасность.

О чем беседовали эти двое, трудно сказать, но судя по тому, как то и дело они доверительно склонялись друг к другу, беседа была абсолютно конфиденциальной. И значит, их связывала некая тайна.

Наконец японец многозначительно кивнул и поднял чашечку с сакэ. Тост, который он затем провозгласил, был, видимо, исполнен глубокого смысла и важности, ибо, в сущности, он и не произнес ни слова, а в целях конспирации только беззвучно их артикулировал.

Потом он извлек из портфеля, стоявшего возле него на полу, некий предмет в плотном бумажном пакете с ручками, бережно поддерживая его снизу. Что же представлял собой этот тяжелый предмет? Закрылок американской ракеты? Деталь скоростного станка? С легким поклоном японец вручил пакет с его содержимым иностранцу, и тот поспешно поставил его под стол.

Японец расплылся в самодовольной улыбке. Чувствовалось, что это был отнюдь не подарок.

Да и преподносят их здесь по-иному: склоняясь в низком поклоне, улыбаясь широко и вместе с тем не выдавая каких-либо чувств, дабы не смущать одариваемого дороговизной подношения или, наоборот, не укорять себя его дешевизной. Да и упаковывают здесь подарки с особым тщанием, заворачивая в красивую бумагу, обвязывая лентой, украшая искусственными розами и помещая среди них свою визитную карточку. Считается признаком хорошего тона, когда упаковочная бумага стоит дороже, чем сам подарок: тогда он выглядит не обязывающим.

«Неужели и мне придется действовать таким же образом? — подумал я. — Для чего же тогда существует конспирация?..»

— Скажите, а почему вы встречаетесь с агентами прилюдно, в переполненных ресторанах? Какая же это разведка? — все же осведомился я у товарищей, приехавших в отпуск.

На их лицах отразилась досада.

— Ну как же ты не можешь понять, — наперебой стали они объяснять, — что иностранец не станет тратить время на задушевную беседу с тобой. Ему нужна компенсация за потраченное время. Оптимальный вариант — деловая беседа за ленчем в ресторане. Так даже принято на Западе...

— Ничего себе ленч, во время которого тебе дарят кусок баллистической ракеты! А если в ресторане сидит полиция?..

— А вот об этом ты придержи язык, особенно в начальственных кабинетах! Ведь если нам запретят проводить встречи с агентами в ресторанах, то с нами вообще никто не будет общаться. А как же тогда отчитываться? Да ты пойми! — продолжали они внушительным тоном. — Японские рестораны совсем не так плотно обложены контрразведкой, как наши! В одном лишь Токио их около восьмидесяти тысяч! Ну можно ли приставить к каждому разведчика, как у нас, и завербовать всех официантов? Да этого не выдержит ни одна полиция, кроме нашего КГБ! Но ведь и ресторанов в Москве всего лишь пара десятков, и число их, заметь, не растет, потому что мы не сможем охватить их своим наблюдением!..

С этим нельзя было не согласиться. Действительно, ничего не подозревающий иностранец-турист то и дело попадал в наших ресторанах в неприятные, а порой и опасные ситуации. Например, стоило ему, сидя за столиком, налить себе минеральной воды, как сзади коршуном налетал официант, хватал у него из-под носа бутылку и убегал...

Ошарашенный турист приписывал это неотесанности советских людей или внезапному помешательству, а между тем причина была простой: агент-официант приносил бутылку сотруднику КГБ, прятавшемуся за портьерой, и тот снимал с бутылки отпечатки пальцев злополучного иностранца. И хотя побудить его к этому могло возникшее вдруг подозрение, что турист является шпионом, наш контрразведчик мог сделать это и просто так, чтобы выслужиться перед начальством...

Если иностранцы, отобедав, рассаживаются в холле отдохнуть или с кем-то встретиться, немедленно появляется сурового вида горничная с поджатыми губами и, ни слова не говоря, заменяет стоящие здесь хрустальные пепельницы безобразными чудовищами из черной пластмассы.

По-детски наивные иностранцы, и не помышлявшие о каком-то коварстве, продолжали мирно беседовать, не зная, что отныне каждое их слово записывается на крошечный магнитофон, в котором вместо пленки используется тончайшая проволока, способная вести бесперебойную запись в течение длительного времени без смены кассеты.

Опытные чекисты наставляли нас, молодых, открывая маленькие секреты. Например, придя в любой советский ресторан, первым делом надо осмотреть все находящиеся поблизости пепельницы. Если дно пепельницы привинчено шурупами, то следует соблюдать осторожность и в застольной беседе не ляпнуть чего-нибудь ненароком, потому что неизвестно, кого именно проверяет КГБ: иностранца, которого ты привел в ресторан для вербовочной беседы, или тебя самого...

Иногда днища пепельниц отваливались и взору изумленных иностранцев представала сеть разноцветных проводков и круглая серебряная батарейка.

Такого рода скандальные случаи немедленно заминались и никогда не доходили до руководства КГБ, которое сурово наказывало за каждый случай расшифровки оперативной техники.

Все люди, служившие в наших ресторанах, были осведомителями КГБ, вплоть до уборщицы, которая бесцеремонно входила в мужской туалет, если требовалось подслушать какой-нибудь состоящийся там разговор. Но особую опасность для непосвященных представляли конечно же кряжистые, грубые старики гардеробщики в фуражках с золотым галуном. Тупые, дремучие, неспособные справиться даже с немудреной работой гардеробщика, они злобно оглядывали каждого посетителя своими заплывшими глазками, внушая им смутную тревогу.

Все они в прошлом были офицерами сталинского НКВД, причастными к проводившимся репрессиям и, может быть, даже к пыткам. Других в гардеробщики ресторанов не принимали, считая не особенно надежными. Опасность их состояла в том, что по многолетней привычке, укоренившейся во времена Берии, они обычно писали в своих агентурных сообщениях то, что считали нужным.

Разумеется, они не знали, у кого принимают пальто, у иностранного шпиона или вербующего

14

его сотрудника КГБ, но на всякий случай в своих безграмотных доносах оговаривали обоих... Даже мы, кадровые чекисты, старались обходить их стороной и никогда не вступали с ними в контакт...

В то же время на глазах и у них, и у более молодых, грамотных и ушлых кураторов из КГБ, его кадровых офицеров, в ресторанах совершалось множество махинаций, столь характерных для советского строя: приписки и недописки, обсчет и обвес, пускание товара налево и, наоборот, незаконное его приобретение на стороне. Но все это совершенно не интересовало КГБ, ибо его главной задачей было следить, не произнес ли кто-нибудь из посетителей лишнего, не отвечающего политическому стандарту слова.

Впрочем, и ресторанных служащих можно было понять. Государство платило им такую мизерную зарплату, чуть более ста рублей, что на нее просто невозможно было содержать семью. Волей-неволей им приходилось уполовинивать порцию любого блюда, а сэкономленными продуктами кормить семью, ибо в магазинах купить было и нечего и не на что.

Японцам же вполне хватало этой уполовиненной порции, но бедные японские желудки не были приспособлены к нашей пище.

Особенно непереносимо для них было подаваемое в наших ресторанах мясо, непременно либо пересоленное, либо слишком жирное, и всегда неизменно жесткое. Почему-то на Западе умеют готовить великолепные бифштексы, источающие нежный розовато-золотистый сок. От нашего мяса у японцев начинали болеть животы. И тем не менее ни одна трапеза туристов не обходилась без груды неаппетитных кусков жареного мяса, водружаемого перед японцами на стол.

Это делалось в пропагандистских целях, дабы показать, что никаких затруднений с мясными продуктами в Советской стране нет, хотя в действительности они были и о них вовсю трубила западная пресса и шушукались наши граждане.

В бытность студентом мне тоже довелось выполнять обязанности переводчика и сопровождать японских туристов в поездке по стране. Нас направляли в «Интурист» с целью языковой практики. Это было знаком определенного политического доверия комсомола, выдававшего соответствующие характеристики и рекомендации, поскольку несанкционированное общение советских людей с иностранцами считалось нежелательным и пресекалось органами КГБ, действовавшими, впрочем, уже не так жестко, как в сталинские годы.

Доставшаяся мне группа состояла сплошь из крупных ученых-экономистов, прибывших в нашу страну по приглашению Академии наук. Проведя в Москве один день, заполненный скучными дискуссиями с советскими коллегами-марксистами, на следующее утро японцы отправились в Ригу.

Разместившись в гостинице, они легли отдыхать, а я пошел обсудить с ресторанным начальством меню предстоящего обеда.

Ко мне вышли мужчина и женщина в черных фирменных костюмах — метрдотель и его помощница — и стали по-русски с легким прибалтийским акцентом высказывать рекомендации. Опыта в этом деле у меня, двадцатилетнего студента, не было вовсе, и я слегка оробел, листая пространное меню.

Видя мое замешательство, оба в один голос сказали:

— В первую очередь рекомендуем жареное мясо под острым соусом. Наше национальное блюдо!..

При этом они весело переглянулись — очевидно, это блюдо было самым дорогим в меню. Я же представил себе, как вытянутся лица японцев, если и здесь, на пороге Европы, их настигает все тот же назойливый пропагандистский прием.

— А нет ли у вас чего-нибудь легкого? — с робкой надеждой вопросил я.

— Вы имеете в виду рыбные блюда? Есть, наша балтийская минога! Но ведь это только закуска, — сухо отвечали они.

Само слово «минога» ничего не говорило большинству советских граждан. Они попросту не знали, что это такое. Ведь в общедоступных магазинах этот тончайший прибалтийский деликатес не продавался, а целиком шел в закрытые продовольственные распределители для начальников. Заняв должность заведующего отделом крупного министерства, гражданин получал доступ в ведомственный буфет и право приобрести несколько тушек миноги. Придя домой, он мог с гордостью продемонстрировать их жене и детям. Семья, где я родился и вырос, имела доступ к такому буфету, и потому мне с детства был знаком упоительный вкус этой редкой рыбы.

— Прошу вас, подайте нам на обед одной только миноги! Хорошо бы только двойную порцию! — взмолился я, опасаясь, что мне, как часто бывает в нашей стране, откажут.

— Что ж, пожалуйста! — согласились мои собеседники, хотя и недоуменно пожали при этом плечами. Впрочем, заказ, видимо, оказался достаточно дорогим...

Рассаживаясь за столом, японцы радостно загалдели, увидев наконец-то более или менее привычную для них еду. Миноги, аккуратно разрезанные на куски длиною в три-четыре сантиметра, были плотными рядами выложены на двух огромных блюдах. Сверху обильно посыпаны луком, нарезанным тонкими кольцами. К миногам каждому полагалось две чашечки — с уксусно-хреновым и горчичным соусом.

С присущей японцам дотошностью мои подопечные чуть ли не в один голос спросили:

— Как называется эта рыба?

— Минога, — ответил я по-русски, японский же эквивалент этого названия мне не был известен. Однако и в русском своем варианте это слово звучало удивительно по-японски, ибо для этого языка характерно чередование согласных и гласных букв. И очень походило на название японского угря — унаги.

— Так тому и быть, — заключил один из членов делегации. — Минога — родственник унаги!

Казалось бы, пора прекратить дискуссию и приступить к трапезе, но не тут-то было! Японцам захотелось узнать поподробнее о таинственной рыбе с таким «японским» названием. Пришлось пригласить метрдотеля, и тот рассказал, что минога — вовсе не рыба, а рыбообразное животное, имеющее змеевидное тело длиной в тридцать—сорок сантиметров, лишенное чешуи и обильно покрытое слизью. Минога не имеет костного скелета, желчи и плотных остатков пищи в кишечнике, поэтому при приготовлении ее не потрошат, а лишь удаляют голову, так как в жабрах скапливается ил и песок. Едят ее обычно в жареном виде с соусом. Обитает минога в Балтийском, Баренцевом, Белом и Каспийском морях.

Мы тепло поблагодарили метрдотеля за столь интересную и исчерпывающую информацию и принялись орудовать ножами и вилками. Речи смолкли, и слышались лишь специфический хруст энергично поглощаемых миног да восторженные возгласы истинных гурманов.

В те дни я подружился с одним молодым профессором. Его фамилия — Сэймон — была очень редкой и говорила о дворянском происхождении. В отличие от своих спутников — пожилых японцев получивших традиционное воспитание, он свободно изъяснялся по-английски и даже внешне походил на европейца. Тогда я еще не владел свободно японским языком и потому нередко перекидывался с Сэймоном шутливыми фразами на английском, что явно коробило его коллег, усматривавших в этом некоторую измену японскому духу...

Прошло несколько лет. Я уже успел побывать в Японии на студенческой стажировке, был принят на работу в КГБ, который теперь направлял меня в Токио под видом корреспондента ТАСС. Тут я и вспомнил о Сэймоне.

Для большинства моих молодых коллег начинать работу за рубежом весьма трудно. Почти все они никогда прежде за границей не бывали, не умеют держаться раскованно и практически ничего не знают о предстоящей стране пребывания, кроме тех искаженных сведений, которые преподносит советская пропаганда. Дать бы им пару лет, чтобы обжиться там, освоить разговорный язык, привыкнуть к общедоступности еды и товаров, к присущей японцам свободной, но в то же время весьма сдержанной манере общения!

Однако суровое руководство КГБ заставляет их немедленно погрузиться в пучину шпионажа. В полном соответствии со сталинской традицией оно убеждено, что теоретических знаний, полученных в Москве, вполне достаточно, чтобы чувствовать себя за границей как рыба в воде. Разумеется, местные контрразведки моментально подавливают таких горе-разведчиков и берут на заметку, чтобы в нужный момент устроить большой скандал.

Особую сложность среди других стран представляла, конечно, Япония. И сама манера мышления японцев, и их архаичный, крайне усложненный язык были непонятны простому советскому человеку. Многие из начинающих наших разведчиков, с трудом познакомившись с первым попавшимся японцем, порой не знали, о чем вообще с ним следует говорить, а ведь перед ними стояла задача его вербовки!

Умение заводить связи и знакомства ради того, чтобы потом превращать своих новых друзей в агентов, считается для нашего разведчика главным, и именно оно дается ему, особенно в начале карьеры, с большим трудом.

У меня же, в отличие от товарищей, уже имелся один знакомый в Японии. Им был Сэймон, которого вполне можно было потом завербовать. Молодой, перспективный и умный, он наверняка представил бы интерес для нашей разведки. Оставалось только это проверить. Я написал его имя на особой карточке и послал ее в архив разведки, где собраны данные на всех людей планеты, хоть когда-либо попадавших в поле зрения КГБ. Что-то подсказывало мне, что там могут быть сведения и о Сэймоне.

Архив разведки расположен там же, в Ясеневе, на первом этаже, и ответ на любой ваш запрос поступает оттуда очень быстро, через несколько дней. Бывает, впрочем, что на нем стоит штамп «Сведений нет». Но если ответ задерживается, то это, наоборот, обнадеживает: значит, кто-то неведомый, хоть и сидящий, может быть, даже в соседнем кабинете, решает, стоит ли говорить правду об интересующем вас человеке и почему вы вообще о нем спрашиваете. Значит, выбор попал в самую точку...

Так произошло и с Сэймоном. Карточка с запросом возвратилась ко мне через две недели, но зато вся тыльная сторона ее была исписана номерами дел, в которых упоминалась фамилия моего знакомца.

Оказывается, он давно попал в поле зрения политической разведки, ибо умудрился стать ни много ни мало помощником нового министра Х.! Ни в какие официальные списки аппаратчиков он не входил, а действовал как бы за кадром, что говорило о его значимости.

Как только КГБ не пытался подкатиться к нему — и через напыщенных дипломатов советского посольства, бывших кадровыми офицерами разведки, и подсылая крупных ученых-экономистов, командированных из Москвы за наш счет. Все было тщетно! Сэймон сделался очень холоден к советским людям и никому из них не позволял пригласить себя в ресторан. Он словно догадывался о том, что за непринужденной застольной беседой последует навязчиво-теплая дружба, которая как бы сама собой приведет к вербовочному предложению.

А может быть, Сэймон знал о нашем интересе к нему совершенно точно, через тайных осведомителей уже своей, японской, разведки у нас в Ясеневе.

— А вы не боитесь, что Сэймон выкинет вас из страны? — иронически кривя губы, спросил меня начальник японского отдела политической разведки.

— Надеюсь, этого не случится! — отвечал я без особой уверенности. Мне очень не хотелось поверить в то, что такой интеллигентный и общительный человек, как Сэймон, способен на столь жестокий поступок.

— Если так, то мы отдаем его вам, научно-технической разведке! Вербуйте на здоровье! — буркнул начальник, тут же углубляясь в бумаги. Я же, едва сдерживая радость, поспешил удалиться из кабинета. Ведь завербовать Сэймона могу только я!..

Трудно представить то воодушевление, с которым я писал о нем первое официальное письмо в токийскую резидентуру. Я делал это уже не от своего имени, и потому под часто употребляемыми в нем выражениями «мы считаем» или «по нашему мнению» подразумевалось мнение высшего руководства советской разведки. В конце его кратко упоминалось, что скоро в резидентуру приезжает некий молодой и весьма перспективный сотрудник, который и займется непосредственной вербовочной разработкой Сэймона... Подписал это письмо большой начальник.

II

Прибыв в Токио, я первым делом обежал все его старинные переулки, расположенные вокруг императорского дворца, наслаждаясь той особой атмосферой, которая мне запомнилась со студенческих лет, и специфическим, характерным для этих мест запахом, в котором соединились тонкие ароматы лимона и цветущих магнолий, зеленого чая и щекочущего ноздри горячего соевого соуса. Угадывались и примешанные к ним пары отличного чистого бензина, жареной рыбы и еще чего-то неуловимого, стойкого, являющего собой то самое очарование Востока, которое никому не дано понять до конца...

Здесь, в Синагаве, я никогда раньше не бывал. В старину это была глухая окраина Токио, маленький портовый поселок, продуваемый солеными морскими ветрами. И хотя в наши дни Синагава включена в центр японской столицы и в ней так же, как и на Гиндзе, мягко шуршат шины дорогих автомобилей, а на тротуарах пахнет духами, налет провинциальности ощущается и поныне. Свидетельством тому — непривычно густые, буйные заросли деревьев и кустарника вокруг старых языческих храмов, окруженных теперь со всех сторон многоэтажными жилыми домами.

На холме Синагавы возвышается большое белое здание, ничем не отличимое от других. Это — торговое представительство СССР, в глубине которого, в нескольких потайных комнатах, расположена резидентура КГБ.

Помещение ее было вначале запроектировано под квартиру: не скажешь ведь архитекторам, чтобы они предусмотрели в зарубежном представительстве социалистической Родины секретный бункер! Сейчас там, в невостребованной гостиной, отведенной под кабинет начальника, ждет меня заместитель резидента КГБ по научно-технической разведке. Зовут его Николай.

Непосвященному человеку эту комнату в торгпредстве не найти никогда: вход в нее сопряжен с рядом условностей. Но и в само торгпредство тоже войти не так просто.

— Кто вы? — хмуро спросил советский привратник: у ворот, исполняя, по существу, обязанности дворника, по очереди дежурили все рядовые сотрудники торгпредства, и это обстоятельство их угнетало.

— Корреспондент ТАСС! — отвечал я, высокомерно глядя в сторону и тем давая понять, что вхожу в число особенных журналистов, которые занимаются некоей тайной работой и могут устроить любому из торгпредских сотрудников очень большую неприятность.

Привратник моментально догадался об этом, и выражение его лица смягчилось. Он молча нажал на кнопку, открывающую тяжелую стальную дверь.

Там, в полутемном тамбуре, путь мне преградила еще одна дверь, тоже железная, но привратник открыл ее теперь без напоминаний.

По лестнице я поднялся на второй этаж. По широкому коридору бродили со скучающим видом немногочисленные сотрудники торгпредства в тщательно застегнутых пиджаках. Судя по всему, делать им особенно было нечего.

В коридор выходило несколько дверей, выкрашенных в одинаковый серый цвет. Отыскав нужную дверь, я вошел в комнату, почти всегда пустовавшую. Здесь располагался кабинет представителя одного из бесчисленных советских внешнеторговых объединений. Его должность с самого начала была закреплена за КГБ, и все те, кто занимал ее, сменяя друг друга в течение послевоенных десятилетий, были разведчиками и потому показывались в своем кабинете очень редко, проводя большую часть времени в резидентурах — посольской или торгпредской, расположенной, впрочем, тут же, за стенкой.

О том, что в этой комнате имеется особо секретная дверь, знали все служащие торгпредства и потому побаивались заглядывать сюда, чтобы их не заподозрили в шпионаже в пользу японцев. В то же время группы молодых мужчин из АПН, ТАСС, «Интуриста» и даже из представительства морского флота распахивали эту дверь не таясь и громко переговариваясь друг с другом. Все они были разведчиками.

Вход в резидентуру находился здесь же.

Там ярко горел свет и громко работало радио, чтобы заглушить разговоры.

— Тебя ждет письмо о каком-то Сэймоне! — усмехнулся Николай, приподнимаясь из-за стола и протягивая мне руку, которую я тотчас с почтением пожал. — Слыхал, слыхал я про этого Сэймона и даже знаком с ним! — невозмутимо продолжал Николай. — Познакомились на приеме у министра. Оказывается, он даже умеет изъясняться по-русски!..

Я вежливо улыбнулся, так как и не смог сразу сообразить, хорошо это или плохо с точки зрения КГБ.

— Да, человек он приятный в общении, — задумчиво продолжал между тем начальник. — Что ж, раз Центр дает тебе задание с ним встречаться, я возражать не могу. Хотя...

И как это принято в КГБ среди высоких начальников, Николай многозначительно умолк и испытующе посмотрел на меня, стараясь понять, как я закончу фразу сам.

Но ко всем этим штучкам я давно уже успел привыкнуть в Москве и потому думал сейчас о другом: как бы мне не попасть впросак при трате первый раз в жизни казенных денег.

— А сколько можно заплатить за угощение в ресторане? — осторожно спросил я. — Поймите, это моя первая оперативная встреча!..

— Десять тысяч иен, — сообщил Николай. — Но можно и меньше! — закончил он, загадочно улыбнувшись.

Из этого я заключил, что к моим первым оперативным тратам будет приковано самое пристальное внимание. **Начальники захотят сразу понять, склонен ли я к тому, чтобы лишний раз покутить за счет многострадального советского народа.**

— А счет в ресторане брать? — спросил я с надеждой в голосе.

Из чтения множества оперативных дел я уже знал, что советскому разведчику брать в ресторане счет все же не подобает, чтобы втихую вербуемый иностранец не догадался, что тому предстоит в конце месяца финансовый отчет в резидентуре.

— Что ж, возьми! — небрежно заметил Николай, давая понять, что эта первая моя встреча будет проверочной не столько для Сэймона, сколько для меня самого...

Еще я почувствовал, что на первый раз следует ограничиться только этими вопросами, и поднялся из-за стола. На прощанье мы любезно улыбнулись друг другу, что было так не похоже на отношения, принятые в военной среде.

Узнать домашний телефон Сэймона оказалось проще простого: он был членом многочисленных научных обществ, в списках которых с японской тщательностью были указаны все сведения о нем, вплоть до совершенно не нужных. На их основе я даже составил объемистое письмо в Москву, содержащее дополнительные биографические данные о Сэймоне. Оно помогло заполнить анкету будущего агента, а в разведке КГБ всякая новая бумажка в досье ценится очень высоко, гораздо выше, чем живая разведывательная работа.

Подняв трубку телефона, Сэймон тотчас узнал мой голос и пустился в восторженные приветствия. Должно быть, ему вспомнилась свобода и непринужденность, характеризовавшие наше кратковременное приятельство.

Я предложил встретиться, и Сэймон, не мешкая, согласился. Указав место и время встречи, я тотчас повесил трубку, чтобы не искушать судьбу чересчур долгим телефонным разговором, к которому неизвестно кто еще может подключиться. Надо ли говорить о том, что ради этого звонка я поехал на многолюдную центральную улицу Гиндзу, поскольку телефоны-автоматы вокруг представительства ТАСС также могли прослушиваться полицией.

Для первой встречи с Сэймоном я выбрал небольшой ресторан на зеленом островке Токио Ёёги, облюбованном ныне золотой молодежью.

До войны здесь располагались загородные дома аристократии, сделанные из бумаги и тонких досок, как это было всегда принято в Японии. Во время бомбардировок все они сгорели дотла. После капитуляции здесь, на образовавшемся пустыре, вырос квартал особняков для американских офицеров, получивший название «Вашингтонская высота». Но через несколько лет завершилась оккупация, и Ёёги был снова сровнен с землей. Со временем здесь стали появляться новые дома, на первых этажах которых размещались недорогие рестораны, и потому этот район облюбовали студенты. Такой район не единственный в Токио, но только здесь сохранились парки, разбитые относительно недавно на месте простиравшихся тут прежде полей и, кажется, еще хранящие в себе приторный аромат риса. По вечерам их свежее дыхание придает опьяневшим гостям столь необычное для многих из них чувство деревенской свободы.

Большинство здешних ресторанов специализируется на европейской кухне, однако в той или иной степени трансформированной с учетом японского вкуса. Ощущение европейского шика достигается за счет сервировки, нарочито дорогой. У каждого прибора лежит по нескольку ножей и вилок и даже специальный крошечный прибор с пружинкой для выжимания сока из дольки лимона. В такой «двойственной» обстановке японцы чувствуют себя очень уютно, да и цены в Ёёги не особенно высоки.

Разумеется, помощнику министра появляться здесь все-таки не пристало. Но ведь пригласил его сюда я, намекая на свой молодой возраст и как бы не зная об истинном, весьма высоком общественном положении Сэймона.

Он пришел туда точно в назначенное время. Мы издали увидели друг друга и с радостью отвесили глубокие поклоны.

Сэймон окинул меня доброжелательным и открытым взглядом, как бы желая понять, насколько я изменился и повзрослел за эти годы. Сам же он не претерпел каких-либо видимых изменений, как это свойственно людям монголоидной расы.

Мы сразу же прошли в ресторан, где, опускаясь на стул, Сэймон демонстративно посмотрел на часы.

— Один час вы можете мне уделить? — поспешно спросил я, и он по-приятельски кивнул.

Как и все здешние профессора, Сэймон был одет в блеклый серовато-зеленый плащ и почти такого же цвета костюм. Плащ он немедленно снял и небрежно кинул на спинку стула.

— Ну, как дела? — с ходу спросил он.

Я начал рассказывать о своем корреспондентском житье-бытье, умалчивая, естественно, о принадлежности к советской разведке.

Тем временем официант принес объемистое меню в кожаном переплете. Листая его, я испытывал чувство гордости, ибо впервые в жизни не меня, бедного советского человека, состоятельный иностранец пригласил в ресторан, а, наоборот, это делаю я, пусть и за счет нашего государства.

Первая страница изобиловала названиями блюд, существо которых было пока мне непонятно: о широком стеклянном бокале или супе «потаж» в чашке я еще ничего не знал.

Потом я понял, что это два типовых европейских блюда, принятые во всех ресторанах мира.

Наконец в меню мелькнуло отдаленно-знакомое слово «буйябэс». Кажется, так называется знаменитая французская уха, о которой нам рассказывали в разведывательной школе.

В памяти тотчас возник небольшой светлый зал с лепным потолком в одном из московских особняков, укрытом деревьями большого сада и потому почти совсем не видном с Садового кольца, день и ночь шумящего в непостижимой близи отсюда. До революции этот особняк принадлежал купеческой семье, но сразу был захвачен ЦК и долго находился в его владении. Во времена Сталина здесь жил генерал НКВД с семьей, остальное неизвестно, да и спрашивать об этом не полагалось.

В один из дней мне вместе с другими слушателями довелось побывать здесь. В застегнутых на все пуговицы пиджаках мы разместились в зале, где нам предстояло выслушать лекцию на весьма необычную тему. Записи мы по обыкновению будем вести в пронумерованных тетрадях, которые потом сдадим дежурному.

За кафедрой — пожилой профессор. Как и все советские разведчики, немало поездившие по свету, он в своих лекциях тоже уделяет внимание еде. Особый упор он делает на французской кухне, из чего можно заключить, что больше всего лет он провел именно во Франции.

Сейчас, строго глядя куда-то вдаль, он описывает буйябэс.

— Ничего более вкусного на свете не существует! — диктовал профессор разведки, твердо отчеканивая слова. — В эту французскую уху входит множество видов рыб, а также моллюсков, которых во Франции называют морскими фруктами. Отведав буйябэс, ваш друг иностранец придет в благодушное настроение и будет готов для вербовки. Поэтому, если вы хотите установить с иностранцем агентурные отношения, непременно заказывайте буйябэс...

Лектор умолк. Взгляд его стал тоскливо-мечтательным. Очевидно, он вспомнил сладкую французскую жизнь, ставшую теперь для него недоступной.

Ведь старых разведчиков, если они не занимают руководящих постов, уже никогда не посылают за границу. Кроме, впрочем, тех редких случаев, когда после многолетнего перерыва вдруг потребуется восстановить связь с полузабытым агентом.

Тогда разведчика, который завербовал его тридцать лет назад, моментально отыскивают по картотеке, усаживают в самолет и отправляют в Париж, кажущийся ему несбыточным видением из потустороннего света. Он в считанные часы возвращается во времена молодости, повязывает щегольской платок на морщинистой шее и отправляется в гости к старому знакомому, о ком французская контрразведка и не подозревает, а может быть, давно уже сбросила его со счетов.

Оба дружески ударяют друг друга по-старчески дряблым плечам и идут в ресторан, где готовят их излюбленный буйябэс...

Но очень скоро к ним подсаживается молодой здоровяк из советского посольства и переводит разговор на себя.

— Это мой юный друг, он теперь будет с вами постоянно встречаться. А меня неотложные дела снова зовут в Москву, — упавшим голосом объясняет старик, и француз, как это свойственно наивным европейцам, искренне верит этому...

— Вы не возражаете, если я закажу буйябэс? — вкрадчиво спросил я Сэймона.

— О, разумеется, нет! — восторженно воскликнул он. — Я безоговорочно доверяю вашему вкусу, после того как вы заказали нам в Риге замечательную миногу! Она навсегда осталась в моей памяти, настолько великолепна она была!..

«Боюсь, что эта минога подвигнет тебя к шпионажу!» — подумал я, протягивая ему меню.

Ограничиться ухой было неудобно, и на второе я заказал бифштекс-минутку, называемый так за то, что он очень тонкий и жарится моментально. Поэтому его охотно заказывают студенты, которым не по карману дорогие бифштексы. Это напоминало нам обоим о том, что мы оба не так давно тоже были студентами, и Сэймон благожелательно улыбнулся, услышав заказ. Он, может быть, и в самом деле ел много раз этот бифштекс-минутку в юношеские годы, но наши, советские, студенты наверняка даже не подозревали о его существовании...

Тем временем официант принес бутылку красного сухого вина и разлил его по бокалам. Потом поставил бутылку рядом со мной на стол и удалился, поскольку здесь, в ресторане средней руки, он не должен был стоять навытяжку рядом со столом весь вечер и тотчас же наполнять опустевшие бокалы.

Наступила приятная расслабляющая пауза.

— Да, я часто вспоминаю Москву, как мы там встречались, — произнес Сэймон и, не найдя, что еще добавить, молча отпил половину бокала.

Тем временем официант поставил на стол две белые чашки с ухой.

Буйябэс оказался жидким японским супчиком, в коричневом соевом бульоне которого плавали мидии, кусочки рыбы и пупырчатые красные щупальца осьминога.

— Это не настоящий буйябэс. Он слишком японизирован. Эх, если бы вы знали, какой буйябэс я едал в Марселе! — со вздохом произнес Сэймон, берясь, однако, за ложку...

В переводе на русский фамилия Сэймон означала «Западные врата». Она была наследственным титулом родовитых самураев, передававших от отца к сыну право стоять на посту у западных ворот императорского дворца в Киото, средневековой столицы Японии. Да, кажется, дворянином Сэймон был непростым! Надо как бы невзначай упомянуть об этом, подумал я, дабы польстить его самолюбию. И спросил:

— Судя по вашей редчайшей фамилии, вы происходите не из простых самураев, а из князей?

— Это так, — гордо ответил Сэймон, вытирая губы салфеткой. — Наша семья владела обширными поместьями на острове Сикоку, считавшемся глубокой провинцией. Все их отобрали у нас после войны американцы...

— Вы хотите сказать, что американцы лишили земли свою социальную опору в оккупированной стране, помещиков и буржуазию? — переспросил я, еще не в полной мере расставшийся с лживыми идеологическими постулатами коммунизма.

— Да, именно так и было! — со снисходительной улыбкой подтвердил Сэймон. — Ведь американцы, оккупируя ту или иную страну, первым делом проводят в ней аграрную реформу, передавая помещичью землю крестьянам в частную собственность и тем самым действительно создавая себе мощный класс сторонников, становящихся фермерами.

— А что же стало с вашей семьей? — с искренним участием спросил я.

— Мы обеднели. Сам же я уехал в Токио, поступил в университет и, как видите, стал профессором...

Судя по всему, он не питал обиды ни на американцев, ни на их японских пособников и даже видел в этом некую справедливость.

Это было загадкой для советской исторической науки. И в Японии, и в некоторых других странах Востока, завоеванных американским империализмом, ограбленные им юноши из знатных семейств не только не сливались в ряды коммунистического движения, но, проявляя удивительную лояльность к новым хозяевам, усердно учились, овладевали европейскими знаниями и успешно приспосабливались к капитализму, врастали в него, становясь, подобно Сэймону, носителями буржуазных и проамериканских воззрений.

В молчании дохлебали мы буйябэс, и официант немедленно принес тонкие студенческие бифштексы, шкварчавшие на горячих металлических блюдах. С ними мы также расправились весьма быстро. Встреча подходила к концу.

«И все же, и все же — зачем ты меня сюда позвал?» — читал я вопрос в пытливом взгляде черных сэймоновских глаз-бусинок.

— Давайте и впредь изредка встречаться вот так, в ресторанах! — робко предложил я. — Мне, как молодому корреспонденту ТАСС, очень полезны будут ваши оценки важнейших политических событий...

«Надеюсь, что все это обойдется без всяких шпионских штучек?» — должен бы был как бы в шутку воскликнуть при этих словах Сэймон, всем своим видом давая понять, что втянуть его в агентурное сотрудничество с КГБ никому не удастся. Однако ничего подобного не произошло, и он лишь любезно улыбнулся.

Очевидно, Сэймон и мысли не допускал о том, что я могу принадлежать к КГБ. Несмотря на весь свой аналитический ум, он, как многие другие японцы, некритично воспринял созданный американским кино образ советского разведчика в виде некоего гориллоподобного существа с узким лбом и горой стальных мускулов, по-обезьяньи хитрого и злобно-изобретательного. Такому чуждо все человеческое. Недаром многие японцы и по сей день при слове «КГБ» вздрагивают от отвращения и ужаса, хотя лично им эта организация не сделала ничего плохого...

Поэтому Сэймон спокойно и неторопливо достал блокнот, чтобы сразу назначить время своего ответного приглашения. Я предложил встретиться не раньше, чем через неделю; ведь мне еще нужно было успеть отчитаться перед Москвой о сегодняшней нашей встрече.

Наступила пора прощаться. Официант принес счет и остановился в замешательстве, не зная, кому его вручить. В Японии принято, чтобы за угощение иностранца платил житель Страны восходящего солнца, и официант вопросительно посмотрел на Сэймона, но тот с добродушной улыбкой указал глазами на меня.

— С вас семь с половиной тысяч иен! — с поклоном сообщил официант.

«Так мало?!» — едва не воскликнул я и с легким сердцем протянул ему десятитысячеиеновую купюру.

Через минуту официант принес мне лежавший на тарелочке счет с аккуратно отсчитанной сдачей.

Сгребая мелочь, я прихватил как бы невзначай и счет, даже нарочито скомкав его, как пустую бумажку, но Сэймон, кажется, все равно ничего этого не заметил, ибо уже был занят своими мыслями.

Дома я этот счет, конечно, расправил и наутро положил Николаю на стол, но тот с видимым раздражением отбросил его.

— Да зачем тебе этот счет! — воскликнул он. — Ты же советский разведчик! Ты имеешь право тратить сколько нужно без всякой расписки! И вдруг — счет на такую мелкую сумму? А если Сэймон заметил? Откуда такая оперативная неграмотность? Тебе что, кто-нибудь поручил сделать это? — вдруг настороженно спросил Николай, словно это не он накануне советовал мне взять счет, чтобы никто не подумал, будто на своей первой оперативной встрече я израсходовал слишком много. — Знаешь что! — жестким офицерским тоном продолжал он. — Давай договоримся так: про этот счет ты забудь! Это была твоя ошибка, но мы ее тебе прощаем. А в отчете напишешь: «Счет за угощение в ресторане не был взят по оперативным соображениям».

— Ого! — Я, кажется, догадался. — Похоже, вокруг этого Сэймона начинается какая-то игра, которую ведут между собой руководители КГБ в Москве и здесь, в Токио. Впрочем, мне она только на руку: ведь с Сэймоном-то общаюсь один я! Может быть, в последнюю очередь и мне выпадет за него какая-нибудь награда?..

— И вообще, давай присвоим твоему Сэймону агентурный псевдоним, — продолжал Николай уже миролюбивым и свойским тоном. — Зачем зря упоминать в переписке такую известную фамилию?..

По правилам КГБ это означало, что Сэймон зачисляется в категорию важных вербовочных разработок и докладывать о нем можно, не стыдясь, теперь самому Крючкову.

Однако выдумать псевдоним для такого большого человека совсем не просто! В нем, во-первых, должен содержаться намек на значительность самой личности, а во-вторых, он должен быть необычным, чтобы его легко запоминало начальство.

Известно, например, что наполеоновский министр иностранных дел Талейран, как агент русской разведки, был известен под псевдонимом Анна Ивановна. Нынешней советской разведке он бы не подошел: и длинно, и непонятно, и писать его долго.

А между тем дать ответ Николаю надо было немедленно.

«Кит», «Лев», «Слон», «Шах» — замелькали в сознании коротенькие слова, словно в детском кроссворде.

— Слон, пожалуй, подойдет! — согласился Николай. — А теперь подумаем, зачем нам вообще нужен этот Слон! — заговорил он снова посуровевшим голосом. — Строго говоря, для научно-технической разведки он никакого интереса не представляет: ведь не станет же он воровать промышленные секреты! Он явно создан для наших конкурентов, политической разведки, но мы им Слона не отдадим! Мы не позволим им отчитываться перед Центром за наш счет, как будто это они сами приобрели источник информации в окружении министра!..

Николай сложил холеными пальцами кукиш и махнул им вбок, сверкнув золотой запонкой, — туда, где за пару километров отсюда, в Роппонги, располагалось советское посольство с укрывшейся на его десятом этаже резидентурой политической разведки.

— Этого Слона мы сделаем связником между Н. и Брежневым! — удовлетворенно продолжал Николай. — Создадим через него прямой канал связи между руководителями стран в обход Министерства иностранных дел. Ведь японцы с нами на официальные контакты не идут, а мы возьмем да и предложим им возможность неофициальных контактов через КГБ! Представляешь, как это будет в Москве оценено!.. — Николай торжествующе посмотрел на меня и уже будничным голосом добавил: — Вот все это и изложи Слону на следующей встрече... Да, кстати! — продолжил он оживляясь. — Ведь по японскому обычаю ты можешь что-нибудь ему подарить! Преподнеси бутылку редкого армянского коньяка! У нас в резидентуре есть небольшой запас из резервного фонда ЦК КПСС...

Я молча кивнул, пытаясь сообразить, как бы потактичнее возразить Николаю, доказав, что коньяк в данном случае не подходит.

Ведь японцы в массе своей этот напиток еще не распробовали, и может быть, даже высокообразованному Сэймону он по-прежнему чужд.

Он именуется в Японии словом «бренди», что в сознании живущих здесь людей ассоциируется с чем-то второсортным.

Гордая надпись на этикетке с изображением никому здесь не известной горы Арарат будет понята как символ некоего провинциального пойла, вроде деревенского самогона, купленного в одной из дальних провинций советской империи, а не в Москве, для того, чтобы поменьше тратиться на подарок...

Из алкогольных напитков тут самым солидным считают виски, которое, к сожалению, никак не ассоциируется с Советским Союзом и нужного воспитательного воздействия произвести не может...

— Для того чтобы подарок был как бы нейтральным, но в то же время обязывающим, и к тому же советским, не подарить ли Сэймону несколько банок черной икры? — предложил я.

— Согласен! — широко улыбнулся Николай. — Так будет лучше...

Дело в том, что японцы до сих пор относятся к черной икре с религиозным благоговением, считая ее, как и сто лет назад, знаком неслыханного богатства. И хотя за это время почти все они тоже сильно разбогатели и могут позволить себе очень многое, икра по-прежнему кажется им знаком безумной роскоши. Когда преподносишь банку икры пожилому миллионеру, он смущенно вертит ее в руках и растроганно говорит, что сам ее есть не будет, а передаст маленькой внучке, хотя без всякого ущерба мог бы купить хоть тысячу таких банок. Но эта трата покажется ему расточительно-глупой, и сама мысль о ней никогда не придет в голову.

Икру я мог бы заказать в Москве, написав туда официальное отношение от резидентуры, и месяца через два получить неспешно выполненный заказ: ведь даже в буфетах КГБ дефицитная черная икра не залеживается на прилавках. Но главное состояло в том, что она и упакована была бы небрежно, как принято у нас. Скорее всего, офицеры хозяйственного управления свалили бы банки с икрой в картонную коробку, написали на ней «секретно» и послали сюда, в советское посольство в Японии, дипломатической почтой. Если бы я преподнес Сэймону пяток вот таких голых банок, лишенных положенной здесь почтительной атрибутики, он воспринял бы это как оскорбление.

Поэтому в Москву я обращаться не стал, а купил несколько баночек черной икры в шикарном супермаркете «Кинокуния». Заботливые продавщицы бережно уложили стеклянные банки в изящную коробочку, устланную изнутри белой стружкой, обернули подарочной бумагой, обвязали лентами и прицепили бантик...

Получив такой изящный и, по японским представлениям, бесценный подарок, Сэймон чуть ли не разрыдался. Он и виновато морщил лоб, как бы прося прощения за то, что вверг меня в безумные траты, и сокрушенно качал головою, выражая сочувствие обедневшей семье. Но за столом держался раскованно, как и подобает гостеприимному хозяину...

Ресторан, куда он привел меня, петляя по узеньким переулкам Канды, оказался небольшим, но весьма престижным.

В нем было не больше десятка низких полированных столов, довольно далеко отстоящих друг от друга, что при обычной японской тесноте считается признаком роскоши. На каждом из них стояла большая лампа под красным шелковым абажуром, создавая редкостную и изысканную атмосферу уюта, который доступен не каждому.

Зал был совершенно пуст. Сэймон уверенно повел меня в самый дальний его конец, к столику, стоявшему в небольшой нише. Широким жестом он пригласил меня садиться.

Тотчас появился повар в белом костюме и поднял лакированную столешницу. Под ней оказалась электрическая жаровня.

Включив ее и оставив нагреваться, он удалился, а через минуту вернулся, толкая перед собой высокий столик на колесах, устланный белой скатертью. На ней на огромном металлическом блюде лежал толстый кусок мяса, издали похожий на розовый мрамор.

Это был знаменитый на весь мир бифштекс Кобэ, для которого коров через равные промежутки дней вместо воды поят пивом, отчего в мясе появляется множество ровных и очень тонких белых прожилок. Растопленные на сковороде, они превращаются в ароматный, сладкий, ни с чем не сравнимый горячий сок.

Пока повар, ловко орудуя стальным ножом, резал мясо, подошел официант в черном фраке и налил нам вина.

— За встречу! — покровительственным тоном произнес Сэймон, поднимая бокал, и отпил половину. Его лицо источало удовлетворение и радость от оплачиваемого с лихвой морального долга.

В моем же сердце внезапно возникла тревога. Не станет ли наша нынешняя беседа последней? Не забудет ли меня Сэймон уже завтра, полностью рассчитавшись со мною?..

Ведь у японцев, знаменитых на весь мир своей деловитостью, принято тотчас порывать отношения с человеком, который не нужен им позарез для сиюминутных практических целей. Это шокирует многих за рубежом, и особенно — моих соотечественников, почитающих сердечные отношения.

— Какие же все-таки беспардонные эти японцы, — в сердцах жалуются порой работники торгпредства СССР. — Еще вчера деловой партнер Ямамото устроил мне роскошный ужин, во время которого мы чокались кружками пива, пели русские песни, клялись в дружбе и даже награждали друг друга пьяными поцелуями, а сегодня, когда мы случайно встретились в лифте, он сделал вид, что не узнал меня! Неужели я чем-то его обидел?..

— Просто ты для него больше не существу-
ешь! — посмеиваясь, объясняют наши журналисты,
более глубоко осведомленные о нравах и обыча-
ях японцев. — Очевидно, ты оказал ему какую-
нибудь услугу, он в знак благодарности пригласил
тебя на ужин и после этого считает себя ничем
тебе не обязанным. Зачем ему поддерживать
дружбу, тратить время? Он лучше поспит лишний
час перед новой деловой встречей. А если ты снова понадобишься, он сам прибежит и будет хло-
пать тебя по плечу, и приглашать чокаться кружками. Ему и в голову не придет, что ты обиделся:
ведь он — деловой человек.

Не поступит ли со мной и Сэймон таким образом?..

Тем временем повар разложил на сковородке
поделенное на четное число ломтиков мясо, бросил туда несколько грибков, морковок, листьев
зелени, накрыл мельхиоровой крышкой и застыл,
словно часовой на параде, держа руки по швам.
Всем своим видом он давал понять, что при зас-
тольном разговоре как бы не присутствует и его
можно не брать в расчет.

И тогда я решил приступить к главному — зада-
нию разведки, поставив вопрос так:

— А что, министр X. тоже самурайского рода?..

По широкому лицу Сэймона пробежала тень то
ли испуга, то ли удивления. Он выдержал многозначительную паузу, означавшую, что фамилия X.
для него не пустой звук, извергаемый телевизором
по сто раз в день, а нечто несравненно большее, и
сказал следующее:

— Видите ли, господин X. действительно происходит из самураев, хотя и не очень афиширует это
по вполне понятным соображениям: ведь в Японии
живут не одни только дворяне...

41

— А знаете ли вы, что в начале пятидесятых годов, когда X. впервые приехал в Москву в составе группы японских туристов, он был там арестован? — торжествующе продолжал я.

Сэймон впился в меня глазами, желая убедиться, что он не ослышался и я не оговорился, а убедившись, кивком головы попросил меня продолжать...

Этот дикий по нынешним временам случай действительно имел место. О нем рассказал нам, молодым корреспондентам ТАСС, один наш пожилой коллега, долгие годы работавший в Японии. Тогда, на закате сталинской эпохи, он был студентом Института востоковедения, приставленным к группе японских туристов в качестве переводчика.

Иностранцев тогда приезжало в Москву очень мало, а уж японцы, представители не так давно поверженной нами страны, и вовсе были наперечет. Всех их размещали в мрачном высотном здании гостиницы «Украина», построенном незадолго до этого.

Почему японцы должны были селиться именно там, а не в какой-нибудь другой гостинице, никто не интересовался, к тому же гостиниц в Москве всегда не хватало.

Подобные вопросы в те времена задавать не полагалось, да и ответ для людей сведущих был вполне ясен: очевидно, именно там, в «Украине», МГБ собрал всех переводчиков японского языка, уцелевших от репрессий или, может быть, уже освобожденных из лагерей. Они прослушивали разговоры, которые вели туристы между собой в номерах. Такой порядок сохранялся многие годы. Для сотен японцев, побывавших в Москве по самым разным делам, столица СССР ассоциировалась с гостиницей «Украина». Именно там они впервые попробовали украинский борщ и котлеты по-киевски, которые вошли в меню многих японских ресторанов.

Поселившись в гостинице «Украина», Х. утром следующего дня вышел на улицу и стал фотографировать виды Москвы и уличные сценки, не предполагая, что делать это категорически запрещалось иностранцам, пребывающим в нашей стране. Всякий фотограф-чужак должен был получить соответствующее разрешение в районном отделе НКВД, сообщив место и время съемок, чтобы к нему успели приставить несколько десятков соглядатаев из службы наружного наблюдения: ведь кадровый состав спецслужб тогда был огромен. Сыщики толпами ходили за каждым иностранцем, выискивая его контакты среди советских людей, и горе было тому из них, к кому иностранец обратился с невинным вопросом: этого человека начинали подозревать в шпионаже, и бессмысленная проверка продолжалась до конца его дней, а зачастую переходила и на родственников.

Надо ли говорить о том, что Х. был тут же схвачен и препровожден в отделение милиции, которая в те годы тоже находилась в подчинении у НКВД.

«Выходят японцы утром во двор, пересчитывают друг друга и спрашивают меня: а где господин Х.? А я им отвечаю, что он арестован!» — посмеиваясь, рассказывал нам старший товарищ.

Однако обвинить Х. в шпионаже не удалось, и его через несколько часов отпустили.

— Но я никогда не слышал об этом! — удивился Сэймон. — Какого числа и в каком году все это происходило?..

— Числа уже никто не помнит. Да и разве имеет оно значение? — отвечал я.

— Да, конечно, вы правы! — понимающе улыбнулся Сэймон. — Но все равно это сообщение очень интересно! Я перепроверю его!..

И, вынув из внутреннего кармана пиджака блокнот, Сэймон быстро сделал в нем какую-то пометку.

— Вы знакомы с самим Х.? — спросил я, изобразив удивление.

— В общем и целом да, — нехотя признал Сэймон. — Но я не являюсь членом правящей либерально-демократической партии и поэтому не вхожу ни в какие списки, — ни с того ни с сего уточнил он, тем самым окончательно убедив меня, что служит самым главным помощником нынешнего министра...

Тут повар с торжествующим видом поднял мельхиоровую крышку и начал раскладывать по тарелкам бифштекс. Аккуратнейшим образом он поделил содержимое сковороды на две части, вплоть до крошечных листочков пахучего растения величиной с ноготь. Поклонившись, он наконец ушел, а мы молча взялись за палочки...

Впервые в жизни пробовал я прославленный на весь мир бифштекс Кобэ, который оказался удивительно мягким и нежным, напоминающим одновременно блюдо и европейской, и японской кухни.

— А я как раз ищу подступы к господину Х.! — сообщил я слегка дрогнувшим голосом.

Сэймон поднял брови и удивленно воззрился на меня, а я торопливо изложил ему все, что мне говорил Николай, разумеется никак не ссылаясь на него, а всячески упирая на неповоротливость и равнодушие наших дипломатов.

— То есть вы хотите установить прямую связь между руководителями наших стран через ваших высокопоставленных московских знакомых? —

уточнил Сэймон. — И где же ваши покровители служат?

Нет, о КГБ нельзя было упоминать ни в коем случае, иначе мой собеседник мог бы совершить непредвиденное: например, с воплем выскочить из-за стола или вызвать полицию.

— Они служат в ЦК, — сообщил я упавшим голосом, хотя и не погрешил против истины: ведь КГБ и руководящий орган коммунистической партии всегда были единым чиновничьим аппаратом.

— Понятно! — понимающе заулыбался Сэймон, в отличие от многих других иностранцев ясно осознававший, какую неограниченную власть имеет в нашей стране Центральный Комитет. — То, что вы мне рассказали, очень интересно! — неожиданно ледяным тоном подытожил Сэймон и озабоченно поджал губки. Это означало, что теперь он уже не имеет права выражать свое личное мнение о моем весьма сомнительном и, может быть, даже опасном предложении и должен посоветоваться с начальством.

Молча отвесив друг другу глубокие поклоны, мы расстались, и я, радостный, поспешил домой. Слежки за мной в этот день не было...

III

— Верти дырку! — серьезным тоном произнес Николай и легонько ткнул пальцем себе в грудь. На принятом в КГБ языке недомолвок и жестов, непонятных для окружающих, это означало, что меня ожидают орден или медаль, отверстие для которых я уже могу заранее проделать в своем пиджаке.

Если бы при этих словах Николай указал себе на плечо, то мне предстояло бы сверлить дырку в погонах для очередной звездочки, что тоже было совсем не плохо.

Строго говоря, никаких погонов у нас, офицеров разведки, не было, как и самих мундиров, на которых они крепились. В то же время обмундирование нам официально полагалось, как и всем советским военнослужащим.

Из этого противоречия давно уже был найден выход: стоимость мундиров выплачивалась деньгами, на которые мы должны были покупать штатские костюмы. В официальную сумму жалованья, указываемую в партбилете, эти деньги не входили, и по традиции, сложившейся еще в сталинские годы, многие чекисты скрывали их от жен, целиком расходуя на себя, а может быть, на любовниц, хотя они в нашем ведомстве и были категорически запрещены.

— Одно то, что Сэймон не выплеснул тебе в лицо кружку пива, можно считать удачей, — уточнил Николай. — А уж его согласие обсудить твои весьма сомнительные предложения с самим министром ты можешь вписать золотыми буквами в свою оперативную биографию. В телеграмме мы это выразим так: «Слон с пониманием отнесся к предложению резидентуры о создании прямого канала правительственной связи через наше ведомство и обещал доложить их высшему руководству разведуемой страны».

Николай тяжело откинулся на широкую спинку кресла и задумчиво посмотрел вдаль поверх моей головы, стараясь не встречаться со мною взглядом. Чувствовалось, что удачная вербовка Сэймона сулила ему как руководителю операции гораздо больше, чем мне, может быть, даже генеральское звание.

— Кстати, — продолжал он, — наступила зима, и ты вполне можешь преподнести Сэймону подобающий этому сезону подарок. Как известно, в Японии сейчас принято дарить тушу лосося... Купи ее в самом дорогом магазине! А если на следующую встречу твой друг прийти побоится, тебе придется есть ее самому...

Я ответил любезной улыбкой, словно бы Николай дарил мне эту аппетитную рыбью тушу, хотя оба мы прекрасно знали, что если она не будет преподнесена Сэймону, то бухгалтерия резидентуры КГБ и мне ее не оплатит. Я вынужден буду раскошелиться сам, выложив чуть не половину зарплаты, а азиатски красочная упаковка, на которую дополнительно уйдет несколько сот долларов, послужит мне наказанием за то, что Сэймон на встречу со мной не придет.

Этого лосося я все же приобрел в роскошном универмаге «Мацудзакая», о чем свидетельствовали круглые фирменные ярлыки, наклеенные на рыбине поверх нескольких слоев тончайшей рисовой бумаги. Оплетена туша была фиолетовыми шелковыми шнурами.

Шел холодный зимний дождь, и бумага, в которую был завернут лосось, быстро намокла. Сквозь пелену дождя пробивались огни множества ресторанов, и казалось, что ярко-красные иероглифы вывесок шевелятся. Быстро стемнело, и я стал побаиваться, что не разгляжу Сэймона в толпе мужчин в одинаковых плащах, торопившихся поскорее погрузиться в ресторанный уют.

Предстоявшую в тот день беседу с ним я решил провести в японском ресторане, где жители этой страны чувствуют себя по-особенному вольготно.

Сэймон не заставил себя ждать, появившись ровно в назначенный час. С его плаща струйками стекала вода.

Дверь ресторана, куда мы вошли, то и дело открывалась, впуская новых посетителей. С преувеличенно-громкими вздохами облегчения они рассаживались за столы из белого свежеоструганного дерева.

По залу неустанно сновали официантки, разнося тарелочки с закуской, а расслабившиеся в ресторанном уюте мужчины предвкушали удовольствие от чашечки горячего сакэ.

Мы тоже заказали сакэ, а на закуску — щупальца осьминога и любимую японцами сладковатую рыбу хамати, а также крупные жареные креветки. Я предложил еще взять и сырую конину под острым чесночным соусом — блюдо популярно в Южной Японии, на островах Кюсю и Сикоку, откуда был родом Сэймон, чем немало его удивил. Вся эта снедь на изящных красно-синих фарфоровых тарелочках и усыпанная лепестками желтых хризантем, которые тоже употребляются в пищу, вскоре уже красовалась на нашем столе, являя собой великолепный натюрморт, который жаль было разрушить.

— За наше сотрудничество! — не мешкая, предложил я двусмысленный тост и поднял чашечку сакэ.

Сэймон, ни слова не говоря, выпил, с шумом выдохнув воздух, и сразу как-то расслабился, помягчел. Затем, вооружившись кипарисовыми палочками, стал ловкими движениями отправлять в рот разложенные на тарелках яства, причмокивая от удовольствия.

Неожиданно совсем рядом расположилась очередная шумная компания. По холеному лицу Сэймона пробежала тень легкой досады.

— Давайте-ка перейдем на английский язык! — приглушив голос, предложил он и неожиданно сообщил: — О нашем разговоре я доложил своему патрону!..

— Какому патрону? — испуганно переспросил я, не осмеливаясь верить в столь невероятно быстрое развитие событий.

— Господину Х.! Вы ведь хотели этого? — в свою очередь уточнил он.

— Да, конечно, очень хотел, — поспешно подтвердил я, холодея от страха. Х. казался мне каким-то мифическим существом, вроде Брежнева, которого если и можно увидеть, то лишь издалека на каком-нибудь праздничном мероприятии. Я не ожидал ощутить дыхание японского министра так близко. Дело приобретало нешуточный оборот...

— Я сообщил ему о вас в форме докладной записки! — как ни в чем не бывало продолжал Сэймон, с хрустом пережевывая кусочек сырого щупальца осьминога. — Х. разрешил мне встречаться с вами, но предупредил: «Будь осторожен, этот человек может оказаться шпионом!..»

О хитром предостережении Х. я вспомнил через несколько лет после описываемых событий, став одним из референтов начальника всей советской научно-технической разведки.

Мое положение позволяло мне знакомиться с наиболее важными агентурными делами, завизированными высшим руководством КГБ: разумеется, многие из них были липовыми, высосанными из пальца. В одном я увидел даже собственноручную резолюцию Андропова, утвердившего рапорт на вербовку.

Поверх текста он большими буквами написал так:

«Вербуйте, но не напоритесь на подставу!»

Надо ли говорить о том, что каждый такой рапорт, адресованный лично Андропову, тщательно выверялся десятком начальников, и в нем самым убедительнейшим образом доказывалось, что никакой подставой здесь не пахнет, а разведка приобретает настоящего особенно ценного агента. Строго говоря, подпись Андропова здесь вообще была не нужна, потому что включить иностранца в агентурную сеть может любой начальник отдела. Поэтому на утверждение лично руководителю КГБ рапорты посылались в редчайших случаях, когда генералы высшего звена хотели блеснуть перед ним своими успехами.

Но все равно таких бумаг у Андропова скапливалось много, как и всяких других, и времени для того, чтобы все читать самому, не было. Поэтому, удовлетворившись лаконичным изложением своего помощника-генерала, Андропов и ставил везде одну и ту же резолюцию, хорошо знакомую всем. Она и санкционировала вербовку, суля поощрения начальству, и одновременно подставляла его на случай провала, ответственность за который Андропов заранее с себя снимал.

Вспомнив тогда о столь же двусмысленном разрешении Х., которое он дал Сэймону на встречи со мной, я понял, что большие начальники во всем мире одинаковы...

— Однако встречаться с вами теперь буду не я, а другой помощник министра, господин Химэдзи, — продолжал Сэймон. — На время ваших бесед полиции будет дан приказ снять наблюдение, поэтому вы сможете общаться совершенно свободно...

«Ну, уж этому-то точно никто не поверит!» — подумал я и попросил Сэймона написать фамилию Химэдзи иероглифами, чтобы и Николаю, и

50

начальству в Москве было ясно, что я не придумал ее.

Быстро начертив пару иероглифов на салфетке, Сэймон небрежно протянул ее мне.

— Я завтра же сообщу все это своим высокопоставленным московским знакомым! — упавшим голосом произнес я, осторожно засовывая салфетку в бумажник и стараясь ее не помять.

— Да уж сделайте милость! — иронически улыбнулся Сэймон и выпил чашечку сакэ. После этого он поднялся из-за стола, отвесил преувеличенно-церемониальный поклон и молча удалился, не забыв, однако, прихватить тушу лосося...

«Хорошо все это или плохо? — лихорадочно соображал я, обдумывая предстоящий доклад Николаю. — Это провал или, наоборот, огромный успех? Ведь разведке порой бывает так трудно отличить одно от другого...»

— Кажется, дело приобретает серьезный оборот, — задумчиво произнес Николай. — Похоже, в игру включился сам Х. Наверное, ему тоже нужен канал прямой связи с Москвой без всякой огласки, обеспечить который может только КГБ. Ну а если все это завершится скандалом с участием нашего Министерства иностранных дел, которое будет возмущено нашим вторжением в его функции, тебе придется не мешкая садиться в автомобиль и мчать в аэропорт Нарита, там наши товарищи отправят тебя без билета очередным рейсом в Москву. Вещи мы тебе вышлем потом. Ведь век разведчика краток, как у мотылька: обжег крылышки — и нет его!..

И Николай заливисто рассмеялся, внимательно наблюдая за моей реакцией. Он смотрел на меня с чувством высокомерного превосходства: ведь этот скандал никогда не коснулся бы его лично, всегда остававшегося в тени, и не помешал бы ему провести в Японии еще долгие годы...

Шифрованная телеграмма в Москву была тотчас отправлена, но Николай не дал мне прочитать ее текст. Учитывая то, что в любую минуту и в самом деле мог разразиться скандал, Николай велел мне на несколько дней полностью прекратить всякую шпионскую деятельность, чтобы не давать контрразведке повод для провокаций. С утра до вечера я сидел в тесной комнатке токийского отделения ТАСС и, изнывая от скуки, писал такие же безликие и уклончивые заметки о буржуазной японской жизни, какими были и все депеши разведки, отправлявшиеся дипломатической почтой в Москву.

Впрочем, через два дня меня все же вызвали в резидентуру, причем в главную, которая находилась в посольстве и где располагались кабинеты начальников. Николай ждал меня там, встретив холодной улыбкой.

Оказывается, сегодня о нашей игре с Сэймоном узнал советский посол, что было для КГБ крайне досадно, причем узнал не от нас, а от японцев, что было досадно вдвойне. Утром к нему неожиданно попросился на прием президент одной из крупных японских телекомпаний: считалось, что она представляет информацию об СССР в дружественном для нас духе. И хотя это было не так и московские репортажи ее корреспондентов ничем не отличались от тех, что поступали в Токио от остальных японских журналистов, телемагнат считался другом СССР, и наш посол был обязан с радушной улыбкой принимать его в комнате для гостей тотчас, как тот пожелает. Телемагнат поддерживал тайные контакты с ЦК КПСС, о чем всем было известно, как, впрочем, было известно о его связях с японской мафией.

По-хозяйски усевшись в кресло, он без обычных принятых здесь церемоний спросил, знает ли советский посол что-нибудь о Сэймоне...

Разумеется, этой фамилии он не слыхал, общаясь лишь с узким кругом высокопоставленных чиновников министерства иностранных дел, и потому сразу понял, что речь идет о разведке. Сославшись на слабую память, вынуждающую свериться с картотекой протокольной службы, посол вышел в соседнюю комнату, плотно прикрыл дверь и позвонил по внутреннему телефону резиденту КГБ, прося у него совета.

«Послу было отвечено, что Слон нам якобы неизвестен», — холодея от ужаса, читал я в телеграмме, спешно отправленной в Москву в те минуты, когда посол, недоуменно разводя руками, прощался с президентом телекомпании. Так КГБ воспользовался крошечным преимуществом во времени, успев отстучать свою телеграмму раньше той, которую посол, может быть, отправит в ЦК, представив действия КГБ совсем по-другому.

Москва, известная во всем мире своей медлительностью, на сей раз ответила на телеграмму резидентуры с невероятной быстротою. Она прямо-таки полыхала гневом.

Оказывается, пока я путешествовал с Сэймоном по ресторанам, руководство разведки успело составить пространный, на несколько десятков страниц, перспективный план работы с ним и утвердило его у Крючкова. Росчерк его пера вверху на первой странице придавал плану статус внутриведомственного закона, и нарушать его нельзя было никому, даже самому X. Никакое иное развитие событий, кроме предусмотренного планом, не допускалось, именуясь на языке КГБ «непредсказуемыми действиями».

Большинство разведывательных начальников в Москве, визировавших этот план, сами никогда шпионажем не занимались, а пришли в КГБ из ЦК, обкомов и горкомов по так называемому партийному набору. Всем опытом своей жизни в СССР они были приучены к тому, что утвержденный руководством план — нечто незыблемое, святое, и не допускали даже мысли о том, что задействованные в нем Сэймон и Х. могут поступить как-то иначе, не посоветовавшись с Москвой. А уж то, что они осмелились проверять деятельность разведки через своих людей, да еще бесцеремонно вовлекая в это советского посла, повергло генералов разведки в грозное негодование.

«То, что Слон и его покровитель совершили непредсказуемые действия, является серьезной недоработкой резидентуры, которая не сумела разъяснить им необходимость тщательного соблюдения оперативной дисциплины, — читал я, не веря своим глазам. — Кроме того, — отмечалось далее в телеграмме, — мы не видим дальнейших перспектив разработки Слона. Идея создания конспиративной прямой связи между руководством обеих стран представляется нам преждевременной».

Тем самым Москва давала понять, что у нее не было каких-то новых идей, которыми Брежнев мог бы конфиденциально поделиться через меня с Х., и передавать в Токио ему было нечего.

С волнением вглядывался я в заключительный абзац телеграммы, где могло быть сказано что-нибудь оскорбительное и в мой адрес.

Например, о Станиславе Левченко, корреспонденте «Нового времени» и сотруднике политической разведки, однажды написали, что он слишком

54

часто водит японцев по ресторанам, где и сам не забывает угощаться за государственный счет. Этот странный выпад начальников был для Левченко вдвойне болезненным потому, что на деле он заслуживал награды за вербовку полицейского обозревателя одной из газет. Друг этого журналиста, работавший в контрразведке, передавал нам через него материалы слежки за советским посольством, в которых деятельность резидентуры КГБ представала как на ладони. О, как не совпадала она с теми высокопарными отчетами, которые посылала сама резидентура в Москву!

Кажется, после этого Левченко окончательно решил бежать в США, что и сделал, сообщив потом об оскорбительном письме из Москвы всему миру со страниц журнала «Ридерз дайджест»...

Обо мне же в сегодняшней телеграмме не было сказано ни единого слова! Значит, я и дальше буду работать здесь, в токийской резидентуре, наслаждаясь жизнью в Японии и добывая отличное пропитание обожаемой мной семье. Господи, дай мне сил!..

От автора: сюжет этой главы и имена действующих лиц вымышлены мною. Сходства с реальными историческими лицами и событиями нет.

Глава 2

СКОЛЬЗКАЯ ВЕРБОВКА КИТАЙЦЕВ

Разведки Китая и России — родные сестры. Обе выросли из НКВД. И потому им очень трудно шпионить друг против дружки. Для этого они используют хитроумные приемы, на которые китайцы — большие мастера.

«При чем здесь вообще Китай, если в книге рассказывается о советском шпионаже в Японии?» — удивится иной читатель.

Его удивление можно понять — ведь мало кто знает о том, что начиная с восьмидесятых годов Япония стала еще и главной базой КГБ для ведения разведки против Китая. И, не скрою, определенную роль в принятии этого решения руководством советской разведки сыграл я. Множеством конкретных дел я доказал, что в Японии вполне можно и нужно вербовать китайцев.

«Но почему же этого нельзя делать в самом Китае?» — спросят многие.

Да потому, что китайская контрразведка в сотни раз многочисленнее японской, и каждый официальный советский представитель, независимо от того, является он сотрудником КГБ или нет, берется там под неослабный круглосуточный контроль.

Стоит ему только выйти на улицу, как к нему сразу пристраивается многочисленный хвост.

Да и народ в Китае менее привычен к иностранцам, и стоит одному из них всего лишь заговорить на улице с прохожим китайцем, как вокруг собирается толпа любопытных. Многие крупные начальники в КГБ поначалу не верили этому и даже специально приезжали в Пекин, чтобы опровергнуть маловеров. Сотрудники резидентуры КГБ, сопровождавшие их в поездках по Пекину, предлагали выйти из машины и что-нибудь спросить у первого попавшегося китайца — например узнать, как проехать до площади Тяньаньмэнь. Не успевали генералы КГБ произнести эту фразу на ломаном английском языке, как их тотчас обступала толпа. Не привыкшие находиться в центре чьего-либо внимания и всей душой опасающиеся этого, генералы пугались и в панике пробирались к машине.

Возвратившись в Москву, они уже не так твердо настаивали на том, чтобы сотрудники многочисленной резидентуры КГБ в Пекине занимались вербовочной работой. Те бывали очень довольны этим и воспринимали командировку в Китай как отдых.

Однако ЦК КПСС настоятельно требовал от КГБ создания агентурной сети в Китае. Причиной этому были обострившиеся идеологические противоречия между руководством правящих партий обеих стран, главным из которых была борьба за лидерство в мировом коммунистическом движении. Советскому руководству нужны были такие люди в Китае, которые могли бы влиять на решения правительства в выгодном для СССР духе.

Наиболее подходящей вербовочной базой для этого стали китайские стажеры, в большом количестве появившиеся в Японии, США и Европе в восьмидесятые годы. Среди них было немало детей высокопоставленных партийных чиновников, и по возвращении в Китай они действительно могли бы претендовать на высокие посты.

Однако в США работа с ними была затруднена, поскольку местная резидентура КГБ находилась там почти под таким же неусыпным контролем, как и в Пекине. Кроме того, США были самой важной для СССР страной, и дополнительная активность разведки могла повредить советско-американским отношениям.

Перспективной поначалу считалась Европа, и почти во все резидентуры КГБ были направлены специалисты по Китаю. Однако массовой вербовочной работы среди китайцев им наладить не удалось, поскольку те очень пугались, когда в Париже, Берлине или Лондоне к ним подходил сотрудник советского посольства и начинал разговаривать по-китайски. И в самом деле: у Москвы нет никакой дипломатической необходимости посылать китаистов в Европу, и потому легко было догадаться, что перед ними стояла только одна цель, шпионская.

Совсем иначе обстояло дело в Японии. Ее культурно-историческая традиция близка к китайской, она поддерживает с Китаем тесные связи, и к тому же в ней нет закона о шпионаже.

Установить контакт с китайским стажером здесь очень легко: ведь интерес к Китаю для работающего в Японии иностранца так естествен! Никто из китайских стажеров не пугался, когда к нему подходил советский разведчик. Впрочем, поначалу он скрывал свою принадлежность к КГБ. Оставалось только придумать предлог для знакомства.

После подписания японо-китайского соглашения о сотрудничестве в области образования в Токио появилось несколько крупных общежитий для китайских стажеров-студентов. Нам, разведчикам, было совершенно ясно, почему общежития китайских стажеров такие большие — в них китайскому КГБ легче осуществлять контроль за студентами через завербованную среди них агентуру. А надо сказать, что методы работы КГБ и даже его структура вплоть до нумерации отделов и управлений были скопированы китайцами у советского КГБ в пятидесятые годы. Поэтому нам, советским коллегам, не составляло труда предугадывать те или иные действия китайских спецслужб в Токио.

Но прежде всего требовалось установить адреса крупных китайских общежитий. Для меня, шпиона-корреспондента, это не составляло никакого труда, особенно с учетом того, что незадолго до этого я и сам был в Токио студентом.

Самым солидным и представительным университетом в Японии является, как известно, Токийский, бывший императорский, университет. Туда я и поехал.

— Где находится Общество иностранных студентов? — спрашивал я у встречавшихся мне на пути студентов, но, разумеется, не у привратника, который мог на всякий случай записать мой номер машины и вопрос, который я задавал.

Штаб-квартиру общества я нашел без труда. Она размещалась в небольшой комнатке на первом этаже, и в этот час там находилось лишь несколько человек. Ведь дневные занятия еще не закончились. Я же специально выбрал такое время, когда студенты спешат из одной аудитории в другую и не обращают внимания на то, что происходит вокруг.

— Вы преподаватель английского языка мистер Джонсон? — спросили меня, очевидно обознавшись, двое молодых студентов, находившихся в штаб-квартире общества. Хотя говорили они по-японски, певучий акцент выдавал в них жителей Юго-Восточной Азии. Мне показалось, что они были малайцами, и может быть, даже малайскими китайцами. Но такие китайцы нашу разведку не интересовали. Для нее представляли интерес только граждане КНР, знакомые с государственными секретами, причем проживающие лишь в Пекине, где есть резидентура КГБ.

— Нет, я не мистер Джонсон! — ответил я с дружелюбной улыбкой. — Я иностранный корреспондент, который и сам в недавнем прошлом учился в Японии! И поэтому пишу сейчас большую статью о жизни иностранного студенчества в Японии...

Мои собеседники заулыбались.

— О студентах какой страны хотели бы вы написать? — деловито осведомились они.

— О тех, кого в Японии больше, — сказал я, великолепно зная, что больше всего здесь китайцев.

— Ага, значит, о китайцах!.. — догадались мои собеседники, и в их глазах зажегся радостный огонек: должно быть, они и в самом деле были этническими китайцами Южных морей. — Мы рады помочь вам, — продолжали они. — У нас имеются адреса всех общежитий китайских студентов в Токио. Вам они нужны?..

Я сдержанно поблагодарил их, стараясь не обнаружить охватившего меня восторга, ведь резидентура КГБ в Токио тщетно искала этот список чуть ли не полгода...

Спрятав ксерокопию списка, занявшего около десяти страниц, я поспешно удалился. По коридорам я бежал, словно спасаясь от погони. Теперь, заполучив столь важный разведывательный материал, я думал только о том, чтобы поскорее, не привлекая к себе внимания, ретироваться отсюда...

Просмотрев адреса общежитий, заместитель резидента восхищенно присвистнул:

— Здесь хватит работы для половины резидентуры!..

Но как-то так получилось, что изо всей этой резидентуры разведкой против Китая увлекся лишь один я. Для меня, японоведа, она явилась спасением, дав мне возможность избежать шпионажа против Японии, страны, которую я люблю всей душой. Да и, согласитесь, глупо вредить стране, изучению которой ты посвятил всю свою предшествующую жизнь. А если она разгневается и выгонит тебя, чем ты еще сможешь заниматься?..

Впрочем, для остальных моих товарищей-чекистов такой проблемы не существовало, и они с усердием продолжали заниматься шпионажем против Японии. Впрочем, ни один из них, кроме меня, не написал ни единой книги об этой стране. Они воспринимали ее исключительно как объект шпионажа, совершенно не задумываясь над тем, для чего этот шпионаж нужен...

На следующий день с самого утра я уже дежурил неподалеку от входа в общежитие китайских студентов в Иидабаси. Его здание, судя по всему, было построено недавно, и вход в него украшали два изваянных из мрамора льва.

Я же околачивался поблизости, делая вид, что гуляю по небольшой аллее, а сам тем временем пристально следил за группками студентов, возвращающихся с занятий. Теплый токийский ветерок доносил до меня обрывки китайской речи, но приблизиться к какой-нибудь группе я не решился, зная, что это не останется незамеченным.

Мне нужен был одиночка, встреча с которым может пройти незаметно для окружающих...

И наконец, такой студент появился. Еще издалека я разглядел в глубине переулка фигуру долговязого велосипедиста, направлявшегося к велосипедной стоянке перед воротами китайского общежития!..

Я поспешил ему навстречу, едва удерживаясь от желания побежать, что было бы весьма неуместно в данной ситуации. Но мне нужно было успеть обменяться с ним несколькими фразами, пока вокруг нет ни души.

Заперев велосипед на замок, студент направился к воротам. Это был чистокровный китаец, о чем свидетельствовал специфический разрез глаз, иной, чем у японцев.

— Скажите, пожалуйста, как пройти в парк Коракуэн? — выпалил я по-японски заранее подготовленный вопрос, словно приняв его за японца.

— Коракуэн прямо за поворотом! — с любезной улыбкой ответил студент, и его характерный акцент окончательно убедил меня в том, что передо мной — китаец. Но тем не менее я изобразил удивление:

— Вы китаец?!

— Да, я приехал из Пекина, — кивнул он.

— А я как раз ищу китайца! Какое счастливое совпадение! — радостно воскликнул я. — В свою следующую журналистскую командировку я намерен побывать в Пекине, а пока собираюсь заняться китайским языком. Вы не согласились бы давать мне уроки по вечерам? Я не могу посещать курсы китайского языка, поскольку днем занят журналистской работой...

В глазах китайского студента зажегся живой интерес. Дело в том, что стипендия китайских студентов, обучающихся в Японии по обмену, в сущности, мизерная и все они с готовностью принимают подобные предложения.

— Каждое занятие будет стоить десять тысяч иен! — нарочито будничным голосом продолжал я. — Заниматься будем в ресторанах.

Щедрая плата за урок плюс бесплатный ужин повергли студента в восторг. Он заулыбался, не скрывая, впрочем, некоторого удивления по поводу моей расточительности.

— Я согласен! — сказал он наконец.

— Отлично, тогда встречаемся сегодня в семь часов на мосту в Коракуэне!

Студент снова кивнул, но теперь уже с выражением почтения, и направился к воротам.

— Кстати, — спросил он, обернувшись, — из какой вы страны?..

— Из Советского Союза! — отвечал я как можно более дружелюбным тоном. — Но это обстоятельство не должно вас беспокоить. Период напряженных отношений между нашими странами давно миновал, и я еду в Пекин с целью крепить дружбу!..

Какой-то миг студент настороженно разглядывал меня, но, очевидно вспомнив о вожделенных десяти тысячах иен, отринул все сомнения и дружески улыбнулся. Я же облегченно вздохнул, сел в автомобиль и помчался в резидентуру, чтобы доложить о только что состоявшемся знакомстве...

Мне было разрешено встретиться с новоявленным знакомым в тот же вечер, поскольку КГБ было хорошо известно, что никаких молодых агентов-китайцев у нас нет и мой новый знакомый никак не мог оказаться уже действующим агентом. Начальникам резидентуры не терпелось узнать, чем закончится моя предстоящая встреча, ведь опыта шпионских мероприятий в форме уроков китайского языка у нее еще не было...

В семь вечера студент уже ждал меня на условленном месте с учебником китайского языка в руках и встревоженно озирался по сторонам, очевидно опасаясь, что я передумаю и он лишится солидного заработка. Когда я появился на мосту, он призывно помахал мне рукой.

Взяв такси, я повез моего нового знакомого в район Ёцуи. Ресторан, выбранный мною, разумеется, был не китайским, хотя и вполне подходил для предстоящей беседы. За границей КГБ никогда не проводит встреч с китайцами в китайских ресторанах из опасения, что служащие в этих ресторанах китайцы могут обратить внимание на столь необычное знакомство своего соплеменника с иностранным дипломатом или корреспондентом. Кроме того, мне было хорошо известно, что стажеры из КНР иногда подрабатывают в таких ресторанах официантами и поварами и можно нарваться на какого-нибудь однокашника моего новоявленного учителя. Дальнейшая шпионская работа с ним потеряет смысл, а все предшествующие усилия окажутся напрасными...

По этой же самой причине наша разведка никогда не приглашает и в русские рестораны за рубежом своих агентов из числа местных граждан русского происхождения. Здесь тоже слишком велик риск случайной встречи с кем-нибудь из знакомых, хотя бередящая душу ностальгическая русская обстановка такого ресторана как нельзя лучше благоприятствовала бы беседе.

Когда мы расположились за столиком, мой «учитель» почувствовал себя несколько смущенно: очевидно, в таких солидных ресторанах ему никогда прежде бывать не приходилось. Он сразу же до-

ные бюрократы, пребывавшие в капиталистической стране под видом дворников и шоферов. Они-то и осуществляли контроль за мыслями и действиями своих соплеменников.

Такой прием был заимствован китайцами тоже у нас, советских товарищей! Помню, как на выставке «Сибирь» в Токио, в скромном кабинете рядом с дирекцией, сидел, целыми днями ничего не делая, ехидный старичок. Он числился всего-навсего начальником транспортной группы, в действительности же у шоферов имелся другой начальник, а перед бездельником-старичком все советские служащие расшаркивались с подобострастной улыбкой. Он был замаскированным работником Московского горкома КПСС и здесь, в Токио, составлял на сотрудников выставки политические характеристики, способные перечеркнуть их судьбу...

СССР и Китаю, этим двум коммунистическим гигантам, присуще большое сходство. Порой это сходство доходит до смешного, поскольку весь уклад государственной жизни воспринят Китаем от Советского Союза в маоистский период. Там до сих пор сохранились названия некоторых старых промышленных министерств, у нас давно отмененных, а управление правительственной охраны китайского КГБ даже носило номер восемь — говорят, как у нас при Сталине (потом оно стало именоваться девятым).

Разумеется, список членов партийного бюро китайского посольства не являлся тайной для китайских студентов, стажировавшихся в Японии. Но передача такого списка иностранцу была совершенно недопустима. Точно такой же порядок существовал и в посольстве СССР. Таким образом мы, советские разведчики, сознательно использовали запреты, рожденные тоталитарным идеологическим государством, для того, чтобы создавать на всякий случай компрометирующий материал для других коммунистов, граждан нашего бывшего друга и младшего брата — Китая! Больший идиотизм трудно было себе представить! В то же время во всем Токио только одни мы, советские люди и китайцы, осознавали всю разрушительную мощь этих мелких условностей и ценили, и понимали их. Японцам же, в том числе полицейским, они были попросту непонятны, и мы могли в этом смысле не опасаться их. Действительно, с точки зрения японской контрразведки передача китайцем официальному советскому представителю списка членов партийного бюро посольства КНР не является компрометирующим его материалом. А с точки зрения советского КГБ еще как является! И китайского КГБ тоже...

Через несколько месяцев у меня появилось около десяти преподавателей китайского языка! Мы встречались в разных ресторанах и никогда не продвигались дальше одного-двух занятий. После этого я, ссылаясь то на усталость, то на поздний час, переводил разговор на другую тему, но плату за занятие все же вручал. Все мои учителя до единого ее брали, преступая в этот момент невидимую черту, отделяющую занятия языком от чего-то другого, тайного, для которого занятия служили лишь прикрытием.

Опыт установления и развития контактов с китайцами получил высокую оценку и в токийской резидентуре, и в Москве, в штаб-квартире разведки, куда я направлял подробные отчеты.

В один из дней из Москвы поступило инструктивное письмо, подписанное самим начальником разведки Владимиром Крючковым. Оно было озаглавлено так: «Национально-психологические особенности разработки и вербовки китайцев». Вначале был, как положено, указан список городов, в чьи резидентуры это письмо было направлено. В этом списке фигурировали все главные столицы мира — Лондон и Вашингтон, Париж и Нью-Йорк, Токио и, конечно, Пекин.

Пробежав глазами письмо, я вздрогнул, словно бы услыхав записанный на магнитофон собственный голос. Оно явно носило черты моего литературного стиля!..

Вчитавшись, я понял, что это инструктивное письмо начальника всей разведки было составлено преимущественно на основе моих телеграмм из Токио, в которых я описывал психологические приемы работы с китайцами. Меня охватило чувство гордости. На следующий день я выступил на общем собрании резидентуры с докладом, в котором поделился опытом разработки китайцев.

Стоя рядом с резидентом у его стола, я то и дело ловил на себе колющие завистливые взгляды присутствующих. Однако перед моим мысленным взором всплывал мой собственный образ с орденом на груди...

Ведь сам Андропов сказал, что первый советский разведчик, который завербует китайца, получит орден Ленина. Тогда я еще не знал, что КГБ никогда не сдерживает своих обещаний...

Для разведчиков белой расы, не одних только русских, шпионская работа на Востоке всегда считалась особенно трудным делом. Слишком уж отличались его культурные традиции от наших, а иероглифическая письменность просто отпугивала своей сложностью. Наиболее трудными странами считались, разумеется, Япония и Китай.

Однако многие из работавших в Японии советских разведчиков все-таки умудрялись осваивать и японский язык, и специфику ее политической жизни. Живя в этой стране, читая ее газеты, они находили, о чем разговаривать с японцами на шпионских встречах. Но о чем можно разговаривать в Японии с китайцем? Для этого надо изучать еще и китайскую культуру, а для большинства это оказывалось непосильной задачей.

Я же со студенческих лет увлекался историей Дальнего Востока и потому мог в течение долгих часов разговаривать с китайцами о том, что интересовало их больше всего — об их родной стране, Китае. Мы обсуждали археологические находки в гробницах эпохи Тан, философскую подоплеку китайского императорского костюма, высказывания знаменитого революционера Сунь Ятсена о китайской кухне, жизнь Мао Цзэдуна в период войны в городе Яньань... Китайцы чувствовали мой искренний интерес к своей стране и проникались симпатией. Трудностей в повседневной шпионской работе с ними у меня не было никаких.

Интерес же к Китаю пробудил во мне не кто иной, как бывший посол в Японии Н. Федоренко, ставший затем представителем СССР в ООН. Мне памятна встреча на его роскошной даче во Внукове, где он, полулежа в китайском кресле, обтянутом драгоценным шелком, рассказывал о том, как был личным переводчиком Мао Цзэдуна.

Я тогда заканчивал школу и собирался поступать в Институт восточных языков, правда, все же не на китайское, а на японское отделение. Федоренко помог мне сделать это в знак благодарности к моему деду, жившему там же, на соседней даче. Дед был искусным врачом в Кремлевской больнице, где лечился только высший слой советского общества, и исцелил Федоренко от какой-то болезни...

Прочитав в студенческие годы немало книг о Китае, я создавал на встречах с китайцами приятную для обоих собеседников атмосферу, не оказывал на них никакого психологического давления.

В других резидентурах КГБ было иначе. Став референтом начальника научно-технической разведки по Китаю, я узнал, что, например, в Скандинавии один из сотрудников КГБ, наоборот, усиленно развращал китайцев. Зная о том, что они потребляют весьма мало алкоголя, приучал к пьянству, показывал им на специально нанятых для этого квартирах порнографические фильмы, одинаково запрещенные как в Китае, так и в СССР, где вопросы секса считались порождением буржуазного общества, ненужным и весьма опасным для строителя коммунизма. Несомненно, этот разведчик и руководивший им резидент не испытывали никакого интереса к самому Китаю, наверняка не прочитали об этой стране ни одной книжки. Совершенно не разбираясь в психологии народов Востока, они считали, что, развращая китайцев, наверняка сделают их агентами КГБ. Этого, конечно, не произошло. Однако неудачливые разведчики-китаисты рассказывали в Москве о своем сомнительном опыте с гордостью, и никто не перечил им...

Те же китайцы, которые якобы преподавали мне свой родной язык в Токио, как-то уж очень легко соглашались на выполнение моих просьб — сначала простых, а потом все более сложных, граничащих со шпионажем: например, дать письменные характеристики на своих товарищей, сомневающихся в коммунистической идеологии, или написать доклад о порядке оформления выезда за рубеж стажеров министерства безопасности Китая. Некоторые оказывались настолько любезны, что даже сообщали мне имена тех своих соучеников, кто, по их мнению, сотрудничает с китайским КГБ и периодически ездит доносить на своих товарищей в посольство. Должно быть, этому способствовали установившиеся у них добрые личные отношения со мной. Очевидно, в глубине души они считали, что все советские разведчики так же искренне интересуются Китаем и уважают эту великую страну. Отчего же не оказать в свою очередь помощь хорошему человеку?..

Традиции доносительства широко развиты в Китае, так же, как и у нас в стране, где они прочно укоренились за годы советской власти. Быть осведомителем и стукачом не считается здесь позорным: наоборот, к ним относятся с уважением, как к людям солидным, умеющим устроиться в жизни. Не случайно в китайской армии, как было и у нас в РККА в сталинский период, наряду с негласной агентурой действует гласная. «Политинформатор» и «активист» имеются в каждом взводе, которые и сообщают в особый отдел о настроениях бойцов, ни от кого не таясь.

С этой особенностью китайцев приходилось сталкиваться и советским чекистам на дальневосточной границе, куда толпами перебегали китайцы в годы культурной революции, то ли спасаясь от преследований, то ли с целью внедриться в нашу агентурную сеть.

Всех этих перебежчиков селили отдельно, в изолированных поселках, и, естественно, заводили среди них осведомителей КГБ, чтобы узнать, о чем говорят китайцы между собой.

Но некоторые из таких вновь завербованных стукачей раздобывали где-то старые фуражки

НКВД, гордо напяливали их на головы и, словно участковые милиционеры, обходили жалкие жилища своих соплеменников. От каждого хозяина они взимали по десять рублей в обмен на обещание сообщать о них в КГБ только положительную информацию...

Но в целом все эти токийские стажеры-студенты пока еще не приносили большой пользы нашей разведке, потому что не имели доступа к секретам. Для того чтобы получить его в относительно скором времени после возвращения в Китай, они были слишком молоды. И поэтому я не возлагал на студентов больших информационных надежд, а скорее отрабатывал на них свое шпионское мастерство. И я готовился к более серьезной вербовочной работе среди взрослых и солидных людей, зрелых китайских ученых, также стажирующихся в Японии.

Найти их и установить с ними контакт было значительно труднее. Преподавать мне китайский язык они не стали бы из-за нехватки времени, поскольку ответственно относились к своим научным исследованиям, проводившимся здесь под руководством японских профессоров. На приемах и других общественных мероприятиях они появлялись всегда группами, потому что следили друг за другом, как это было положено тогда в Китае.

Для того чтобы познакомиться с ними, я даже научился произносить по-китайски две фразы:

— Я — советский журналист! Да здравствует китайско-советская дружба!..

Мои новые знакомые вежливо улыбались в ответ, но на контакт не шли. Я долго не мог ни с одним из них встретиться где-нибудь без свидетелей.

Наконец мне удалось это сделать прямо на улице: недалеко от станции метро «Хацудай», где расположен ТАСС, находилась лаборатория компьютеров, в которой стажировались китайцы.

Первая моя встреча с ним в ресторане прошла успешно, но уже на второй китайский ученый вел себя подозрительно: настороженно щурил глаза, а в ответ на вопросы он лишь молча кланялся, очевидно боясь сболтнуть что-нибудь лишнее. Когда я написал на салфетке иероглифами имя Мао Цзэдуна, он взял ее, сложил и спрятал в карман, очевидно, для того, чтобы передать кому-то образец моего почерка.

Нового знакомого словно подменили, и сделал это не кто иной, как китайский КГБ. Очевидно, китаец, как положено, доложил туда о знакомстве с советским журналистом и получил указание внимательно изучать меня на следующей встрече.

Короче говоря, мой собеседник стал агентом, но весьма наивным и неумелым, как это часто бывает с осведомителями из числа ученых. Мне даже стало жалко его, потому что он напоминал мне своих собратьев, несчастных советских агентов. Как и те, он испытывал двойную тяжесть: не только от напора вражеской разведки в моем лице, но и от недоверия и контроля со стороны своего собственного мощного карательного аппарата. Он не понимал, которой из этих двух страшных сил следует бояться больше. Этим и объяснялось столь странное поведение ученого...

По окончании ужина он робко вытащил из кармана пиджака несколько тысячеиеновых банкнотов, что было совершенно невиданным делом среди китайских стажеров. Очевидно, резидентура китайского КГБ в Токио снабдила его деньгами для беседы со мной, из чего следовало, что этой встрече там придавалось большое значение.

Разумеется, я оплатил ужин сам, точнее, за счет советской резидентуры. Китаец поспешно сунул банкноты в заветный карман. Вряд ли он вернул их в резидентуру китайским чекистам, а скорее всего, оставил себе, сказав, что уплатил за угощение: бедная и бесправная жизнь людей во всех социалистических странах, и особенно в СССР и Китае, делает их своекорыстными и лживыми по отношению к государству...

Больше мы, разумеется, не встречались, но и эта встреча оказалась отнюдь не бесплодной. Я, по крайней мере, узнал, как выглядит гражданин КНР после вербовки его собственной разведкой.

Работа с китайцами шла у меня легко. И резидент, и московские начальники хвалили меня. Кроме того, эта работа никак не мешала моим отношениям с Японией, где к тому же нет закона о шпионаже даже против своей страны, не говоря уж о чужой. Откуда мне было знать, что именно работа с китайцами закончится шпионским скандалом и приведет к концу мою разведывательную карьеру?..

А тем временем Китай интересовал меня все больше. Я любил ездить с семьей в китайский город в Иокогаме, где, как мне казалось, сохранялась атмосфера Китая, в котором я никогда не был. Беседуя с торговцами в сувенирных лавках, я совершенствовал свое умение общаться с китайцами. Заходя в полутемные магазины, я ощущал непривычный и острый запах благовоний, специй, сушеных водорослей, добытых из неведомых глубин теплых Южных морей. Мое сердце востоковеда взволнованно билось...

Такие китайские городки существуют во многих странах. Из инструктивных писем КГБ я знал, что большинство расположенных там ресторанов имеют четко выраженную политическую ориентацию, пропекинскую или протайваньскую, служа порой даже резидентурам разведок двух враждующих между собой китайских государств. Вся разведывательная деятельность, естественно, велась друг против друга.

Особенно интересовала меня разведка Тайваня. Она имела агентуру на всех уровнях в КНР и была осведомлена о делах этой страны лучше всех в мире. Поэтому мне пришла в голову идея отыскать резидентуру тайваньской разведки в Японии и договориться с ней о получении разведывательных материалов о Китае. Эта идея встретила в Москве одобрение. Правда, где находится тайваньская резидентура в Токио, Москва не знала, и мне предстояло это выяснить.

Для начала я обследовал все китайские рестораны·в китайском городе Иокогамы. Те, что были ориентированы на Пекин, обнаружить было несложно, потому что они удивительно напоминали советские. В них витал дух социализма. Абсолютно так же, как и их московские коллеги, китайские официантки всем своим видом демонстрировали усталость и неприязнь к посетителям. Тарелки с едой они ставили на стол все с тем же недовольным выражением лица.

«Как же заразителен этот зловредный дух социализма! Он задевает самые слабые и низменные струны человеческой души и заставляет звучать громче всех!» — размышлял я, с удовольствием поглощая китайские блюда. Они были довольно вкусны, но все же хуже, чем в тайваньских ресторанах. И кухня, и обслуживание там были такие же, как повсюду в Японии.

В одном из таких ресторанов я узнал адрес малоизвестного общества по изучению Китая. Таких обществ в Токио много. Когда я пришел по указанному адресу — а общество занимало всего лишь одну комнату в огромном многоэтажном здании, — то застал там лишь сухонького старичка, сидевшего за письменным столом. При моем появлении он поднял голову...

Мы встретились взглядами, и большего для знакомства мне не требовалось. Это был характерный взгляд разведчика. Выражение, мелькнувшее в нем на одно лишь мгновение, было столь многогранно, что передать его словами просто невозможно...

Должно быть, старичок уловил то же самое и в моем взгляде, потому что мы быстро договорились встретиться вечером в одном из ресторанов на окраине Токио.

Там я объяснил старичку, что являюсь представителем советской разведки и хотел бы наладить с тайваньскими коллегами обмен разведывательными материалами о континентальном Китае. Старичок обещал познакомить меня с кем-нибудь из руководителей тайваньской разведки в Японии. С улыбкой понимания мы посмотрели друг на друга, ибо оба были сотрудниками партийных разведок: я — разведки КПСС, он — Гоминьдана, и эта необычность ситуации объединяла нас еще больше.

Потом мы встречались еще несколько раз, но шпионскому нашему сотрудничеству так и не суждено было начаться из-за моего вынужденного отъезда из Японии. Этот скандал был связан с моей вербовкой китайского стажера в Токийском технологическом институте. Пришла пора рассказать и о нем.

Перед нашей резидентурой давно стояла задача завербовать какого-нибудь зрелого китайского ученого, который по возвращении на родину занял бы руководящее положение в Академии наук КНР.

От одного советского преподавателя, работавшего в университете Токай, я узнал, что на приеме для иностранных стажеров он познакомился с неким сорокалетним стажером-китайцем из Токийского технологического института, который поразил его блестящим знанием русского языка. Как оказалось, в годы крепкой советско-китайской дружбы китаец учился в Советском Союзе и даже знал тексты многих советских песен пятидесятых годов, которые в нашей стране теперь поют очень редко.

В тот же вечер я помчался в институт разыскивать интересующего меня стажера, но там мне сообщили, что тот уже вернулся на родину, а вместо него приехал другой, стажирующийся по специальности «фотохимия».

Это было еще лучше. Ведь о нем уже не знал даже тот советский преподаватель, да и времени на разработку у меня теперь будет достаточно!..

В институтском дворе я подловил нового китайского стажера. Разумеется, я не знал его в лицо, но каким-то необычным, мистическим образом «вычислил» его однажды в толпе студентов. Низкорослый, в белом халате, он шел, переваливаясь по-утиному. Его широкое лицо было типично китайским.

Я подошел к нему и спросил:

— Как пройти на химический факультет?..

— Это рядом, я там стажируюсь, — отвечал он с сильным китайским акцентом.

— Вы — китаец? — удивленно переспросил я.

Стажер кивнул, внимательно посмотрев на меня. Взгляд его был проницательным, умным.

Чувствовалось, что этому человеку средних лет довелось уже испытать многое на своем коротком веку.

— А я — советский журналист. Нам есть о чем поговорить друг с другом!..

— О да! — живо откликнулся китаец и вдруг вполголоса пропел по-русски несколько музыкальных фраз из песни «Как я люблю вас, Ленинские горы», популярной среди московского студенчества в пятидесятые годы. На глазах его показались слезы. Признаюсь, что и я также был растроган.

— Давайте встретимся где-нибудь поблизости в ресторане и поговорим! — предложил я.

— Но где? — удивился китаец. — Ведь я совсем не знаю города, да и не хожу в рестораны. Все вечера провожу здесь, в общежитии...

Отступать было некуда. Такой удачный кандидат на вербовку не должен был безвозвратно уйти, раствориться в толпе студентов.

— Тогда давайте встретимся сегодня вот на этом же самом месте в девять часов вечера! — предложил я. Это было нарушением шпионских правил, но я знал, что к этому часу институтский двор будет пуст и нас никто не увидит.

В резидентуре мне разрешили это сделать.

С волнением в сердце подходил я в тот вечер к институту. В полутемном дворе, в сумерках, я издалека увидал приземистую фигуру китайца.

«Кажется, мне повезло!» — решил я.

Подойдя ближе, я низко поклонился, и мы, по китайскому обычаю, пожали друг другу сразу обе руки. Это было крепкое рукопожатие единомышленников, коммунистов.

Сейчас на китайце не было халата, и я сразу же отметил про себя, как бедно он одет — потрепанные рубашка и брюки, матерчатые тапочки.

Мне стало ясно, что для первой беседы следует вести его в самый захудалый ресторан, даже столовую, где обстановка будет более привычной для него. Буржуазная же роскошь дорогого японского ресторана могла лишь отпугнуть его, заставить усомниться в искренности моих коммунистических воззрений.

По этой же причине нельзя было и воспользоваться такси. Но, к счастью, вокруг не было ни души, и мы пошли по аллее, усаженной кустами и деревьями, по направлению к станции метро. Никто за нами, кажется, не следил. Впрочем, гарантии тут не могло быть, к тому же за кустами время от времени мелькали какие-то тени. Кто знает, может, это были полицейские?..

В столовой, куда мы пришли, я заказал самое дешевое блюдо — свинину с жареной капустой, но и оно, кажется, показалось моему новому другу роскошным. Не зная, чем отплатить за такое угощение, он переложил палочками, уже побывавшими во рту, несколько кусочков свинины со своей тарелки на мою. И мне пришлось, преодолев брезгливость, с поклоном съесть их в знак уважения к китайцу. Его фамилия была Г., но по-японски читалась как Кан.

Вначале он чувствовал себя смущенным, но потом освоился и рассказал мне много интересного.

После окончания института он работал в Пекине. Не раз был избит в годы культурной революции и в конце концов сослан на сельскохозяйственные работы в деревню. Однако, как и большинство китайцев, остался преисполнен безграничной любви к своей родине.

После окончания культурной революции он поселился в городке недалеко от столицы, где ему посчастливилось устроиться в институт фотохимии. И после этого он сообщил мне нечто такое, что заставило меня призвать на помощь всю силу воли, чтобы подавить восторженный возглас, ибо это была истинно шпионская, ценная информация.

Кан рассказал, что занят исследованиями на стыке химии света и медицины. А именно он создает препарат для защиты человека от светового оружия на случай войны с Советским Союзом. Этот факт представлял огромный интерес для научно-технической разведки, где я работал.

Кроме того, Кан подчеркнул, что при разработке такого препарата в Китае проводятся опыты на людях. В качестве подопытного материала используют заключенных китайских тюрем. Их подвергают облучению световым оружием, а потом пытаются лечить с помощью средств китайской народной медицины.

Тогда я еще не знал, но все равно догадывался, что и в СССР происходит то же самое. В качестве подопытных кроликов используют, в частности, солдат, не ставя их об этом в известность. Например, во время ядерных испытаний целой роте приказывают укрыться неподалеку в блиндаже, а потом проверяют, как радиация воздействует на молодой организм. Многие из солдат вскоре умирают, а оставшиеся в живых не имеют возможности получить льготы, положенные страдающим лучевой болезнью: ведь испытания атомного оружия проводят секретно, и справок о них не выдают никому. Только сейчас, в девяностые годы, немногие из уцелевших солдат начинают борьбу за свои права...

Но, так или иначе, своим сообщением Кан нанес коммунистическому Китаю еще и моральный ущерб, уличив его в нарушении прав человека и проведении варварских экспериментов на живых людях. Это толкало его прямиком в руки советской разведки!..

Попрощавшись с Каном и условившись о новой встрече, окрыленный и радостный, я помчался в резидентуру. В ту же ночь в Москву полетела шифрованная телеграмма, а на следующий день, как я узнал позже, начальник японского отдела научно-технической разведки Ф. позвонил по специальной телефонной связи «ОС», защищенной от подслушивания, моему отцу из Ясенева на Лубянку и радостно сообщил:

— Кажется, Косте удалось поймать в Токио жар-птицу!..

Образ огненной птицы, взятый из русских сказок, служит символом редкой удачи, большого везения, счастья.

И действительно, вскоре о Кане сообщили самому Крючкову, и он взял его разработку под свой личный контроль. Еще бы: через некоторое время (а встречались мы очень часто, по два раза в неделю) Кан подготовил для меня объемистый доклад на китайском языке о кадровой политике посольства КНР применительно к китайским стажерам в Японии. В нем приводились такие малоизвестные нам факты, как, например, конфликты между коренными китайцами и монголами, факты идейного брожения среди китайских студентов. В моей памяти навсегда запечатлелись эти двадцать страниц иероглифического текста, плотно исписанные карандашом. За него я заплатил Кану сто тысяч иен — сумму немыслимую.

Я настоял на том, чтобы доклад был переведен на русский язык не в Москве, а здесь же, в токийской резидентуре, под моим контролем: ведь московские переводчики вполне могли отнестись к переводу спустя рукава и упустить в нем самые важные и выигрышные моменты.

Затем Кан написал справку о своих научных исследованиях и даже раздобыл образец химического вещества, ускоряющего реакции, того самого катализатора, за которым давно охотилась наша разведка. Эту маленькую пробирку, до половины заполненную белым порошком, Кан передал мне под столом в ресторане. Катализатор он украл для нас в Токийском технологическом институте. Это был самый настоящий промышленный шпионаж.

Мы с Каном подружились. Стали встречаться уже в дорогих ресторанах, пели там вполголоса советские песни, в том числе и «Москва — Пекин», популярную в СССР в пятидесятые годы. В ней, в частности, были такие слова:

«...Сталин и Мао слушают нас!..»

О, как ненавидел я обоих этих коммунистических монстров! Но выхода не было, и я продолжал укреплять отношения с Каном в надежде добиться большого успеха, занять высокое положение в разведке: ведь иного пути для более-менее сносной материальной жизни тогда в СССР не было.

И наконец Кан согласился стать нашим агентом! В соответствии с принятой в СССР бюрократической практикой это обстоятельство оформляется распиской, собственноручным письменным обязательством сотрудничать, которое пишет агент. Никакой юридической силы эта расписка не имеет, а служит лишь для начальников в КГБ подтверждением того, что их подчиненный, завербовавший агента, не врет.

Именно поэтому я попросил Кана написать эту расписку для пущего эффекта на русском языке и даже сам продиктовал ее текст. Выглядела расписка так:

«Обязуюсь помогать советским ученым». И — личная подпись...

Распрощавшись в тот вечер с Каном, я отправился домой, а по пути зашел еще в маленький ресторан, расположенный в двух шагах от ТАСС, у метро «Хацудай», чтобы в одиночестве отпраздновать победу. Я выпил кружку свежего пива. До сих пор помню его удивительный, тонкий, бодрящий вкус...

На следующий день я отправил в Москву телеграмму и приготовился к ордену. Две недели прошли в томительном ожидании.

И вот наконец ответная телеграмма из Москвы пришла. Прочитав ее, я чуть не расплакался от обиды.

«Поздравляем с вербовкой ценного китайского агента, — говорилось в телеграмме, — однако обещанный орден пока дать не можем...»

Далее в телеграмме сообщалось, что орден мне дадут только тогда, когда Кан возвратится в Пекин и станет сотрудничать там с нашей резидентурой, а пока мне объявляют лишь устную благодарность начальника разведки Крючкова...

Эта была низшая из наград...

— Вы чем-то огорчены? — внимательно глядя мне в глаза, спросил заместитель резидента. Должно быть, в другой телеграмме, которую скрыли от меня, ему предписывалось проследить за моей реакцией на награду и, если я обижусь, сообщить об этом в Москву, которая не любила подобных обид разведчиков и никогда их не прощала. Это был излюбленный метод КГБ — искушать человека наградой, манить его ей, увлекать все дальше и дальше, но каждый раз откладывать ее до тех пор, пока силы человека иссякнут и он умрет или сойдет с ума...

Вскоре меня вызвали в Москву, где я узнал, что начальство разведки хочет сделать из Кана сюрприз для руководства КГБ, представив его супер-агентом вроде Джеймса Бонда, каким скромный ученый Кан, конечно, не был. Для этого предполагалось обучить его шифровке и радиосвязи. Что именно он стал бы таким образом передавать из Китая в Москву, никого не интересовало.

От шифров я отказался сразу же, поскольку они были такими сложными, что ни Кан, ни я сам не смогли бы их освоить.

А вот на радиосвязь согласился, невольно включившись в чиновничью игру высокого руководства.

Вернувшись в Токио, я купил радиоприемник с цифровым табло и начал учить Кана ловить в эфире адресованные ему передачи из Москвы. Конечно, служба японского радиоперехвата тотчас же их засекала, но ни меня, ни даже Москву это не волновало, ибо отступать было некуда...

И тут я заметил, что, кажется, нахожусь в поле зрения японской контрразведки. Хотя в общении с Каном я принимал повышенные меры предосторожности и встречался с ним теперь в поздний час только в храмовых парках, известных своим запустением, каждый раз я видел в темноте какую-то фигуру. Вряд ли это был случайный прохожий.

Однажды, когда мы с женой вышли погулять около ТАСС и заодно побеседовать о Кане, мимо меня быстро прошел человек в штатском. Профессиональным чутьем я угадал в нем полицейского и догадался, что в эти минуты в моей квартире в особняке ТАСС проводится негласный обыск. Так именно и было, о чем я впоследствии узнал из газет.

И вот, наконец, злополучный вечер наступил. Вместо Кана из кустов в парке Сэндзоку вышла группа мужчин в белых плащах, вспыхнул яркий свет небольшого прожектора...

В полиции, где я провел полчаса, со мной обращались очень пристойно и уважительно, однако дали понять, что подозревают меня в некоем «принуждении» — такой вид правонарушений предусмотрен японским законом. Но никакого принуждения здесь не было. Наоборот, только соблазн богатыми подарками, деньгами, щедрыми угощениями в ресторанах...

Через два дня я покинул Токио якобы по собственной воле, а на самом деле по приказу Москвы. Руководство разведки боялось, что в Токийском полицейском управлении, куда меня вызывали, я сболтну что-нибудь лишнее.

До сих пор я не знаю, как японская полиция нас засекла. Был ли Кан агентом японской полиции или китайской разведки или, наоборот, их жертвой?

Вскоре после моего отъезда, как сообщили японские газеты, Кан был возвращен в Китай. Что там с ним случилось? Наградили его или наказали? Не изломал ли я его жизнь? Мысль эта долгое время не давала мне покоя...

Китайские агенты — ненадежный народ. Сегодня они сотрудничают с нашей разведкой, а завтра, глядишь, переметнулись к своим: настолько сильно в них чувство китайского этноцентризма.

Кроме того, многие из них давно сообразили, что на период собственной заграничной командировки совсем не лишне подзаработать за счет советской разведки. Они с готовностью принимают от нас дорогие подарки, деньги, с удовольствием обедают в европейских ресторанах, давая тысячи обещаний о своей будущей агентурной работе в Китае. Однако, вернувшись домой, они пропадают, прячутся, залегают на дно и на связь не выходят. Обнаружить их в миллиардной стране со сложным контрразведывательным режимом практически невозможно.

Иногда, в редких случаях, это все-таки удается, и наш разведчик, сам радуясь возможности лишний раз выехать за границу, мчится на международный конгресс, где должен появиться завербованный нами китаец.

Там разведчик мастерски разыгрывает случайную встречу, но китаец почему-то не ликует в ответ, а, наоборот, мнется и намекает на контрразведку и шпионаж. А иногда и прямо спрашивает своего русского друга о том, в каком отделе разведки тот служит и каков номер его служебного телефона. И приходится навсегда распрощаться с ним во избежание очередного скандала...

А вел ли Китай разведку против нас? Разумеется, и методы ее были очень похожи на наши. Впрочем, есть у нее и своя специфика, связанная с нехваткой денег. Правда, китайцы и тут умудряются находить остроумный выход. Бродя в окрестностях наших оборонных заводов, они выискивали слесарей-забулдыг и предлагали продать им секретную деталь то за бутылку, а то и за целый ящик водки. Очень часто этот прием срабатывал...

Также китайцы хорошо знают, что для русского человека невыносима мысль о том, чтобы быть завербованным китайцами: ведь это, что ни говори, не американцы и не французы. Поэтому они активно используют для работы в нашей стране офицеров и агентов разведки, принадлежащих к коренным китайским национальностям, проживающих также и на территории бывшего СССР: казахов, киргизов и даже русских.

Да, да, среди китайских разведчиков-нелегалов, действующих в нашей стране, попадаются русские!

Впрочем, правильнее было бы назвать их китайцами русского происхождения, живущими в Китае на протяжении нескольких поколений и искренне считающими его своей родиной. У всех у них, кроме того, имеется в крови капля китайской крови — так, для полной надежности.

Говорят, их отбирают в детстве и специально готовят для работы в разведке, среди прочего применяя и древние методы воздействия на психику, мало кому известные за границей.

О редкой встрече с таким русским нелегалом-китайцем рассказывал мне как-то приятель из дальневосточного КГБ. Сам он с нелегалом, разумеется, в контакт не входил, а узнал обо всем от другого китайца, кадрового сотрудника китайской разведки, засланного в нашу страну специально для этой встречи. Каким-то образом китайца перевербовал КГБ, или, может быть, он сам напросился на вербовку.

Встреча, рассказывал он, была обставлена со свойственной китайцам театральностью и потому больше походила на шпионский фильм для подростков, чем на сам шпионаж. Вместо того, чтобы переговорить, случайно встретившись, в трамвае или на рынке, не привлекая абсолютно никакого внимания, китайский шпион назначил встречу у некоей могилы на заброшенном кладбище.

На могиле была метка: желтый крест, выложенный из сырной крошки. Таким образом, метка сохранялась очень недолго, пока ее не склевали птицы. Отыскав ее, наш агент по условиям явки должен был побродить между могилами по замысловатому маршруту, напоминающему начертание сложного иероглифа, но внезапно ощутил между лопаток холодную сталь дула пистолета (все китайские разведчики за границей вооружены).

Последовала грубая брань на русском языке, угрозы вывести предателя на чистую воду. Не оборачиваясь, наш агент сумел кое-как убедить китайского шпиона в своей лояльности и наконец получил разрешение обернуться.

Перед ним стоял типичный русский мужик с едва заметным монголоидным разрезом глаз.

— Ну, как там наши? Передай им привет, у меня все в порядке, — с улыбкой произнес он и ушел.

А вскоре исчез и сам агент, растворился в России, как бы подтверждая тем самым, что китайская разведка на несколько тысяч лет старше нашей.

Глава 3

ЦЕЛИТЕЛИ ДУШ ЧЕЛОВЕЧЕСКИХ

КГБ властвует над помыслами людскими. Чекисты просматривают и прослушивают квартиры, могут подсыпать вам в чай «порошок правды», подвергнуть гипнозу, узнать самое сокровенное. Власть над частной жизнью людей многих развращает. Потому чекисты с полным, как им кажется, основанием величают себя «целителями душ человеческих». С чувством ревности они узнают о существовании других целителей, которым люди поверяют все свои чаяния добровольно, — Церковь. С нею чекисты ревностно воюют на протяжении семи десятилетий. Моральный перевес в ней — на стороне Церкви, но и среди ее служителей находятся лица, готовые стать осведомителями.

В этой главе речь пойдет о священниках в погонах и чекистах, тайно принимающих крещение.

I

Каждый год, первого сентября, просторные коридоры солидных зданий, занимаемых во всех городах нашей страны контрразведкой, заполняет толпа молодых людей, одетых с особой тщательностью. Их коротко остриженные волосы расчесаны на пробор, а пиджаки, тщательно отутюженные или даже совсем новые, по-военному застегнуты на все пуговицы.

Это — выпускники чекистских школ, официально в этот день приступающие к службе. Учеба продолжается недолго, как правило, всего год, и сводится к постижению премудростей агентурной работы. Основную же специальность ребята приобрели в общегражданских институтах, которые окончили незадолго до этого.

Кого только нет среди них: и инженеры, и философы, и врачи, и даже специалисты по торфоразработкам, и организаторы спортивных соревнований. Все эти виды деятельности, как и многие другие, интересуют КГБ, и в каждом из них он хочет иметь своих негласных представителей.

Новички побаиваются будущих коллег и держатся настороженно, кучкой, которая, впрочем, через несколько дней полностью рассосется. Суровые кадровики вылавливают в толпе то одного, то другого и препровождают в очередной кабинет, привычно распахнув его двери.

Удивленному взору новобранца предстает тесная комнатушка, сплошь уставленная письменными столами и неуклюжими сейфами, выкрашенными в коричневый цвет. Строгим голосом, в котором слышится покровительственная усмешка, кадровик представляет новоявленного чекиста обитателям кабинета и уходит. Тот же, пробираясь бочком по узкому проходу между шкафами и стульями, усаживается за свободный стол и настороженно опускает глаза...

В таких кабинетах проводит служебные часы весь младший оперативный состав КГБ, от лейтенанта до майора. Впрочем, здесь они стараются бывать редко, посвящая большую часть времени встречам с агентурой во внеслужебной обстановке, на явочных и конспиративных квартирах, а то и прямо на улице. От частого пребывания там, да еще при любой погоде, их одежда быстро теряет вид, а чтобы купить новую, денег порой не хватает: ведь жалованье в КГБ, особенно в провинциальных отделениях, не так велико.

Но сегодня все они в сборе и тотчас начинают осыпать новичка каверзными вопросами. Суть вопросов такова, что нормальный человек не может отреагировать на них иначе как в антисоветском духе, борьба с которым, между прочим, и составляет главную цель деятельности КГБ! Это вызывает у старослужащих взрывы хохота, доносящиеся также и из других кабинетов. Такова уж традиция КГБ, имеющая целью объяснить новичкам, куда те на самом деле попали.

— А ты знаешь, например, как погиб знаменитый революционер-террорист Савинков? — спрашивает новичка один из присутствующих.

— Да вроде бы он выбросился из окна нашей внутренней тюрьмы на Лубянке. По крайней мере, так показано в фильме «Операция «Трест», — осторожно отвечает тот.

— Так знай, дорогой товарищ: четверо надзирателей взяли его за руки и ноги, раскачали и выбросили из окна с четвертого этажа! — назидательно уточняет спросивший.

Новичок послушно кивает. Недолгий опыт пребывания в КГБ уже убедил его в том, что здесь действительно может произойти все, что угодно...

— Ну а о судьбе генерала Кутепова слышал? Как, например, он погиб? — вопрошает еще кто-то.

Выпускник контрразведывательной школы недоуменно пожимает плечами, но не смущается при этом, потому что об этом эпизоде, может быть, самом важном в жизни белого генерала, наша литература действительно не поведала. Живописно и гневно изобличая его в битвах с большевиками на фронтах Гражданской войны, об эмигрантском периоде кутеповской биографии она почему-то умалчивала.

— Наши товарищи растворили его в ванне с кислотой, на пароходе, пока тайно везли его из Парижа в Одессу! — со сдержанным торжеством сообщали товарищи, внимательно наблюдая за реакцией собеседника.

Новичок хмурится, глядя в пол, и секунду-другую мучительно размышляет о том, можно ли верить этой страшной клевете на советскую власть, вызывая тем самым добродушный смех товарищей.

И те продолжали откровенничать:

— Между прочим, выкрасть Кутепова помогли наши агенты из числа белогвардейцев! Ведь очень многие из них сотрудничали с НКВД, что и по сей день является большим секретом!..

Молодой чекист удивленно взирал на говорящего и, широко улыбаясь, охал: его профессиональному самолюбию льстило, что не на одном только Западе, но и в нашей тихой стране происходят такие вот леденящие душу истории, к которым и он когда-нибудь может оказаться причастным...

— Да, кстати! Хорошо, что теперь тебе хоть не придется расстреливать начальника нашего отдела! — насмешливо произнес кто-то, словно угадав мысли новичка.

— Чего-чего? — удивленно переспрашивал тот.

Многозначительно усмехаясь, товарищи рассказывали о малоизвестном ритуале посвящения в чекисты, практиковавшемся в годы репрессий.

Начальники в НКВД сменялись тогда очень часто. Не успевали занять руководящий кабинет, как оказывались в подвале, а затем и в помещении для расстрелов.

Руководство быстро сообразило, что эту процедуру можно использовать для испытания новых сотрудников. Партком эту инициативу одобрил, потому что она давала основание внести в партийно-производственную характеристику чекиста еще один важный штрих: «Беспощаден к врагам народа». Точно такая же фраза, о беспощадности к врагам рейха, непременно включалась и в партхарактеристику офицеров гестапо, о чем все мы отлично знаем по знаменитому кинофильму «Семнадцать мгновений весны». О собственных же характеристиках никто не был осведомлен...

Право расстрелять начальника считалось почетным. Пользоваться при этом полагалось личным оружием, незадолго до этого полученным.

Но и сами начальники бывали порой отчаянными людьми. Один из них, служивший в областном управлении Владивостока и сам много раз расстреливавший своих предшественников, отлично знал, что ему тоже не избежать этой участи, и решил умереть так, чтобы это вошло в легенду.

В тамошнем расстрельном подвале, примерно на уровне локтя, торчал в стене толстый железный крюк, который не был виден в темноте. Когда начальника привели на казнь, раздетого, как и положено, до кальсон, он незаметно зацепил за крюк их полотняный пояс...

Молодой чекист выстрелил, а начальник согнулся, но не упал. Тот нажал на спуск снова, но начальник лишь качнулся в сторону и опять не упал на пол. Новичок в ужасе всаживал в начальника пулю за пулей, пока не сошел с ума. Такой дорогой ценой мечта начальника все же осуществилась...

После этих слов выпускник контрразведывательной школы встревоженно глядел на своих новых коллег и читал в их глазах то, о чем думал сам, что, если те времена вернутся, все будет происходить точно так же...

На этом вопросы заканчивались. Новичок считался выдержавшим экзамен. Теперь он — свой...

Умение совершать поступки, считающиеся недопустимыми для всех остальных людей, придает нам, сотрудникам КГБ, ощущение тайной гордости. Оно возвышает нас над миром. Ведь мы поступаем так в интересах Родины! Однако когда судьба нас сводит с теми, кто тоже совершает запретные действия, но не по долгу службы, а просто из корысти, глупости или всего лишь из злонравия, нам очень легко найти к ним подход. Нам понятна логика их поведения, и нам не составляет особого труда склонить их к сотрудничеству.

И напротив, настороженно-удивленное, а потому и враждебное отношение вызывают те, кто никогда не совершает дурных дел, и в первую очередь — духовенство, истинно верующие люди. Словом, делом, помышлением, слухом, обонянием, вкусом, осязанием и всеми другими чувствами они обязаны воздерживаться от недостойных поступков, не поддаваться дьявольским искушениям. Жизнь их полна самоограничений.

Но человек — существо слабое, и мы, если представляется случай, всегда стараемся нарушить его хрупкое душевное равновесие, с чувством мстительной радости подтолкнуть в объятия греха, например научив молодого баптиста курить и пить...

— Этот прием применяется нами для вербовки агентуры в баптистской среде, — посмеиваясь, вещал немолодой преподаватель в минской школе контрразведки. — Бывает, подловим начинающего активиста баптистского движения с помощью милиции и предлагаем пройти в отделение как бы для выяснения личности. Баптисту что остается делать? Он подчиняется: ведь в провинции-то жаловаться некому, баптистов все наши власти не любят. Там ему, конечно, объясняют, что, мол, ошибка произошла, обознались, никаких претензий к вам нет, но вот зайдите, пожалуйста, в соседнюю комнату, там товарищи желают с вами познакомиться...

А в соседней комнате сидим мы, выпиваем, специально по этому случаю милицейскую форму надели. Приглашаем его присесть с нами: никогда, мол, живых баптистов не видели! Он, конечно, соглашается, не догадываясь, что имеет дело уже с КГБ. Он полагает, что перед ним какие-то дураки-милиционеры, и начинает талдычить свое.

А мы ему: «Сначала выпей!» И наливаем что-нибудь полегче, сухого там или даже пива, чтобы не развезло.

Он, конечно, сразу меняется в лице, руки вперед простирает, мол, религия ему этого не позволяет. «Как же так, — говорим, — ведь Христос пил! Не веришь — посмотри Библию!» И действительно — в этой книге содержится очень много упоминаний о вине. В жарких странах его пьют вместо воды, потому что оно лучше утоляет жажду и вдобавок убивает бактерии. У нас в СССР этот обычай сохранился в Грузии.

«Вот выпьешь с нами, будем слушать твои нравоучения! Может, в твою веру и обратимся! Тем более, что никого из ваших тут нет, никто не увидит!..» — так мы его, значит, обрабатываем.

Ему отказываться-то и неудобно: молодой, а мы все в возрасте. Ну, он и отхлебнет глоток для приличия. Мы его послушаем и снова предлагаем:

«Давай!» Ему и возражать-то неловко: раньше, значит, можно было пить, а теперь нельзя? Нет, браток, коготок увяз — всей птичке пропасть!..

Преподаватель торжествующе улыбнулся и продолжал:

— А этот парень был у них вроде комсомольского вожака, ценный кадр для вербовки. «Ну, — говорим, — иди, складно рассказываешь. Еще, может быть, встретимся!..»

После этого мы организовали еще несколько таких вот случайных встреч, сопровождавшихся шумным застольем. Смотрим, постепенно ему это дело понравилось. Тогда мы помогли ему провести пару молодежных митингов в лесу, на поляне: ведь баптистов же отовсюду гоняет милиция!.. А тут мы с ней договорились, чтоб не трогала, но, конечно, разбросали вокруг наши сучья, в которых были вмонтированы микрофоны. Хорошо было слышно!..

А вообще, товарищи, подслушивание в лесу — не такая простая вещь! — заключил он и рассмеялся, видимо что-то вспомнив. — Недавно, например, был такой случай. Сидели в лесу у костра ночью несколько диссидентов и вели доверительную беседу. А рядом лежало наше полено, мы сумели его подбросить. Группа работников оперативно-технического управления пряталась неподалеку в кустах и вела запись. И вдруг слышат — в наушниках треск: полено в костер бросили! А утрата оперативной техники считается серьезным должностным нарушением. Что делать? Решили срочно его спасать! И вот представьте себе изумление диссидентов, когда зашуршали кусты, из них выскочило несколько мужчин и, ни слова не говоря, принялись ворошить костер, отыскали нужное им полено и так же молча удалились!..

Переждав, когда затихнет наш смех, преподаватель продолжил рассказ о баптисте:

— Ну а ему мы дали послушать кое-что из записанного. Он наконец все понял и стал сотрудничать с нами сознательно. Баптистское руководство тем временем решило, что он и впрямь такой выдающийся конспиратор, и сделало его вождем областной баптистской молодежи. А мы уже вовсю обучали его курению!

Достали американских сигарет «Филип Моррис»! В продаже их нет, и начальник управления КГБ специально звонил в обком партии, просил помочь нам приобрести в их буфете блок импортных сигарет для оперативных нужд.

Пригласили мы его на явочную квартиру, открываем пачку, а из нее такой пьянящий тонкий аромат пошел по всей комнате!.. Смотрим: улыбается, но не столько запаху американских сигарет, сколько свободе! И затянулся под наши одобрительные возгласы. Потом стал самостоятельно покуривать... И надо же такому случиться: смышленые баптисты почувствовали запах табака один раз, другой — и догадались, что это КГБ ведет с ним игры. Поговорили начистоту — и сняли его со всех постов! Так мы лишились этого агента, считавшегося особенно ценным. Ведь он стал раскольником!..

Видя, что мы никак не реагируем на эти слова, преподаватель, хитро прищурившись, продолжал:

— А вы слышали что-нибудь о расколе в баптистской Церкви?..

Все мы отрицательно покачали головами.

— Еще бы, ведь наша печать ничего об этом не сообщала! — самодовольно усмехнулся преподаватель. — А этот раскол устроили-то не баптисты, а мы, КГБ! Хотели, понимаете ли, ослабить баптистов, создать две враждующие группировки! — Он вдруг умолк и как-то сник. Судя по всему, в этом расколе он принимал личное участие. Не за эту ли неудачу и сослали его сюда на преподавательскую работу?..

Преподаватель между тем оживился и продолжил свой рассказ:

— Написали мы, как положено, план, утвердили у товарища Андропова и стали крушить баптистов! Но баптисты почему-то не захотели следовать нашему плану! Хотя агентура в баптистском руководстве спровоцировала конфликт и подвела дело к расколу, большая половина верующих взяла да и ушла в подполье! Мы называем их раскольниками, но на самом деле их большинство! Какой уж тут контроль КГБ над баптистским движением! Мы утратили многое из того, что имели! Ведь среди баптистов-раскольников у нас агентуры практически нет! А по подполью работать, знаете ли, трудно... Если кому-нибудь из вас доведется собственными глазами увидать баптиста-раскольника, не упустите этот случай, постарайтесь использовать его в интересах профессионального роста...

Такой случай представился мне, и весьма скоро. После того как я, по окончании минской школы, был направлен в разведку.

Большинство обычных чекистов завидовали разведчикам, потому что у разведчиков по сравнению с ними довольно много преимуществ: и более высокий оклад, и выезд за границу, и освобождение, из соображений секретности, от обременительных повинностей, которые несут все сотрудники Комитета государственной безопасности, как то: дежурство на шоссе, соединяющем Кремль с Шереметьевом, и под проливным дождем, и на морозе, пока Брежнев или Черненко не проследуют туда и обратно; патрулирование злачных мест Москвы, чтобы прибывший к нам очередной американский президент не углядел чего-нибудь плохого; или, наконец, сопровождение Председателя Совета Министров СССР товарища Рыжкова в Чернобыль...

Причем сам-то Рыжков пробыл в смертельно опасной зоне минуты четыре и уехал, а бедных чекистов, выстроенных на всякий случай вдоль правительственной трассы, ведущей к Чернобылю, никто не подумал снять, и они простояли там очень долго... Говорят, все они получили определенную дозу облучения, но ни один из них не предъявил руководству КГБ каких-либо претензий. Считать ли этот поступок признаком гражданского мужества или, наоборот, трусости, я не знаю, тем более что некоторые из них состоят ныне на службе безопасности Украины...

И лишь однажды весь личный состав разведки привлекли к обременительному дежурству. Это случилось в конце семидесятых годов, когда в Московском метро прогремели взрывы. Официальные власти, по своему обыкновению, замалчивали эти случаи сколько могли, но когда слухи о них вышли из-под контроля и КГБ скрепя сердце сообщил об этом в ЦК коммунистической партии, последовало официальное сообщение ТАСС, которое было опубликовано в газетах и свидетельствовало о том, что верховная власть все же не в полной мере контролирует обстановку в стране.

Жертвы сами по себе вообще очень мало заботили советское руководство: оно ничего не сделало для того, чтобы вызволить советских людей из фашистского плена, а после войны проводило вблизи жилищ испытания ядерного оружия, а потом ожесточенно преследовало академика Сахарова, который открыто протестовал против этого.

Взрывы в Московском метро беспокоили партийное руководство исключительно с политической точки зрения. И поэтому КГБ получил жесткий приказ: ни одного такого взрыва больше не допустить и для достижения этой цели использовать все средства.

Именно поэтому ответственным за эту работу был назначен первый заместитель Председателя КГБ Андропова Семен Цвигун, который никогда раньше не занимался такими мелочами, как дежурства, — они были ему не по чину.

А поскольку Цвигуну подчинялась и разведка, она также почти в полном составе, за исключением только начальников, спустилась в метро и стала нести там патрульную службу.

Патрулирование было организовано вполне в духе нашего тоталитарного государства и было нацелено не столько на поимку террористов, сколько на устрашение злоумышленников потенциальных, чтобы ни одна буржуазная радиостанция вроде «Немецкой волны» не посмела вякнуть о том, что в Московском метро происходят взрывы.

Ежедневно многие сотни разведчиков и контрразведчиков спускались в метро и курсировали взад-вперед по всем направлениям до дурноты в буквальном смысле слова.

Строго говоря, нам было приказано ходить по составу из конца в конец, высматривая забытые вещи или подозрительных лиц, способных совершить очередной взрыв, но через несколько дней стало ясно, что обеспечить безопасность подобным образом невозможно, да и сама обстановка оставалась прежней: нервозной и напряженной, но без признаков терроризма. Обессилевшие от бесплодных попыток купить хоть что-нибудь из еды или носильных вещей в полупустых магазинах, пассажиры злобно толкали друг друга у дверей, затевали словесные перепалки, но бомбами не размахивали.

Профессиональным чутьем молодые чекисты угадывали, что в общем и целом в метро спокойно и установленный строгий надзор за ним все равно ничего не даст. Поэтому они опускались на кожаные сиденья вагонов, доставали из карманов пальто загодя припасенные книги и погружались в чтение. Так, за чтением, они коротали день за днем, по неопытности забыв о том, что, как и все в КГБ, они находятся под неусыпным контролем!

Вскоре одного из нас застукал за чтением книги кто-то из начальников, решивший провести летучую проверку своих подопечных. А может быть, их случайно выявил кто-нибудь из отставников-чекистов, с годами не утративших бдительности. И тогда незадачливых контролеров из КГБ стали щучить всерьез, пуская за ними слежку, чтобы устроить потом грандиозную взбучку.

После этого мы снова стали ходить по вагонам из конца в конец.

Со стороны это выглядело довольно комично: по вагону метро пробирается хорошо одетый молодой человек, неумело шаря по сторонам настороженным взглядом, а за ним, в некотором отдалении, легко рассекая толпу, словно воду, следует тройка добродушных увертливых мужичков и простоватая, средних лет, женщина, прижимающая к груди хозяйственную сумку. Все четверо уверенно шествуют вдоль вагона, бросая на ходу: «Посторонитесь, мамаша!», или «Гражданин, пропустите женщину!», или «А ну, подвинься, малец!». Эти люди, казалось бы, не были знакомы друг с другом, но на самом деле были соединены между собой низкочастотной радиосвязью, и крошечные наушник и микрофон скрывались у каждого под воротником телогрейки...

Разумеется, эти хлопоты ни на йоту не увеличили служебную нагрузку главного начальника дежурств Цвигуна, эту работу за него выполняли подчиненные. Сам же он, отличаясь огромными габаритами, по-прежнему обедал несколько раз в день, а потом неторопливо беседовал с сердобольными врачами из Кремлевской больницы, вызванными в служебный кабинет.

Все его телефоны на это время отключались, кроме одного, красного, стоявшего на специальной подставке с надписью: «Брежнев».

Именно им воспользовался Генеральный секретарь многомиллионной армии коммунистов для того, чтобы выразить свое восхищение кинолентой «Семнадцать мгновений весны».

— Сеня, поздравляю с отличным фильмом! — без всяких предисловий изрек он ставшую моментально известной фразу, отчего Цвигун едва не расплылся в улыбке.

«Но разве Цвигун создал этот фильм?» — удивитесь вы.

С точки зрения КГБ — да. Потому что он был главным куратором фильма по линии комитета, который в табели о рангах стоит значительно выше «Мосфильма». Поэтому Брежнев ничуть не ошибся, позвонив именно ему.

Имя Цвигуна значилось и в титрах фильма как главного военного консультанта, хотя и под псевдонимом Мишин, но инициалы сохранены подлинные: С.К. Консультационная же работа его оказалась совсем не сложной: пару раз съездить на киностудию в сопровождении большой свиты, пройти по ее павильонам, а затем возглавить застолье. Гонорар за такое «руководство» бывал весьма крупным, соответствующим чину...

В ту пору невозможно было себе представить, что Семен Цвигун умрет страшной смертью, принужденный к самоубийству не кем иным, как его старым приятелем Брежневым. Уж что там произошло между ними, не знаю, но главный идеолог страны Суслов, слывший почему-то большим аскетом, сказал Цвигуну так:

— Ты нам больше не нужен, тебе остается только застрелиться! — и пригрозил большими неприятностями в случае, если он не последует его совету.

После этой беседы Цвигун дня три пребывал в своем кабинете, никого не принимая, и, наконец, спустил курок...

КГБ тут же распустил слух, что Цвигун стал жертвой собственной принципиальности, якобы возмутившись вдруг тем, что дочь Брежнева меняет у частных лиц рубли на доллары, что считалось в те времена преступлением. Но почему же тогда он не занялся гораздо более крупными злоупотреблениями эпохи застоя, хотя бы, к примеру, многомиллионными узбекскими махинациями с хлопком? Тем более, что любая дочь, пусть даже самого Генерального секретаря, — недостаточно серьезный противник для первого заместителя Председателя КГБ.

Хоронили Цвигуна без особых почестей. Церемония прощания проходила в клубе КГБ и руководил ею начальник пограничных войск Матросов, который был ниже Цвигуна по чину. Из его надгробного спича следовало, что Цвигун — всего лишь писатель, а не второе лицо в КГБ: по моде тех лет тот действительно опубликовал пару рассказов из партизанской жизни, написанных кем-то из агентов-писателей и даже включенных в программу русских школ Азербайджана. В ней Цвигун фигурировал как выдающийся писатель Семен Днепров. Такую весьма лестную для самолюбия услугу ему оказал давний приятель-чекист Гейдар Алиев, ставший главою Азербайджана...

Но в описываемое время Цвигун был еще в силе, и никого не посещала мысль о его предстоящем конце. По его приказу часть сотрудников разведки была обязана дежурить на Курском вокзале, неуютном, огромном и плохо пахнувшем, откуда при каждой возможности мы старались выйти на улицу.

Особенно нелепо чувствовали мы себя ночью, сидя на скамьях в пустом зале ожидания, откуда милиция выгоняла всех безбилетников, и одних только нас почтительно обходя стороной.

Взрывы в метро приписали армянским террористам, и наша задача состояла в том, чтобы к прибытию ереванского поезда заполонить перрон и тщательно оглядывать прибывших пассажиров на предмет выявления подозрительных лиц. Выходящие из вагонов пассажиры, среди которых армян было совсем мало, смотрели на нас с почтительным удивлением, страхом, и лишь некоторые понимающе улыбались. Мы же делали вид, что не замечаем этого...

Затем мы возвращались в зал ожидания.

Но оперативная работа разведки проводилась не только на перроне и в зале ожидания. Часть из нас была отряжена в камеру хранения, для просмотра оставляемых там вещей, причем не только с целью обнаружения взрывчаток, но и всего того, что может заинтересовать органы КГБ, и в первую очередь — антисоветской и религиозной литературы, которая сегодня совершенно открыто продается с лотков. Не только «зловредные» писания Сахарова и Солженицына, но даже Библия, написанная несколько тысяч лет назад, считалась серьезным криминалом и могла существенно подпортить жизнь любого человека, окажись она в его чемодане. Тот факт, что к Екклезиасту, например, обращался в своем творчестве наш великий поэт Пушкин, ни в малейшей степени не мог бы послужить смягчающим вину обстоятельством. Этот вопрос вообще никого не интересовал, хотя все чекисты и чтили Пушкина — но только в общем, безотносительно к Библии.

Чего уж говорить о воззваниях подпольных баптистов! Они бы вызвали ажиотаж страха и торжества в вокзальном отделении КГБ.

Так и случилось.

Пачка листовок, отпечатанных на портативной машинке, была найдена в одном из баулов и немедленно доставлена в отделение КГБ. А располагалось оно там же, где и депутатский зал, в боковом крыле вокзала, примыкающем к станции метро «Курская».

Здесь привилегированные пассажиры могут в ожидании своего поезда скоротать время, уютно расположившись в креслах и потягивая шампанское.

Войти в этот зал просто: надо лишь нажать неприметный звонок, и пожилая дежурная в черном форменном мундире, разумеется наша агентесса, сидящая за столиком в приятном полумраке, взглянув на вас через стеклянную дверь, немедленно распахнет перед вами дверь. Ей откуда-то ведомо, что в депутатский зал вы заходить не будете, а в вестибюле нажмете еще одну кнопку возле совсем уж неприметной двери. За нею располагается вокзальное отделение КГБ.

Просторное помещение — или мне, может быть, так показалось в тот поздний час? Стены, беленные мелом. Начальник отделения, немолодой украинец в старомодном костюме, читал листки, сурово сдвинув брови, и в темных его глазах сквозила плохо скрываемая радость: вот оно — вещественное доказательство важности работы, которую выполняет лично он и вверенные ему подчиненные. Будет чем отчитаться перед начальством. Еще бы! Ведь отделение в результате кропотливой и, разумеется, целенаправленной деятельности обнаружило подпольную литературу — листовки! Но в то же время совершенно безвредную, а потому никому не сулящую никаких неприятностей: короче говоря, именно то, за чем в первую очередь и охотился КГБ!

Арестовать баптиста надо так, чтобы потом можно было красочно изобразить это на бумаге. Тут же был разработан хитроумный план, а именно: когда тот придет в камеру хранения за вещами, сказать, что его баул оказался незапертым, и пригласить в отделение милиции для проверки его содержимого. А там, как бы ненароком, обнаружить эти листовки!..

Конечно, можно было бы сразу оставить листовки баптиста в вокзальном отделении КГБ, а потом вежливо пригласить туда его самого. Но это значило бы, что ячеечки КГБ на всех остальных вокзалах нашей необъятной родины так же бдительно ведут свою невидимую работу. Политические последствия такого вывода могли быть исключительно вредными.

Потому сегодня и сидели мы, несколько молодых сотрудников разведки, на скамейке недалеко от входа в отделение милиции, устало понурив головы. Завершался еще один день, бессмысленно проведенный здесь, в вокзальной суете, а ведь мы, кабинетные офицеры, не привыкли к такой физической нагрузке. Мы ждали, когда приведут баптиста, чтобы зайти в милицию следом и во время обыска баула просто стоять в дверях, изображая то ли понятых, то ли просто устрашающе воздействуя на баптиста. Но, забывшись в тягостной полудреме, мы не заметили, как мимо нас прошествовало несколько мужчин. И только когда за ними захлопнулась милицейская дверь, испуганно переглянулись и быстро вскочили на ноги...

На столе уже стоял разворошенный баул, а сам баптист сидел рядом, настороженно улыбаясь.

Это был тридцатилетний деревенский мужик, нарочито безобразно и бедно одетый: маленькое, не по росту пальтецо и поношенная ушанка, грубые, несуразные башмаки. И только живые, проницательные глаза на загорелом лице с дубленой кожей выдавали в нем человека отнюдь не простого.

Майор из вокзального отделения КГБ нехотя перебирал содержимое баула. Из-за всегдашней в КГБ суматохи и спешки, обусловленной написанием огромного количества бумаг, он не успел надеть милицейскую форму, хотя если бы даже сделал это, то баптиста все равно не смог бы обмануть. Сознавая это, майор тяжело вздыхал и сконфуженно хмурил брови.

— Так что же ты, в Бога веришь?! — наконец спросил он с досадой.

— А как же иначе? Надо верить, надо! — убежденно отвечал баптист, заговорщицки подмигивая нам, стоявшим поодаль. По-видимому, он вполне освоился с ситуацией и чувствовал себя вполне комфортно; впрочем, для этого ему, кажется, требовалось совсем немного. Его, кажется, ничуть не смущал хмурый вид присутствующих. Доброжелательно улыбаясь, он принялся нас разглядывать, пытаясь обнаружить некое слабое звено, за которое можно ухватиться, и, конечно, обнаружил его во мне! Едва заглянув мне в глаза, он сразу понял, что я тоже верю в Бога, причем тщательнейшим образом скрываю это от товарищей. Мы обменялись короткими, молниеносными, жгучими взглядами! И ни один мускул не дрогнул при этом на лице баптиста.

— Но ведь Бога нет, как ты не понимаешь! — в сердцах произнес чекист, закрывая баул.

— А кто же в таком случае создал Землю? — живо парировал баптист, словно ждал этого вопроса.

— Да никто ее не создавал! Она сама появилась! — с горечью отвечал контрразведчик, недовольный тем, что приходится тратить время на эту глупую беседу, когда его ждет множество гораздо более важных и неотложных дел.

— Ой ли? — возразил баптист и вдруг заговорил стихами, которые повергли нас в изумление:

> В сундуке моем лежала
> Груда старого металла...

Все затаив дыхание мрачно взирали на этого странного человека, включая вокзального чекиста.

А баптист, воодушевленный нашим вниманием, скороговоркой бубнил свое стихотворение, опасаясь, что его того и гляди прервут.

В стихотворении, написанном очень просто и потому легком для запоминания, говорилось о необычном философском споре двух деревенских жителей, неторопливо прогуливающихся после трудового дня вдоль околицы.

Один из них, исповедующий материализм, утверждает, что все живое на Земле появилось само собой. В ответ на это приятель, видимо тоже тайный баптист, как и сам рассказчик, хитро прищурившись, излагает притчу о том, что в сундуке у него будто бы лежала груда старого металла, все больше и больше покрываясь ржавчиной. И вдруг в металле началось какое-то движение. Через некоторое время появились какие-то стрелочки, стали вращаться — и вот на тебе: родились часы!

> Сказку эту ты расскажешь
> Дома малому дитяти! —

стихами же отвечал сосед, недоверчиво махая рукой...

Баптист уже набрал воздуха в легкие, готовясь прочитать очередную строфу, как вдруг вокзальный майор решительно прервал его:

— Ладно, хватит выступать! Ты мне лучше вот что скажи: в армии служил?..

— А как же! В воздушно-десантных войсках! Исполнял свой долг перед родиной. Служил, конечно служил...

Тут все мы уже по-новому взглянули на него и углядели скрытые под пальтецом могучие плечи..

— Ого! — многозначительно произнес майор. — А ведь баптисты с парашютом не прыгают! И из автомата не стреляют! Выходит, ты и в самом деле подпольщик. А это, между прочим, грозит уголовной ответственностью...

Баптист с улыбкой развел руками, словно бы шутливо признавая свой промах, хотя его положение становилось отнюдь не безопасным. При желании его теперь можно было упечь в лагеря лет на двенадцать. И тем не менее именно он глядел на нас с доброжелательным сочувствием, и в беспрестанных легких поворотах его бычьей шеи ощущалась внутренняя свобода. По лицу проповедника, впрочем, пробегала чуть заметная тень, когда он пытался сообразить, случаен ли его нынешний арест или это часть начинающейся мощной кампании; выставлялась ли за ним до этого слежка и смогла ли она выявить адреса тайных единоверцев, которых он посещал в Москве; удастся ли теперь подать тайный сигнал тревоги или, может быть, дела еще не так плохи?.. И, несмотря на все это, он продолжал добродушно улыбаться.

«Именно так и должен вести себя советский разведчик!» — подумал я. Чувство неясной тревоги подсказывало, что нечто подобное может произойти и со мной.

Так и случилось, когда через несколько лет в Японии меня поймала местная контрразведка и, так же притащив в полицейский участок, вела очень похожую беседу...

Сейчас же мне было стыдно участвовать в этом антирелигиозном спектакле.

Да, баптисты не признают исповеди, отпущения грехов, священства и иных таинств Церкви, за что их и называют протестантами. А ведь на каждой литургии, совершающейся в память тайной вечери Иисуса Христа, православные христиане благоговейно вкушают тело и кровь Христову, в которые таинственным образом превращаются хлеб и вино, в знак избавления от грехов и в залог жизни вечной. Искренне жаль, что баптисты отвергают это, и даже Ветхий Завет, хотя в нем и содержатся пророчества прихода Мессии, неразрывно связующие его с Новым Заветом. Не почитают они и икон.

Честно говоря, было бы лучше, если бы этих баптистов вообще не существовало на свете, как и всяких других сект, раздирающих на куски некогда единое тело Церкви.

И все же сейчас именно баптист был здесь единственным моим братом во Христе, в то время как все остальные в этой комнате — людьми случайными и глубоко чуждыми мне по духу.

Однако я не мог не только помочь своему брату, но даже послать дружеский жест, который был бы тут же замечен моими коллегами...

А ведь и я вполне мог бы оказаться на его месте! Но Боже, как я не хотел подвергнуться гонениям в нашей стране, где, даже желая услужить, тебя унижают и причиняют боль. Где даже уборщица в роскошном генеральском санатории орет на вас так же грозно, как и на своего пьяницу-мужа. Где шофер персональной машины опаздывает на два часа и, не испытывая ни малейших угрызений совести, сообщает, что он ездил обедать. Где врачи даже в спецполиклинике, для начальства, разговаривают таким дерзким тоном, что у пациента подскакивает давление. Где даже в Центральном госпитале КГБ пьяной медсестре, берущей анализ крови, ничего не стоит проткнуть вену насквозь, а главный врач, ничтоже сумняшеся, лишь воскликнет при этом: «Но ведь это же Машка! Чего еще от нее можно ожидать?!.» Где, наконец, даже в особняке Горбачева на голову его дочери упал небрежно приколоченный карниз с портьерой, едва не прибив ее.

Если уж у нас таким образом угождают, то легко можно себе представить мучения, которые приходится претерпевать тем, кого специально стараются ущемить.

Самым неожиданным образом столкнулись с этим американцы в 1983 году, когда наш истребитель сбил пассажирский «боинг», принадлежавший южнокорейской авиакомпании. Скандал тогда грянул на весь мир, а отголоски его слышны и поныне.

Не зная, чем досадить советскому руководству за его негуманный шаг, американские власти приняли тогда довольно нелепое решение, явно бьющее мимо цели: бойкотировать рейсы «Аэрофлота» и не принимать к расчетам его авиабилеты. Жертвой этой политики стали в основном советские чиновники, поскольку именно они были основными пассажирами международных линий «Аэрофлота», являвшегося, конечно, никакой не государственной авиакомпанией, как он официально себя именовал, а типичным советским министерством с многочисленными парткомами и офицерами КГБ в каждом отделе. Сильные позиции занимала в нем и военная разведка ГРУ.

Этот дискриминационный жест американцев никак не затронул интересы высших советских руководителей: при желании они куда угодно улетели бы на своих самолетах. Что же касается экономического ущерба, на который рассчитывали американцы, то и здесь они просчитались: ведь всем здравомыслящим людям ясно, что экономика сама по себе не играет в нашем государстве никакой роли, а важен один лишь политический эффект. Даже если у нас и возникнет финансовая брешь, то мы прикроем ее мощной пропагандистской кампанией, сопровождаемой тайной продажей золота, которое особо доверенные летчики из правительственного авиаотряда всегда в таких случаях отвозят на Запад целыми самолетами.

Короче говоря, экономический эффект от своей акции американцы предусмотрели — хотя их надежды не оправдались, — а вот ее поведенческий эффект не учли.

А между тем советские руководители очень обидчивы во всем, что касается их престижа. Они решили ответить американцам ударом на удар и дали указание «Аэрофлоту» также не принимать к оформлению билеты, выданные авиакомпаниями США.

Разумеется, среди их пассажиров были не только американцы, но и граждане других стран, кроме Советского Союза, чьим подданным запрещалось пользоваться услугами иностранных авиакомпаний, для оплаты которых, впрочем, у них все равно не хватило бы жалованья...

Так начиналась краткая авиабилетная война, силы в которой были неравны: если американские кассиры выражали свой отказ советским гражданам в корректной, хотя и очень холодной форме, то наши кассирши орали на американцев так страшно, что те немедленно ретировались. Никогда в жизни не встречавшиеся с таким обращением, они не могли взять в толк, что же, в конце концов, происходит.

Кассирши же самодовольно посмеивались:

— Мы и так особо не церемонимся с пассажирами, а уж если нам Родина специально дала такое указание, то берегитесь, враги!

Об этом поведал мне некий разведчик, служивший под «крышей» «Аэрофлота». А другой мой приятель рассказал вот что.

У нас в КГБ имеются два лагеря для заключенных: «Дубравный», в Мордовской АССР, и «Скальный», расположенный где-то на Севере, кажется в Коми. В первом из них режим чуть полегче — хотя бы потому, что климат Поволжья не такой суровый. Оба лагеря подчиняются почему-то архивному отделу КГБ.

Мой приятель побывал как-то в «Дубравном», встречаясь там с разоблаченным шпионом и, видимо, желая использовать его в интересах нашей разведки. В этом лагере поразили его две вещи: обреченность, которая читалась в глазах заключенных, среди которых было немало баптистов, и жуткий запах рыбы, которой их кормили.

А еще один мой знакомый, научный работник, несколько месяцев исполнял обязанности народного заседателя в районном суде. Такое поручение дал ему партком института, поскольку беспартийных на эту должность не направляют. Заседатели, делегированные в суд трудовыми коллективами, должны были во всех решениях повиноваться судье и помалкивать.

В один из дней там судили молодого диссидента и приговорили его к довольно длительному сроку — чуть ли не к восьми годам заключения.

— Может быть, все же дадим поменьше? — рискнул заседатель обратиться к судье.

— А зачем? — улыбнулся тот. — Ведь из лагерей он все равно не вернется, там уж позаботятся об этом!..

«Ну уж нет! — думал я. — Лучше я помолчу о своих воззрениях и буду жить при советской власти, которую, между прочим, полностью одобряет народ. Скоро я поеду в Японию, проведу там лет пять, возвращусь майором. Потом, используя многочисленные связи отца, перейду в отдел административных органов ЦК КПСС, которому подчиняются все силовые структуры и где даже младший клерк непременно имеет звание генерала. После этого я вернусь в разведку крупным руководителем и поеду в Японию уже в качестве резидента. На худой конец — его заместителем: любая низшая должность будет мне уже не по чину.

А бороться с этой властью все равно бессмыс-ленно!..»

Вручая баул баптисту, вокзальный майор неожи-данно громко спросил:

— Твой поезд когда отходит?..

— Да через две минуты... — безмятежным тоном отвечал баптист, будто уходил не его поезд, а ка-кой-то другой, сам же он заглянул сюда, в мили-цию, лишь для того, чтобы прочитать свое немуд-реное стихотворение. Он оставался по-прежнему спокоен и добродушен, словно врач-психиатр, бе-седующий с пациентами.

Все мы слегка притомились за время дежурства на вокзале и сидели понурив головы. Баптист же то и дело поглядывал на меня, пытаясь, видимо, угадать ход моих мыслей, ибо восприятие мира у нас было все же единым. Сочувственно вздохнув, я чуть заметно развел руками, давая понять, что ничем не смогу помочь. Баптист ответил благо-дарной улыбкой...

— Бежим! — скомандовал вдруг майор и, под-хватив баптистов баул, первым бросился вон из комнаты.

Через несколько секунд все мы бежали по пер-рону, держа в руках кто узелок баптиста, кто наби-тую колбасой авоську. Сам проповедник поспешал за майором, оглушительно топоча башмаками, очень похожий на провинциального слесаря и, скорее все-го, бывший им на самом деле.

Баптист тяжело вскочил на подножку уже тро-нувшегося поезда, а мы наперебой стали забрасы-вать в тамбур его вещи. Все это совершалось мол-ча, слышалось только наше прерывистое дыхание. Баптист уже словно не замечал нас, переставляя баул в глубь тамбура. «На прощанье я незаметно пожал ему руку» — так, наверное, закончил бы эту историю литератор, не знакомый с порядками в КГБ.

Увы, я ни за что не смог бы этого сделать! Как бы ни были утомлены мои товарищи в этот вечерний час, они непременно бы все заметили и удивленно переглянулись. Судьба же моя в этот миг была бы окончательно решена...

Вскоре поезд исчез в темноте, а мы побрели обратно.

— Ну и что же будет теперь с этим баптистом? — как бы невзначай спросил я майора, с озабоченным видом стоявшего у края перрона. Сначала я хотел даже на всякий случай сказать «с этим артистом», но передумал.

— Да вот пошлем завтра ориентировку нашим товарищам по месту его жительства, а то, понимаешь, сегодня уликового материала оказалось маловато. К тому же надо ведь выяснить имена всех тех, с кем он связан!..

— Понятно! — безразличным голосом протянул я и быстренько отошел, чтобы майор не догадался спросить, для чего мне все это нужно: ведь любой советский военнослужащий, и особенно чекист, должен относиться к религии как к некоей блажи.

II

И действительно: большинство из нас относились к верующим как к полудуркам, малокультурным людям, не способным подняться до высот научного мировоззрения. Их откровенно презирали, считая людьми второсортными, вроде больных или сумасшедших. Но если в КГБ получали сведения о том, что в церковь ходит доктор наук или академик, там многозначительно поднимали брови, усматривая в этом хитроумный способ политического протеста.

Точно так же воспринимали чекисты и деятельность духовенства, видя в ней лишь необычную, экзотическую и внешне даже очень красивую форму антисоветизма.

Проще всего было в этом смысле с еврейскими раввинами, которые в наших глазах представали сионистскими вожаками, и задачи борьбы с ними были совершенно ясны. Религиозное же содержание их работы, с точки зрения самих раввинов, бывшее самым главным, чекистов совершенно не интересовало. Они рассматривали его как театральную декорацию к израильскому шпионажу. В секретных досье, которые вел КГБ на активистов еврейского движения, принадлежность некоторых из них к духовному сословию упоминалась вскользь, в самом конце анкеты, как несущественная деталь, своеобразное хобби. Многие из провинциальных чекистов вообще не знали смысла слова «раввин» и в своих донесениях в Москву коверкали его как могли, когда докладывали о прибывавших в их города иностранных туристах.

Все было ясно и с мусульманскими муллами, которые всего-навсего маскировали националистическую деятельность в республиках Средней Азии цитатами из Корана.

Непонятен был лишь вопрос с нашими русскими батюшками. Никакой враждебной деятельности священники не вели, и все в глубине души понимали это. Они принадлежали к огромной и, несмотря ни на что, по-прежнему мощной Православной Церкви и уже одним этим противопоставляли себя государству. Потому что, как считает американская печать, Церковь — это единственная крепость в СССР, которую не смогли взять коммунисты...

И вправду Церковь официально не принимала коммунистической идеологии, что само по себе в нашей стране было удивительно. Ведь даже в журналах «Урология», «Шахматы» и других узкоспециальных изданиях передовая статья непременно посвящалась очередному съезду КПСС. Но в то же время и Церковь против коммунизма не выступала, занимая позицию примиренчества.

Очевидно, она не принимала во внимание далеко не случайное высказывание пролетарского писателя Максима Горького о том, что «кто не с нами — тот против нас». Уже из-за одного этого Церковь приобретала качество идеологического врага, и потому ее надо было постоянно тревожить, подрывать, ослаблять с целью уничтожения... но особенно глубокой уверенности в правоте этого дела у контрразведчиков не было.

И тем не менее эта работа велась массированно и охватывала всю страну. Руководил ею генерал-лейтенант Куроедов, занимавший пост председателя Совета по делам религии при Совете Министров СССР. Разумеется, его генеральское звание не открывалось, но попы знали о нем отлично, — видимо, от других сотрудников КГБ, тайно, как и я, исповедовавших христианство.

Но и он был в этой работе не самым главным, подчиняясь заместителю Председателя КГБ Бобкову, курировавшему целиком всю борьбу с враждебной идеологией. Цель работы КГБ против Церкви состояла в наводнении ее своей агентурой для подрывной деятельности изнутри, в частности для того, чтобы на высшие архиерейские посты назначались люди с подмоченной репутацией, которыми легко манипулировать. Церковь, по замыслу КГБ, должна была разрушать себя изнутри, но не до основания, чтобы еще осталось, над чем работать...

«Мы не должны давить церковников до такой степени, чтобы они в конце концов ушли в подполье. Не стоит закручивать гайку до упора!» — объясняли нам, молодым чекистам, сотрудники Пятого управления КГБ, занимавшиеся проблемами Церкви.

Впрочем, самого слова «церковь» они старались не употреблять, чтобы случайно услышавший его не решил, что КГБ занимается антисоветской деятельностью. Оно заменялось жестом — чекист легонько ударял себя ребром ладони по животу, примерно на уровне желудка, намекая на длинную поповскую бороду. Человеку непосвященному этот жест был все-таки непонятен, и потому офицер КГБ, даже трясясь в переполненном трамвае, мог с улыбкой сказать своему приятелю: «Сегодня я по «этим» мероприятие проводил!» — сопроводив свои слова вышеописанным жестом...

Впрочем, в глубине души чекисты относятся к служителям Церкви без особой неприязни, скорее даже с некоторым уважением. «Попы — опытные вербовщики!» — часто можно услышать в стенах КГБ, причем эта фраза произносится весьма дружелюбным тоном. В этом смысле сотрудники КГБ считают священников в чем-то себе ровней.

И действительно, забегая порой по делам в церковь, чекист понимающе хмыкает, видя, как после службы священник подолгу о чем-то беседует с прихожанами. Он не сомневается в том, что эти беседы носят вербовочный характер, проводятся точно так же, как в КГБ и других спецслужбах, то есть состоят из заманчивых обещаний, ложных посулов и знаков дружеского расположения, перемежающихся двусмысленными намеками и угрозами. Цель священников заключается в том, чтобы навербовать верующих, которые потом станут приносить в Церковь деньги.

Положа руку на сердце, каждый чекист считал, что на самом-то деле священники не верят в Бога, ибо разве может умный человек — а попы, без сомнения, были таковыми — принимать за чистую монету всю эту чушь? В приватных беседах чекисты частенько обсуждали эту проблему. Должно быть, это приносило им чувство неосознанного успокоения.

«Например, в Елоховской церкви из двенадцати попов верующих только один, да и то самый старый!» — радостно восклицал кто-нибудь, и я с удивлением ловил в его голосе нотки самоубеждения...

И сама Церковь воспринималась как некая политическая сила или даже мафия, и в таком виде она приобретала право на существование пусть даже в качестве политического противника. Однако с осознания этого факта как раз и начинались разочарования, и виной тому было глубокое знакомство со священниками, намеченными для вербовки...

Вербовке, как известно, предшествует установление личных дружеских отношений. Подловив священника на улице, когда тот возвращался домой, сотрудник КГБ представлялся по форме и предлагал встретиться, чтобы за рюмкой вина потолковать о важных жизненных вопросах. Священник соглашался с удивительной легкостью, которую иной чекист приписывал своему профессиональному мастерству, не ведая, что пастырский долг велит тому общаться со всеми, в том числе и с представителями властей.

«Я его, значит, спрашиваю: «Отец Анастасий, вы водку пьете?» А он отвечает: «Если без баб-с, то в неограниченном количестве», — рассказывал в кругу друзей, давясь от смеха, молодой сотрудник Пятого управления, очень точно подражая окающей поповской интонации.

В близком общении священники оказывались людьми весьма разговорчивыми и остроумными, неизбежно становясь душою любой компании, в том числе и состоящей из одних чекистов. Похоже, священнослужители, как и вышеупомянутый баптист, чувствовали себя совершенно свободно в любом обществе. Кроме того, оказывалось, что они воспринимают мир как-то отстраненно. Это обстоятельство порождало своеобразный и очень тонкий поповский юмор, так что всякое застолье, вольным или невольным главой которого становился священник, то и дело оглашалось взрывами смеха. Но как только беседа обретала совсем уж непринужденный характер, священники в доброжелательной и деликатной форме тотчас же начинали склонять чекистов на свою сторону и врали так складно, что и впрямь выходило, будто Бог есть и в него надо верить.

«Попы очень хитрые!» — такой вывод делали потом начальники в КГБ и призывали подчиненных к идеологической бдительности. Те же, наблюдая за попами тайком, из толпы верующих, с удивлением замечали, что во время проповеди голоса их неподдельно дрожат и порой по щекам у них текут слезы. Притворяться таким образом может только опытный артист, но ради чего?! Ведь зарабатывали попы не так уж много, и к тому же оказывалось, что у самой Церкви нет никаких могучих финансовых покровителей.

С горечью приходилось признать, что попы действительно верят во всю эту чушь: чудесные исцеления, загробную жизнь, мироточивые мощи святых и даже в воскресение из мертвых, что полностью противоречит науке. Получалось, что они действительно пришли служить в Церковь не ради денег, ибо, заведуя овощным ларьком и не подвергаясь к тому же гонениям за веру, они получали бы во много раз больше.

Трезвый чекистский ум отказывался это признать, а все непонятное всегда кажется нам особенно опасным и вредным. Недоумение вызывало еще одно обстоятельство, мало известное за пределами КГБ и державшееся в строжайшей тайне. Выходило так, что те немногие сотрудники КГБ, которых удавалось внедрить в Церковь, где они выдавали себя за попов, подпадали под ее влияние и действительно становились ими. Это вызывало в КГБ страшное раздражение.

Хотя само внедрение было совсем не трудным делом. Просто КГБ через Комитет по делам религий при Совете Министров СССР, в сущности являвшийся одним из его подразделений, договаривался с Патриархией о том, чтобы в иностранных представительствах Церкви да и в самой патриаршей резиденции работало несколько чекистов, закамуфлированных под церковнослужителей.

Церковь, отлично понимая, что деваться ей некуда, соглашалась, тем более что КГБ был всего лишь одним из звеньев государственной власти, враждовать с которой нельзя в соответствии с церковным уставом. Наоборот, за нее полагается возносить молитвы во время каждой церковной службы. А кроме того, разве можно было сравнить не столь уж зловредного Леонида Ильича Брежнева с кровавым Нероном, за которого, несмотря ни на что, тоже молилась Церковь на заре христианства, видя в нем некое божественное испытание?..

Для работы под необычной церковной «крышей» подбирались особо надежные молодые офицеры. Предпочтение отдавалось тем, у кого вообще не могло быть никаких идеологических колебаний: войсковикам, выпускникам немногочисленных чисто военных училищ, находящихся в ведомстве КГБ: двух пограничных, общевойскового и политического, и училища связи. При виде любого идеологического противника их глаза наливались яростью, чего не происходило с сотрудниками оперативных подразделений, отличавшихся некоторой мягкостью. Иногда, впрочем, попадали под церковную «крышу» и они.

Одни начинали свою «церковную карьеру» с Духовной семинарии, другие же в возрасте лет тридцати, уже имея звание капитана. Таких было большинство. Скрежеща зубами и рыча от отвращения, они учили богословие на конспиративных квартирах. А преподавал им настоящий священник, наш агент, естественно, в партикулярном платье. На этих занятиях он тоже чувствовал себя не вполне комфортно, опасаясь случайной встречи с кем-нибудь из своей паствы.

Всякое учение, воспринимаемое с неохотой, не оставляет заметного следа в душах учащихся, и потому священнику или даже интеллигентному верующему не составляло труда понять, что его собеседник в новенькой рясе — не настоящий священнослужитель, а поддельный. Но никаких разоблачений не случалось, потому что все заранее было известно.

Ведь если человек приходит служить в Церковь не по приказу начальника Пятого управления КГБ, а по зову сердца, то путь его бывает долог и полон препятствий, особенно многочисленных именно тогда, в годы застоя, когда милиция в Загорске перехватывала молодых людей, идущих на вступительный экзамен в Духовную академию, и на время задерживала их, чтобы успеть отрапортовать начальству, будто желающих там учиться нет.

Большинство храмов бездействовало, служители Церкви были наперечет, и для них был совершенно невообразим тип коллеги-церковнослужителя, который вдруг свалился как снег на голову и которого раньше никто нигде не встречал. КГБ это знал и потому делал основную ставку не столько на зашифровку своих офицеров в рясах, сколько на то, что попы все равно будут молчать. Так они и поступали, хотя наедине порой отпускали в адрес чужаков язвительные шутки: «Ты хоть знаешь, отец, в какой руке крест держать? Смотри не осрамись, а то нам за тебя стыдно будет...»

Но высмеиваемый таким образом чекист почему-то начинал тянуться душой к своим новым товарищам, забывая о прежних. Очень скоро он полностью подпадал под их влияние.

Причины этого оставались неясными, как ни старались их понять аналитики Пятого управления КГБ. Должно быть, они заключались в том, что под расписными сводами церкви царила духовная ясность и офицерам КГБ впервые в жизни не приходилось кривить душою. А еще там ощущалось нечто неуловимое, ласково влекущее душу и постоянно крепнущее в общении с духовенством, — это было самое главное, что есть в Церкви: ее мистическая связь с Богом...

Вызываемый для отчета в КГБ священник-чекист взирал на своих начальников чистыми, как хрусталь, но совершенно чужими глазами и старался между делом внушить им христианские идеалы. Те, будучи отличными психологами, понимали это, но сделать ничего не могли, так как часто менять таких ценных сотрудников запрещалось, и потому лишь молча скрежетали зубами.

Однако, отслужив под церковной «крышей» положенный срок, офицеры-попы все-таки возвращались в центральный аппарат КГБ и вновь усаживались за стол в одном из тесных кабинетов. Товарищи награждали их презрительной кличкой Протоиерей и посмеивались над проникновенной манерой речи, начальство же использовало их в основном для переводов статей из иностранных журналов...

Так КГБ демонстрировал неприятие силы Духа Святого и всеми способами оберегал от нее своих подчиненных. Для них же не было большего греха, чем оказаться заподозренными в вере в Бога. Этот грех представлялся страшнее шпионажа в пользу иностранных разведок, поскольку шпиона можно уговорить стать агентом-двойником и работать на КГБ. А эти «попы поневоле» считались теперь людьми абсолютно кончеными. Всякое увещевание их признавалось бесполезным.

Это служило косвенным доказательством того, что и сам КГБ служит не родине в целом, а только коммунистической партии, и его деятельность глубоко идеологична.

Тот же, кто уверовал в Бога, уже не может исповедовать коммунистическую идеологию, не объединяющую, а разделяющую людей, наущенную дьяволом. Таким образом, верующий чекист становится внутренним врагом и вредителем поопасней американского шпиона. Поэтому руководство КГБ, в целом не беспокоясь за идеологическую надежность большинства своих подчиненных, с болезненно-мрачной настороженностью следило за тем их ничтожным меньшинством, которое отваживалось встать на религиозный путь.

Одно лишь стремление человека расширить свои знания о религии не по приказу начальства, а по собственной воле рассматривалось в КГБ как идеологическое преступление и именовалось так: «повышенный интерес к религии». Поскольку такая непримиримость превышала не только конституционные рамки, которых никто всерьез в расчет и не брал, но даже и гораздо более строгие партийные, то она содержалась в тайне, что причиняло еще более тяжкие муки заподозренным в ней: ведь официально им никто не объяснял причину внезапного увольнения. Пострадать от нее мог и большой начальник. Поскольку сомнения в коммунистической вере не прощались никому.

Помню, как в шестидесятые годы отставной начальник политического управления пограничных войск КГБ, генерал, никак не мог взять в толк, отчего это бывшие сослуживцы перестали с ним общаться. Как истинный коммунист, он ни о чем не догадывался, и слово партии по-прежнему было для него свято. Неужели даже такого простака смогли заподозрить в повышенном интересе к религии? — недоумевал я до тех пор, пока не ознакомился с его казенно-патриотической повестью, которую ему позволили опубликовать в ведомственном журнале «Пограничник» лишь через десять лет после увольнения.

Написанная натужным бюрократическим языком служебных бумаг, скучная, она, безусловно, не заслуживала никакого читательского внимания, да и вообще читать ее было невозможно. Я осилил лишь две первые страницы — но даже в них ощутил повышенный интерес к религии!

Начиналась эта повесть унылым описанием выпускного бала в Московском пограничном училище, в котором фигурировали церковные термины, совершенно не характерные для мировосприятия истинно советского человека. Например, чрезмерно высокая прическа чьей-то невесты, приглашенной на бал, не понравилась молодому офицеру — герою повести и показалась похожей на монашеский клобук, хотя и слово-то такое, должно быть, неведомо автору, ибо в Стране Советов монахов по определению не может быть! К тому же люстру автор уподоблял паникадилу, а белые березки за окном церковным свечам...

Нет, все-таки этого генерала прогнали не без причины. В глубине души он, скорее всего, действительно тянулся к Богу, и это невольно проявлялось в общении с коллегами-политработниками, которых он считал истинными друзьями. Так Господь послал ему испытание, итогом которого могло стать или вразумление, или полная тьма.

Но у тех нескольких генералов КГБ, которые сознавали свою веру в Бога и тщательно ее скрывали, дела шли нормально. Помню, как в один из дней мой отец возвратился из командировки в Сибирь, на границу с Китаем, радостно-возбужденным. Он рассказал, что несколько солдат случайно нашли в тайге пару небольших церковных колоколов, поросших мхом. Их притащили на заставу, очистили и положили в дровяной сарай. Один из колоколов даже стали использовать по прямому назначению: ударяя по нему железкой, созывали то на обед, то на вечернее построение. Мелодичный негромкий звон разносился далеко окрест...

Колокола эти оказались настолько ценными, что ими заинтересовалась одна из местных епархий.

— Ну и какая же это епархия? И что это оказались за колокола, как они попали в тайгу? — взволнованно спросил я.

— Да ты что! — саркастически усмехнулся отец. — Если бы я задал хотя бы один вопрос, мне бы тут же пришили повышенный интерес к религии! Я и на сами колокола мог взглянуть только мельком, когда ходил с группой офицеров проверять хранение дров. Если хочешь занимать высокую должность в нашей системе, то всем своим поведением должен утверждать, что с религией покончено навсегда и ты целиком это одобряешь. Иначе встанет вопрос о служебном соответствии...

Да... Если уж опасен даже интерес к найденным в тайге колоколам, то чем же может быть чревато для сотрудника КГБ, скажем, посещение церкви?

В этом случае рушится его служебная карьера. Впрочем, то же самое происходит и с армейским офицером, случайно застигнутым в церкви: его изгоняют с позором. Но юридически более тяжела участь чекиста: после увольнения его ставят на учет в КГБ как политически неблагонадежный элемент, как диссидента, предавшего, по мнению КГБ, социалистическую Родину. Все жизненные перспективы оказываются для него закрыты, и даже шофером на государственную автобазу его могут не принять, потому что ее отдел кадров непременно позвонит своим коллегам на прежнее место работы, в КГБ, и там порекомендуют воздержаться. После этого нередко следует обвинение в тунеядстве и даже заключение в тюрьму.

С точки зрения советской логики такая более суровая кара закономерна: ведь чекист гораздо ближе стоит к партийным тайнам КПСС, чем простой армейский служака. Если поступить на учебу в военное училище относительно легко, туда принимают даже с двойками, было бы здоровье в порядке, то будущего курсанта школы разведки или контрразведки КГБ проверяют десятки людей в разных концах страны, и не только его самого, но и всех родственников до третьего колена.

Поступающему на службу в КГБ требуется несколько письменных рекомендаций-поручительств высших начальников, чего в армии нет и в помине. Причем поручители несут ответственность за своих протеже и подвергаются наказаниям, если их протеже не оправдывает их доверия. Представляете, в какое дурацкое положение попадает напыщенный генерал-материалист, когда его протеже оказывается верующим христианином? Может быть, он и сам, подобно бывшему начальнику политуправления пограничных войск, испытывает повышенный интерес к религии? Давайте-ка, решает КГБ, это проверим! И даже если проверка ничего не даст и незадачливый генерал окажется твердокаменным коммунистом, все равно в его личном деле останется запись: «проверялся на предмет повышенного интереса к религии». Получит ли он после этого очередное звание?..

Впрочем, такие случаи были крайне редки, хотя и здесь существовала внутренняя градация. Если сотрудник контрразведки, уличенный или заподозренный в вере в Бога, всего лишь с брезгливостью изгонялся, то разведчик, сотрудник Первого главного управления КГБ, зачислялся в разряд потенциальных предателей Родины, за что положена, между прочим, смертная казнь. Религиозность в разведке считалась первым шагом к предательству, что на юридическом языке можно квалифицировать как подготовку к преступлению или его умысел, которые также влекут за собой юридические санкции.

«Верующий — значит предатель» — такой глубокомысленный вывод был сделан начальником разведки Крючковым после того, как двое крупных разведчиков, убежавших в восьмидесятые годы на Запад, оказались тайными христианами. Чисто формальная и поверхностная логика очень характерна для КГБ, избегающего докапываться до сути явлений, свидетельствующих не в пользу социализма.

Заместитель резидента КГБ в Марокко по фамилии Богатый, руководивший там политической разведкой, был, как выяснилось, тайным баптистом. Уже после того, как он бежал в США, КГБ стало известно, что до этого в Москве он несколько раз посещал с семьей молитвенный дом евангельских христиан-баптистов, расположенный недалеко от Сретенки.

Станислав Левченко, корреспондент «Нового времени» в Токио и сотрудник 7-го отдела Первого главного управления КГБ, тайно посещал местный православный собор Вознесения Христова, о чем КГБ также был информирован задним числом, видимо, своей агентурой в японской полиции.

Последнее обстоятельство было для меня особенно важным, поскольку и я, такой же советский разведчик и корреспондент ТАСС, прибывший в Японию вскоре после побега Левченко, тоже украдкой не раз заезжал в этот собор для уединенной молитвы...

Разумеется, ни на одном нашем официальном собрании в резидентуре КГБ в советском посольстве о религиозности Левченко не говорилось. Наоборот, она тщательно умалчивалась, и КГБ внимательно следил, не обнаружит ли кто-нибудь из нас ненароком свою приверженность к вере. Разумеется, я никогда бы не обмолвился об этом, ибо в этом вопросе даже самые близкие друзья тебя не поймут, тем более что один из них, округляя от ужаса глаза, сообщил мне, что при обыске в токийской квартире Левченко, который КГБ оперативно провел до того, как туда нагрянула японская полиция, была обнаружена такая недопустимая для коммуниста вещь, как распятие. Другой приятель с презрительной гримасой поведал мне, что Левченко вел в Токио беседы с попами...

Поэтому я учетверил свою бдительность и перед каждым посещением местного православного собора, который японцы именуют «Николай-до» в честь его основателя святого Николая, архиепископа Японского, прибывшего в эту далекую страну из Смоленска чуть больше ста лет назад и насадившего здесь православие, целый час блуждал по городу на машине, потом пересаживался на метро или автобус, чтобы определить, есть ли за мною слежка.

Впрочем, так поступали все разведчики, отправляясь на очередную шпионскую встречу с кем-нибудь из японцев. Но в этом случае мы старались выявить слежку, выставленную местной контрразведкой, которая уважала нас хотя бы как противников по борьбе. Я же опасался слежки несравненно более опасной, советской...

Святого архиепископа Николая чтут в этой стране и по сей день, и даже японцы, исповедующие буддизм, все равно приходят на его могилу и по канонам своей религии складывают ладони рук и кланяются... Могила находится в ограде храма Вознесения, который он основал. Все приходят сюда совершенно свободно, и только я всегда должен был иметь в запасе легенду на случай, если кто-нибудь из своих меня там застанет: приехал, мол, брать интервью о борьбе за мир, да никого не застал; дай, думаю, посмотрю, чем они тут занимаются...

При такой панической боязни религии в КГБ весьма странно было слышать ставшие вполне обиходными выражения, вроде такого, например: «Шпион предполагает, а пограничник располагает». По аналогии с церковным: «Человек предполагает, а Бог располагает».

А когда между нами и ЦРУ возникала в прессе полемика о том, кто из двоих больше шпионит, то КГБ в качестве последнего аргумента устами «Правды» раздраженно изрек фразу, взятую из Евангелия: «Врачу, исцелися сам!..»

И если американцы, знакомые с Библией, могли оценить ее саркастический смысл в полной мере, то жители нашей страны, где она была запрещена, никак не могли перевести это предложение на современный русский язык: ведь звательный падеж, в котором было употреблено слово «врач», также был упразднен большевиками и новыми поколениями советских людей забыт. Эту пословицу трактовал каждый по-своему, например так: «Врачу: Исцелися сам», то есть как бы кто-то предписывал врачу, чтобы он сам исцелился. Согласитесь, что даже в такой трактовке смысл этого изречения оставался неясен...

Иногда, отправляя молодого сотрудника КГБ на важное задание, начальник хлопал его по плечу и говорил, многозначительно улыбаясь:

— Ну, с Богом... как говорят у нас в парткоме!..

В ответ на эту шутку полагалось залиться деланным смехом, в полной мере воздав должное ее тонкому антирелигиозному подтексту... И все же, и все же...

Поступив в КГБ, я с удивлением узнал, что чекисты всерьез именуют себя целителями душ человеческих, хотя такой титул подобает только священникам.

— Мы — целители душ человеческих, — провозглашали они с хмурым видом. — И поэтому должны уметь войти в душу агента в мягких тапочках...

А некоторые еще более изощренно выражали эту мысль:

— Как врач человеческих душ, я обязан суметь войти в душу в грязных сапогах так, словно на мне — мягкие тапочки!..

«Значит, душа все-таки есть? — недоумевал я, слушая подобные речи. — Но ведь учение Маркса и Ленина утверждает как раз противоположное! Как же тогда КГБ может называть себя щитом и мечом ленинской партии?..»

Разумеется, все эти церковные выражения произносились не по указанию руководства, а непроизвольно срывались с языка, словно некие оговорки, в которых обнаруживается то сокровенное, что хранит человек в тайниках души.

Например, на одной из лекций в минской школе контрразведки преподаватель никак не мог с ходу подобрать убедительный пример, подтверждающий, что врать и принуждать хотя и плохо, но если того требует дело, наоборот, хорошо и даже почетно.

— То же самое, товарищи, было характерно для инквизиции! — увещевающим и каким-то жалобным тоном произнес лектор. — Там ведь тоже существовали такие понятия, как «святая ложь» и «святое принуждение»...

И хотя такое утверждение ни в малейшей степени не согласовывалось с марксистско-ленинским мировоззрением и даже противоречило ему, никто из присутствующих, в том числе и я, даже ухом не повел, послушно записывая эти слова в тетрадку.

«А если бы здесь находился парторг нашей школы? — подумал я, усердно водя пером по бумаге. — Воскликнул ли бы он так: «Как смеете вы сравнивать деятельность КГБ с кошмарной средневековой инквизицией, этим детищем клерикалов и мракобесов?..»

Но парторга поблизости не было, а если бы он даже и нагрянул сюда с проверкой идеологической чистоты читаемых нам лекций, то, скорее всего, промолчал бы. Похоже, и с ним этот вопрос был заранее согласован...

«А не служит ли и сам КГБ своего рода инквизицией?..» — этот вопрос посещал меня теперь все чаще и чаще...

III

— Да какой я чекист?! Сволочь я и приспособленец! Гнать меня надо поганой метлой из КГБ! — орал здоровенный детина, слонявшийся по вечерам по коридорам минской школы: так воздействовало на него опьянение. Он был командирован в школу управлением КГБ Краснодара.

— Молчи, дурак! — хватали его за руки товарищи. — Хочешь, чтобы тебя отчислили?..

— Нет, пусть все знают, что я дерьмо! — твердил он, вырываясь из цепких рук товарищей, но в конце концов смирялся и плёлся спать в свою комнату.

И хотя эта сцена повторялась довольно часто, чуть ли не каждый вечер, здоровяку она нисколько не повредила, и после окончания школы он благополучно уехал к себе в Краснодар ловить шпионов.

Очевидно, начальники не усмотрели в его поведении ничего предосудительного хотя бы потому, что такая дикая эмоциональная разрядка в своем кругу, без посторонних, все же допускается в КГБ, поскольку его сотрудники постоянно пребывают в состоянии психологического стресса. А кроме того, страсть к самобичеванию вообще свойственна русскому народу...

В нем находит выход неистребимая тяга к исповеди, задавленной и запрещенной большевиками. На протяжении двух тысяч лет наши предки говели, потом шли в храм, исповедовались перед литургией, со слезами облегчения рассказывая священнику о греховных помыслах и делах своих. Затем, допущенные к причастию, они вкушали из золотой ложечки Тело и Кровь Господню, в которые непостижимым образом превращались кусочки просфоры и вино. После этого словно невидимый теплый дождь обрушивался на них сверху; что-то теплое касалось темечка, и колени сводила легкая судорога, отчего многие падали; душа же словно отлетала от тела, но в то же время пребывала в нем, легкая, невесомая, радостная...

Грехи прощались, и человек возвращался в мирскую жизнь с чувством непостижимого облегчения.

Как же хочется и сейчас облегчить душу, излить благодарными слезами! Но сделать это нельзя, потому что посещение церкви небезопасно. Лишь те, кому нечего терять, могут позволить себе такую роскошь. А многие из молодых к тому же и ничего не знают об исповеди, потому что пропаганда религии в нашей стране запрещена.

Но зато можно без проблем исповедоваться государству! И наш законопослушный народ избрал именно этот путь...

— Покайся перед Родиной, и она тебе все простит! — этот призыв на слуху у каждого советского человека. Для нескольких поколений он стал совершенно привычным. Его насаждали и партийная пропаганда, и специальные службы, в которые входил КГБ; впрочем, подчинялись все они единому центру, Центральному Комитету КПСС.

Очень многие наши люди каялись перед Родиной. Их насчитывались многие миллионы.

Здравый смысл, быть может, подсказывал им, что не следует каяться в грехах перед людьми, которые также грешны, но сама идея о том, чтобы рассказать о своих грехах и тем самым облегчить душу, была весьма привлекательна, ибо глубоко укоренилась в народном сознании. Именно поэтому в нашей стране возник удивительный феномен, которого больше нет нигде в мире: донос на самого себя...

О, сколько их, примитивных и тонких, правдивых и лживых, большей частью косноязычных и всегда завершающихся плачевно, довелось мне прочитать в секретных папках архивов КГБ, в которые я заглядывал по служебной надобности, а потом и в открытой печати, когда коммунистический режим рухнул:

«Движимый звериной ненавистью ко всему советскому, я вступил на шпионский путь...»

«Сперва я не доверял Советской власти, но потом решительно и крепко перековался...»

«Я допускал колебания в отношении линии партии, но потом, под воздействием товарищей из партийной организации, все осознал...»

«У меня, как у интеллигента, отмечались элементы пренебрежительного отношения к рабочему классу, людям труда...»

«Мне были непонятны отдельные задачи ленинской внешней политики КПСС. Но дружный воинский коллектив перевоспитал меня, и теперь я полностью одобряю курс нашей партии...»

Да, порой эти унизительные признания были добыты с помощью пыток или угрозы дальнейших более суровых преследований, но уверяю вас, не всегда! Некоторые провозглашали все это по доброй воле. Ведь заявила же одна моя знакомая женщина-архитектор на общем партсобрании своего института: «Я недостойна быть членом Коммунистической партии, потому что у меня есть любовник...»

Поэтому ее и не приняли, хотя поначалу собирались принять, тем более что членство в КПСС сулило тогда большие льготы!..

Или вот еще. Один из командированных в Токио советских инженеров позвонил моему приятелю, сотруднику токийской резидентуры КГБ, и пожаловался сам на себя, призвав для расправы над собой всемогущие органы.

— Борис Иванович, меня завербовали! — заявил он. — Приезжайте скорее ко мне в отель!..

Бедный чекист изменился в лице и тотчас помчался во двор советского торгпредства, где стояла его машина, а сам он жил в доме неподалеку, числясь важным торгпредским служащим.

Через несколько минут он уже поднимался в лифте дешевой гостиницы «Таканава», куда часто селили совслужащих, приезжавших в Японию в краткосрочные командировки.

По большей части это были директора провинциальных заводов, интересовавшиеся дешевым оборудованием, которое здесь, в Японии, морально устарело, а в нашей стране продолжало считаться чудом техники.

Для того чтобы получить право отправиться в эту далекую удивительную страну из советской провинции, надо было заручиться поддержкой соответствующих местных учреждений, которых было довольно много, а фактически — всего два: обком партии и КГБ. Разрешение от местной партийной власти само собой разумелось, потому что на все мало-мальски руководящие посты назначались только члены партии. Виза же областного управления КГБ на выездных анкетах ставилась только в том случае, если командируемый соглашался стать его агентом.

Случаев отказа от вербовки, насколько я знаю, не было, тем более что все местные начальники становились осведомителями КГБ задолго до того, как умудрялись занять руководящую должность: ведь провинция — не Москва и руководящих должностей там не так много.

В Японии эти люди использовались нашей службой промышленного шпионажа для того, чтобы при посещении японских заводов выявить технические характеристики приборов, запрещенных к экспорту в СССР по стратегическим соображениям. Иногда это действительно удавалось.

Побеспокоивший Бориса Ивановича вечерним звонком постоялец гостиницы «Таканава» и был одним из таких провинциальных агентов. По правилам КГБ он был прикреплен к Борису Ивановичу на весь период командировки. Тот осуществлял над ним шефство и отвечал за него перед КГБ. Если бы этого агента действительно завербовали какие-нибудь враждебные силы, то и Бориса Ивановича ждали бы неприятности по службе. Скорее всего, его тихо отправили бы на Родину и — прощай, карьера!.. Именно поэтому он так всполошился и даже изменился в лице...

С трудом переводя дух, Борис Иванович вошел в тесный номер. Совершенно подавленный агент-директор сидел, потупившись, в низком кресле. В глазах его застыл ужас.

— Я провинился перед Родиной... — чуть слышно пролепетал он.

— Рассказывайте все по порядку, — приказал Борис Иванович, язвительно улыбнувшись, и тот, сглотнув, поведал о случившемся...

Рассказ оказался на редкость коротким. В тот день перед ужином директор вышел из гостиницы, направляясь, естественно, в магазин. Там к нему подошла группа мужчин в длинных японских халатах, бивших в бубны.

— Америка? — осведомились они у него.

— Советский Союз! — с гордостью парировал директор, ткнув себя в грудь, и на всякий случай, во избежание провокаций, которыми пугают советских людей в КГБ, протянул им свою визитную карточку.

Японцы переписали все ее данные в блокнотик, а потом вручили ему пачку листовок и прицепили на лацкан пиджака ярко-желтый шелковый бантик, словно некую вражескую метку. На прощанье один из них дружески пожал агенту руку и даже произнес несколько слов на английском языке, которые директор понял так: «Ну, теперь вы навеки наш!..»

Незадачливый директор посчитал листовки антисоветской пропагандой и теперь со страхом отдал их Борису Ивановичу...

Пробежав листовки глазами, тот сразу понял, что они изданы новоявленной сектой, вроде Синрикё, члены которой действительно ходят по улицам, вербуя сторонников. Но для нашего правоверного агента-атеиста было бы просто невозможно стать членом секты, и Борис Иванович, облегченно вздохнув, отбросил листовки в сторону.

— Не беспокойтесь, это полная ерунда! — сказал он, на всякий случай не раскрывая содержание листовок.

— Значит, Родина не отринет меня?! — с надеждой спросил директор, и на лице его появилась слезливая гримаса. — Борис Иванович! — с чувством воскликнул он. — Приезжайте к нам в Воронеж, я вам организую такую рыбалку! Отдохнете на обкомовской даче!..

Борис Иванович с напускным спокойствием улыбнулся и поспешил домой... А ведь при желании он мог основательно подпортить карьеру провинциального директора, написав в местный КГБ о том, что тот стал объектом вербовки одной из религиозных организаций. Выходит, он подал им повод? Значит, на руководящей должности его больше держать нельзя!..

Но Борис Иванович был незлобивым человеком и так поступать не стал. А эту историю он рассказал нам, молодым сотрудникам разведки, чтобы показать, какие дураки попадаются среди провинциальной советской агентуры и как опасно с ними работать.

А между тем поступок этого агента был по форме — но не по содержанию — глубоко христианским: согрешил — спеши покаяться, облегчить душу. Вот, правда, перед кем исповедоваться?.. Этот самый главный вопрос как-то потерялся в глубине нескольких поколений, отделяющих нас от глубоко веровавших предков...

Функцию исповедовать советских граждан взяла на себя коммунистическая партия, и публичное самобичевание на партийных собраниях стало привычным для всех советских предприятий и учреждений. Но ведь исповедь предполагает индивидуальный подход и определенную деликатность. Именно поэтому партия перепоручила эту функцию своим вооруженным органам идеологического контроля — КГБ, который принимает исповедь не формально, в общем и целом, как это порой делают партийные комитеты, а внимательно, заинтересованно и глубоко вникая в детали, как подобает святой инквизиции.

Ответственности за антисоветское побуждение человек не несет. Если он сумеет его подавить, то и греха никакого не будет, и тяжесть его не ляжет на вашу душу.

Если на ум вам приходит недовольство советской властью, но вы об этом благоразумно молчите, то и карательные органы партии не испытывают к вам враждебного интереса. Они не лезут к вам в душу, поскольку враждебное слово пока не произнесено и греха перед советской Родиной нет. Именно поэтому и не прижились в КГБ детекторы лжи, столь популярные у наших американских противников: у нас в СССР вы можете думать все, что угодно, главное — не болтайте об этом... Впрочем, если вы хотите сделать карьеру в нашей стране, то молчания недостаточно. Вы должны громогласно превозносить советскую власть. Сделать это, переломив себя, может не каждый...

Но если вы где-то проговорились и многочисленная агентура донесла об этом в КГБ, то уж не взыщите: против вас будет использован весь комплекс оперативных мероприятий, которые пускаются в ход так часто, что по этому поводу даже снят особый учебный фильм.

Его показывают во всех школах КГБ, в том числе показывали и у нас, в Минске. Как и все игровые фильмы, изготовленные на секретных студиях КГБ, он очень правдив: ведь играют в нем и себя, и осведомителей-агентов, и даже наших врагов — антисоветчиков — сами чекисты. Наша профессия настолько близка к актерской, что предложение сыграть чью-либо роль в учебном фильме не вызывает ни у кого из нас ни удивления, ни протеста. Если бы хоть один такой фильм показали по телевидению, он собрал бы миллионы зрителей. В той или иной степени учебные фильмы напоминают сериал «Семнадцать мгновений весны», который до сих пор пользуется огромной популярностью.

Учебный фильм, который я упомянул, посвящен исследованию проблемы греха. Та, первая стадия, когда истинный советский человек молчит в тряпочку, опущена. Действие начинается с того момента, когда герой фильма произносит роковое слово...

Оно влечет за собой первую стадию разработки, довольно вялую, как бы щадящую, оставляющую возможность исправиться.

Один из ваших сослуживцев, доселе мало знакомый, вдруг проникается к вам особым вниманием и приглашает к себе домой. И вот уже новые приятели сидят на кухне. На столе — бутылка водки. Стрекочет кинокамера.

— Да брось ты к чертовой матери эту антисоветчину! — убеждает один из них. — Ты же советский человек, понимаешь! Партия о тебе, дураке, проявляет заботу! Да, у нас есть недостатки, а у кого их нет?..

Затуманенные, но хитрые глаза агента внимательно наблюдают за реакцией собеседника.

— Да я за Родину жизнь отдам! — восклицает тот заплетающимся языком. — Чего ты привязался, в самом деле? Ну, говорил я, что в Америке живут лучше, чем у нас. А разве я не понимаю, сколько приходится нам тратить на оборону? Помощь развивающимся странам! Давай забудем об этом. Да я эту Америку собственными руками взорву!..

Приятели чокаются, и агент нетерпеливо посматривает на часы: его работа считается выполненной, а лечение души завершенным, правда, не до конца: болтуна, разочаровавшегося в своем антисоветизме, КГБ все же ставит на учет, тайно ограничивая его дееспособность до конца дней. Стоит ему попытаться выехать за границу, или подняться на одну служебную ступень, или перейти на другую работу, как районный отдел КГБ проверит его по картотекам, и через два дня бумажка с именем и фамилией вернется назад, обозначенная штампом на оборотной стороне: «Профилактировался через агентуру в связи с антисоветскими убеждениями»...

Однако если наш друг станет упорствовать в своем греховном правдолюбии и скажет агенту: «Что ни говори, а Ленин-то, оказывается, был не прав: производительность труда при социализме не выше, чем при капитализме, а, наоборот, ниже!..» — то лечение души переходит во вторую стадию, более жесткую. Пациента вызывают в отдел кадров или в 1-й отдел, занимающийся секретным делопроизводством, и строго предупреждают: «Вы допускаете антисоветские высказывания! Как вам не стыдно! Ведете себя как свинья под дубом, поносите партию, которая вас кормит!.. Подумайте о семье, а ведь у вас есть дети!..»

Считается, что после такого предупреждения незадачливый антисоветчик должен серьезно одуматься, а называется все это «профилактикой через доверенных лиц», то есть тех чиновников, которые поддерживают с КГБ деловой контакт, не афишируя этого, но в то же время и не особенно скрывая.

Если же наш герой и на этот раз не смирится, его официально вызовут в КГБ повесткой и там вручат отпечатанный на отличной финской бумаге типографским способом листок, на котором крупными буквами сверху написано: «Официальное предупреждение». Далее мелким шрифтом разъясняется, что в соответствии с решением Президиума Верховного Совета СССР этот документ считается официальным свидетельством при судебном разбирательстве в связи с распространением измышлений, порочащих советский общественный и государственный строй.

Это означает, что терпение КГБ достигло предела и от более-менее гуманных действий он переходит к откровенным и злобным — тюрьмам, концлагерям, принудительному психолечению, отравлениям, уличным избиениям и кое-чему другому.

Все это оформляется соответствующими документами. Читая их, с удивлением отмечаешь, что главное внимание в них уделено не деяниям, которые наш пациент совершил, а тем мыслям и чувствам, которыми руководствовался. Все эти жестокие средства вольно или невольно рассматривались в КГБ не столько как наказание, сколько как способ исцеления души, то есть точь-в-точь как это было и у инквизиторов...

IV

Когда я, уволившись из КГБ, исповедовался в церкви и вкратце пересказал то, что написано в этом очерке, терпеливый священник сам поднес к моим губам серебряный крест...

Глава 4

ВОЕННЫЙ ОБОЗРЕВАТЕЛЬ

Хорошая вещь — свобода печати! Она очень помогает шпионажу. Не случайно все разведки мира охотятся за военными обозревателями газет. Те хоть и не имеют прямого доступа к секретам, но выпросить у приятелей из Генерального штаба могут многое. Особенно если его попросит об этом московский друг, такой же вроде бы журналист... Как завербовать военного обозревателя?

I

Если вы хотите увидеть советского разведчика в Токио, вовсе не обязательно устанавливать секретную оптическую аппаратуру перед входом в резидентуру КГБ в нашем посольстве. Поезжайте лучше в самый большой книжный магазин Токио, «Марудзэн», и поднимитесь на третий этаж в отдел военной книги, кажется единственный на всю страну. Там обязательно торчит кто-нибудь из нас, украдкой листая книги.

А найти этот «Марудзэн» очень легко: достаточно свернуть со всегда оживленной Гиндзы налево, в сторону императорского дворца. Его построили из белого камня в средние века португальцы, намеревавшиеся колонизировать эту страну, но отступили, убедившись в том, что ее недра бедны. Дворец же, хоть и выстроенный в японском стиле, с плавно загнутыми кверху углами крыш, все же по-европейски основателен и массивен, что так нехарактерно для изящной и легкой, словно плывущей в воздухе деревянной японской архитектуры.

Впрочем, и весь этот небольшой район Маруноути, прилегающий к Гиндзе, несколько чужеродный, хотя и появился на свет позже, после Второй мировой войны.

Его невысокие каменные здания, нередко даже облицованные гранитом, тяжеловесны и ничем не отличаются от своих европейских собратьев, если не считать низковатых по европейским стандартам потолков, напоминающих о том, что здесь Азия. Впрочем, может быть, и поэтому строгие громады Маруноути излучают надежность и покой, как и подобает расположенным в них учреждениям и банкам. Особенно бывают красивы они в новогодние дни, опоясанные красными лентами, словно праздничные коробки с тортом.

Узкие тротуары заполняет толпа людей, шествующих неторопливо, солидно, без спешки. Кое-кто заглядывает в «Марудзэн». В этом магазине продаются и книги, изданные за рубежом, и оттого тут часто встречаются иностранцы. К ним отношусь и я — молодой капитан советской разведки, действующий под видом корреспондента ТАСС. Я, впрочем, еще не решил, что для меня важнее — журналистика или разведка: ведь обе профессии весьма схожи, исполнены духа поиска, познания человеческих страстей, удивительно интересны. Оплачивались же они по-разному: тоталитарное и милитаризованное Советское государство с недоверием относилось к журналистам, как и ко всем другим представителям творческих профессий и, напротив, очень уважало разведчиков, усматривая в них свою опору. И поэтому совмещать в одном лице журналиста и разведчика было гораздо выгоднее и безопаснее. Вдобавок я получал две зарплаты — от КГБ и от ТАСС, причем первая в несколько раз превосходила вторую...

Возле полок с книгами по военной тематике уже стояли, углубившись в облюбованные ими издания и стараясь не глядеть друг на друга, трое молодых людей примерно моего возраста, около тридцати. Это самый продуктивный возраст для разведчика, который еще не успел стать начальником, но очень хочет добиться этого, и потому перед ним можно ставить любые задания, самые трудоемкие и опасные. И хотя все трое были одеты по-разному — кто в строгий деловой костюм, а кто нарочито небрежно, — их выдавала напряженная поза, словно все они ожидали удара сзади. Такова характерная поза разведчика, выработанная постоянным ожиданием слежки.

Когда я подошел, скрипнув досками пола, все трое настороженно оглянулись...

Один из них оказался знакомым болгарским журналистом. Мы понимающе улыбнулись друг другу, как бы говоря:

«И ты, дружок, тоже, оказывается, служишь в разведке!..»

Второго я, кажется, встречал несколько раз на приемах в посольстве ГДР. По его лицу пробежала тень узнавания, и он с облегчением отвернулся, вновь углубившись в японскую книгу. Разведки социалистических стран работают в тесном контакте, и сейчас нам нечего было опасаться друг друга.

Третий же оказался молодым советским дипломатом. Он приехал в Токио совсем недавно, и я, кажется, всего только раз видел его в полутемном посольском коридоре.

«А ты, значит, служишь в ГРУ, военной разведке! — подумал я. — Учтем это обстоятельство».

Догадаться о том, что это был сотрудник другой, параллельной советской разведки, было совсем не трудно: ведь все сотрудники нашей резидентуры КГБ, прибывавшие в нее впервые, официально представлялись на общих собраниях. Это делалось для того, чтобы все мы знали друг друга в лицо и не перепутали разведчика с рядовым служащим советского посольства. Быть же настоящим дипломатом, пусть и агентом КГБ, мой новый знакомый также не мог, потому что ни один нормальный советский чиновник, служащий в Японии, и на шаг не приблизится к полкам военной книги, чтобы японская контрразведка не заподозрила в нем шпиона и на всякий случай не выдворила из этой благословенной страны, где в советском посольстве зарплата выше, чем в какой-либо другой стране мира. Командировка в Японию всегда считалась у работников советских внешнеполитических ведомств самой выгодной.

Сотрудник ГРУ метнул в меня строгий офицерский взгляд, давая понять, что хотя мы и служим одной стране, но все же в разных шпионских ведомствах, и потому не должны по возможности ничего знать друг о друге в целях конспирации. И уж конечно, не стоит заглядывать друг другу в книжки...

Я подошел к другому концу полки и стал рассматривать корешки книг, но так, чтобы ни один из этих троих не смог понять, что именно меня интересует. Ведь главное для нас в этих книгах — не столько их содержание, сколько авторы, которых потом можно было бы попытаться завербовать и сделать агентами советской разведки.

Вооруженные силы Японии очень малы, и потому военные книги здесь также издаются малыми тиражами. В этой стране нет военной цензуры, и потому в тексты книг могут попасть данные, которые, например, в нашей стране считались бы государственной тайной. Чем больше таких сведений содержится в книге, тем большую ценность для нас представляет ее автор. Ведь и ему самому необходим для работы постоянный приток свежей военной информации, которую он получает от своих знакомых в Управлении национальной обороны, в его пресс-клубе, — советские журналисты туда доступа не имеют.

Хотелось бы, однако, отметить, что чисто военная информация мало интересует КГБ, который конечно же не отказывается от нее, если она сама плывет в руки. Но главным образом ее добычей занимается ГРУ, нас же интересует военная проблематика исключительно в контексте международных, научно-технических, экономических и, разумеется, политических проблем.

И поэтому я равнодушно пробежал глазами корешки книг, рассказывающих о военно-транспортной сети Японии, обучении личного состава и полевой тактике, и просто обомлел, увидев, что на одном из них было написано так: «Критика военной политики Японии».

Настороженно оглянувшись, я вытащил книгу с полки и стал читать предисловие. С каждой новой строкой во мне росло чувство удивления, ибо ничего подобного ни в каких японских газетах и книгах я не встречал.

«Военная политика Японии чревата ошибками», — кажется, так было озаглавлено предисловие, причем каждая из этих ошибок трактовалась почему-то в пользу Советского Союза. Например, осуждение Японией советской военной агрессии в Афганистане признавалось неправомерным, сама же агрессия, наоборот, справедливой с точки зрения СССР. Военный союз Японии с США преподносился как очень опасный для дела мира во всем мире, в то время, как военный союз социалистических стран, так называемый Варшавский Договор, наоборот, очень хорошим, хотя, почему именно, оставалось неясным. Северные территории объявлялись безусловно принадлежащими Советскому Союзу и присутствие на них большого количества советских войск вполне законным и даже необходимым для защиты Южных Курил от посягательств Японии. И наконец, в предисловии выражалась глубокая тревога по поводу роста военных расходов Японии, которые вот-вот могли превысить один процент валового национального продукта. Последнее утверждение выглядело особенно смехотворным, поскольку в СССР, например, едва ли не все сто процентов потенциала страны идут на вооружение, и армия вполне официально считалась приоритетом номер один для страны на протяжении всех семидесяти лет коммунистической власти. Однако никакой критики советского милитаризма в книге, разумеется, не содержалось.

Да, каждое из утверждений книги выглядело весьма спорным, но меня насторожило другое: не является ли она продуктом деятельности самого КГБ, а ее автор — нашим агентом? В этом случае моя работа с ним не имела смысла, а время, ушедшее на поиски автора этой книги, оказалось бы зря потраченным.

Действительно, все это очень напоминало почерк службы дезинформации общественного мнения, имеющейся в разведке. Она называется «службой активных мероприятий», или, сокращенно, Службой «А». Задачи ее были чисто идеологическими. Она должна была внушить всему миру, что коммунизм — лучшая форма общественного устройства, Советский Союз — сущий рай на Земле, а советские руководители и особенно Генеральный секретарь ЦК КПСС — гении и непогрешимы, как святые.

Собственно говоря, этим занималась и вся огромная официальная пропагандистская машина, однако формы и методы Службы «А» были другими, чисто шпионскими, потому она и находилась в ведомстве внешней разведки. Она должна была обманывать западный мир с помощью самих же иностранцев, выдавая партийно-советские суждения и оценки исходящими как бы от их имени. Она подкупала иностранных журналистов, среди которых есть и немало японских, подсовывало им лживую информацию. Многие иностранные журналисты охотно использовали эти сведения в своих статьях, считая их достоверными, полученными из ближайшего окружения советских властей, в то время как они были состряпаны в недрах разведки и подсунуты им через респектабельных и известных советских журналистов, агентов и доносчиков КГБ.

Служба «А» работала грубо и часто попадала впросак. Статьи о ее коварстве и активности то и дело появлялись в американских газетах, и могло сложиться впечатление, что Служба «А» является едва ли не самым главным подразделением разведки.

В действительности же было наоборот: по своей значимости она занимала последнее место среди подразделений разведки, и оказаться там было для разведчика равнозначно завершению карьеры. В Службу «А» отправляли в наказание за пьянство или плохую работу. Ее сотрудники не имели права выезжать за границу.

Поэтому и работали они без всякого энтузиазма. Вымученные ими доклады и справки прочитывались и утверждались целой пирамидой начальников: начальником сектора, заместителем начальника отдела, самим его начальником, затем заместителем начальника Службы «А», курирующим работу против Японии, и, наконец, самим начальником службы. Все они, по извечному правилу советских чиновников, рассматривали эти материалы как служебные записки, в которых не должно содержаться никаких эмоций, а только факты. В результате этой многоступенчатой кастрации изначальный материал становился сухим, безликим, как, впрочем, и все, что выходит из-под пера Службы «А». Книга, которую я сейчас держал в руках, явно была написана ярко и интересно. А это значит, что автор ее пока не является нашим агентом официально — но реально-то он работает на нас уже давно, сам, видимо, не сознавая этого! И завербовать его не составит никакого труда, ибо эта вербовка станет лишь логическим итогом его деятельности. И таким образом, орден «Знак Почета» мне обеспечен! Моя карьера также совершит очередной виток!..

Орден «Знак Почета» в разведке пренебрежительно называют «Мальчики». Выдуманный уже давно, в начале тридцатых годов, он действительно выглядит весьма нелепо: на фоне зубчатого заводского колеса, некоей гигантской шестеренки, стоят, взявшись за руки, две непонятные фигуры. Кого они символизируют, неясно. Но они юношески стройны и одеты то ли в рабочие спецовки, то ли в спортивную форму тридцатых годов.

— А мне к пятидесятилетию «Мальчиков» дали! — унылым тоном сообщает в кругу друзей иной разведывательный генерал, и те сочувственно кивают головами. Еще бы: ведь награждение руководящего работника таким орденом означает только одно — недовольство высокого начальства, близкую отставку и выход на пенсию, которая для всех в СССР, включая и генералов КГБ, влечет за собой бедность. Но мне, при моем скромном чине, получить «Мальчиков» будет очень кстати!!

Да, кажется, я сделал весьма важное открытие. Мне повезло! Заслоняя рукой название книжки, чтобы его не заметили стоявшие рядом коллеги-разведчики, я направился к кассе. Но прежде я еще раз внимательно осмотрел всю полку, проверяя, не осталось ли на ней еще экземпляров этой книги. К счастью, мне попался единственный, иначе я скупил бы все имеющиеся экземпляры, чтобы они не достались ни немцу, ни болгарину, ни тем более нашему сотруднику ГРУ. Резидентура разведки КГБ оплатила бы мне их стоимость...

«Нет, не зря все-таки называют Японию шпионским раем! — удовлетворенно подумал я, опускаясь в лифте. — И не только потому, что здесь нет закона о шпионаже, в то время как в нашей стране за него предусмотрена смертная казнь. Сама японская тщательность в подаче любой информации как нельзя лучше помогает советским разведчикам. Ведь в книге указаны абсолютно все данные о ее авторе, вплоть до домашнего адреса, а в наших редакциях, например, таких данных не получишь. Здесь же я запросто найду номер его телефона в телефонной книге и завтра же позвоню ему, чтобы условиться о встрече!..»

В отличном настроении я вновь сел в автомобиль и вырулил на щирокую и прямую Хибия-дори. Книга незадачливого поклонника Советского Союза лежала рядом со мной на переднем сиденье, радуя глаз своим мягким зеленоватым переплетом.

Квадратные фасады зданий Отэмати скрылись за поворотом, и вскоре впереди, на горке, замаячил необычный темный высокий дом, надпись на фронтоне которого почему-то сделана на греческом языке, мало кому известном в этой дальневосточной стране. Справа, метрах в ста от него, возвышается белая громада советского посольства. В нем два здания. Я спешу в левое, деловое, на верхнем этаже которого, под самой крышей, утыканной множеством антенн, расположена резидентура.

Впрочем, я чувствовал себя совершенно спокойно и даже не смотрел в зеркальце заднего вида, чтобы определить, не следит ли за мной машина отдела общественной безопасности Токийского полицейского управления. На этот раз слежка мне ничуть не мешала и даже помогала, утверждая в следящих мысль о том, что я действительно являюсь только корреспондентом. Ведь это так естественно для журналиста: посетить книжный магазин «Марудзэн», приобрести там какую-то книгу и потом проехать в посольство. Может быть, я хочу показать эту книгу советнику по культуре?..

Это действительно так, разве что познакомить с ней я хочу совсем другого советника, кабинет которого расположен на десятом этаже, за бронированной дверью, которую нельзя открывать ни перед кем из сотрудников посольства, если они не состоят в списке офицерского состава КГБ. Даже сам посол не имеет права войти в нее.

Этот советник — всесильный резидент КГБ, который имеет такие же полномочия в отношении местных советских граждан, как и посол, хотя об этом мало кому известно. Любого из советских чиновников — служащих посольства, торгпредства, «Аэрофлота», ТАСС или газет — он может откомандировать в течение суток на Родину, не объясняя причин, тем самым разрушив всю его карьеру и навсегда закрыв путь за границу.

Не знаю, имеет ли он право в случае необходимости застрелить любого из своих подчиненных-разведчиков (таким правом вполне официально наделен резидент военной разведки), но пистолет у него есть, это я знаю точно: в резидентуре хранится множество ящиков с оружием. Но даже если такого права у него нет, он все равно может застрелить кого сочтет нужным (или поручить это другим), и официальные власти в СССР сделают вид, что ничего не заметили.

Резидента боятся все — и сотрудники КГБ, и не входящие в их число все остальные советские граждане, волею судьбы работающие в Токио.

Оставив автомобиль в посольском дворе незапертым, как предусматривалось правилами, я вошел в посольское здание и миновал маленький, богато обставленный вестибюль. Я подошел к открывшейся передо мной тяжелой стальной двери, ведущей во внутренние помещения посольства, доступ в которые открыт только советским гражданам и только с соизволения того же КГБ. В отношении меня такое разрешение, конечно, имелось.

Площадка десятого этажа была, как всегда, пустой. Мало кто из дипломатов рискнет подняться сюда просто так, от нечего делать: его тотчас заподозрят в шпионаже в пользу Японии.

Почти у самого лифта имелась всегда запертая железная дверь, выкрашенная белой краской в тон стены. Каждый, кто имеет право входить в нее, имеет свой ключ. Есть он и у меня, подвешенный на металлической цепочке к поясу. Я легко повернул его, вставив в замочную скважину, и дверь отворилась.

За ней показалась еще одна. Чтобы открыть ее, надо было знать кодовый набор цифр и быстро набрать его на малозаметном табло, укрытом от посторонних глаз сверху над притолокой. Если возиться с набором цифр слишком долго, у дежурного по резидентуре зазвенит зуммер, сигнал тревоги. Иногда дежурить по резидентуре приходится и мне, хотя корреспонденту ТАСС никак не подобает находиться в посольском здании от обеда до девяти часов вечера: никакой трудоемкой работы для него здесь не может быть, и это лишний раз указывает японской полиции на мою принадлежность к разведке. Впрочем, вся работа КГБ пронизана формализмом и в ней полно всяких нелепостей.

Резидентура занимает два этажа в посольском здании и внешне выглядит точно так же, как и все остальные служебные помещения посольства: длинный коридор, выходящие в него двери. Одна из них, впрочем, обтянута черной кожей. Таких обшитых кожей дверей в Японии не бывает, зато их очень много в СССР, в кабинетах больших начальников.

Такая дверь, столь неуместная здесь, в Японии, являла собой пример переноса сюда советских бюрократических порядков. Естественно, вела она в кабинет резидента. Туда-то я вознамерился проникнуть.

Сделать это было не так просто, хотя в обеденный час резидентура была пуста и очереди в кабинет к резиденту не было. Дело в том, что в СССР не принято запросто являться в кабинет к начальнику, и ни КГБ, ни даже разведка, действующая в особых, как бы подпольных условиях, не могут служить исключением.

Более того, постучаться в кабинет резидента для меня было совершенно невозможно, поскольку я не принадлежал к категории так называемой номенклатуры — правящего класса советского общества.

Номенклатурой называется список должностей, занимать которые можно только с дозволения высоких партийных органов. Вхожу в такую номенклатуру и я, но лишь на период командировки. Вернувшись в Москву, я сразу утрачу свои привилегии, а у резидента они сохранятся. Хотя и меня, и резидента посылает в Японию КГБ, одно и то же ведомство, утверждают наше назначение разные партийные структуры. Меня — сразу два отдела ЦК КПСС: пропаганды, ведающий журналистами, и административных органов, которому подчиняется КГБ, а также и армия, и милиция, и прокуратура, и суд. Поэтому истинный руководитель советской разведки — это начальник административного отдела ЦК КПСС, но об этом не все знают. Последним занимал эту должность Анатолий Лукьянов, ставший потом спикером парламента и организатором неудавшегося государственного переворота в августе 1991 года. Резидента же утверждает Секретариат ЦК КПСС, высший административный орган партии. Это значит, что все у нас с резидентом должно быть разным: и квартиры, и рацион питания, и курорты, и даже кладбища. Именно поэтому я и не могу входить к нему в кабинет запросто, как разведчик к разведчику, а должен предварительно позвонить по телефону из другой комнаты и попросить разрешения.

Поэтому я прошел туда, в рабочий кабинет рядовых сотрудников резидентуры, и снял трубку прямого телефона. Тотчас у резидента должен раздаться звонок...

Этот телефон был надежно защищен от прослушивания японцами. Лучшие специалисты из КГБ приезжали сюда под видом строителей нового здания советского посольства и долго вставляли в телефон какие-то металлические приборы. Но ведь они были советскими, хотя, возможно, действительно считались самыми лучшими в нашей стране, безнадежно отставшей от всего мира и особенно от Японии в области электроники, поскольку научно-технический прогресс совершенно не нужен социализму, ибо власть коммунистической партии можно поддерживать и без него. Для капитализма же научно-технический прогресс, наоборот, жизненно важен. В его основе лежит конкуренция между капиталистическими фирмами. И потому вполне возможно, что японская техника подслушивания, являвшая для нашей страны достижения завтрашнего дня, вполне могла контролировать переговоры по этому телефону. Я был совершенно уверен в этом. Но ничего не поделаешь, приходится подчиняться советской бюрократической дисциплине, хотя для этого и придется лишний раз подтвердить японцам свою принадлежность к разведке!

— Здравствуйте, вас беспокоит Георгий, — упавшим голосом сказал я, поняв, что резидент поднял трубку.

Георгий — это мой разведывательный псевдоним. Таковой имеется у каждого советского разведчика. Под псевдонимами они фигурируют в шифрованных телеграммах. Но сейчас это значило только, что я подсказал японской контрразведке один из ключиков к этому шифру.

Далее я коротко объяснил резиденту, что приобрел очень интересную книгу, которую можно использовать в разведывательных целях, и хотел бы показать ее, чтобы получить разрешение на дальнейшие действия.

— Заходи! — велел резидент, и я поспешил в его кабинет, досадуя на то, что сам же объяснил японской полиции, зачем ездил в «Марудзэн», если нас действительно подслушивали. Но ничего не поделаешь. Боюсь, что и сам резидент тоже допускает такую возможность, но изменить сложившийся порядок все равно не может, потому что не является самым высоким начальником в КГБ и не может покушаться на основы советского бюрократического порядка, зиждущегося на всеобщем неравенстве.

Кабинет резидента просторен, стены сверкают белизной. Со всех сторон из них торчат какие-то ниточки, узелочки и проволочки, создающие ощущение некоего незавершенного хитроумного замысла. Это тоже была техническая защита от подслушивания, неизвестно, насколько надежная. Боюсь, что не очень.

Резидент сидел за большим письменным столом и, не вставая, протянул мне руку для рукопожатия. Как и все служащие посольства, он был в темном костюме, который никогда не менял на светлый, даже летом.

— Будь добр, — сказал резидент, — опусти жалюзи на окнах, а то солнце слепит глаза.

Окно здесь также было полупрозрачным, чтобы через него ничего нельзя было увидеть извне, и в ребристом стекле лишь угадывались очертания зданий и огни реклам дорогого мне города. Кроме этого окна, ничто не говорило о том, что мы находимся за границей. Атмосфера в кабинете казалась вполне советской, словно переносила нас в Москву, в штаб-квартиру разведки в Ясеневе.

Я шагнул к окну и дернул за веревочку, чтобы опустить шторы, но это оказался один из секретных проводков, вылезший на сантиметр из стены. Испуганно вскрикнув, резидент выскочил из-за стола, подбежал к окну и сам опустил жалюзи.

Тут я показал ему книгу и коротко объяснил содержание, ибо японского языка он не знал, как и все другие резиденты КГБ в этой стране, неоднократно менявшие друг друга на протяжении всех лет существования советско-японских дипломатических отношений. Первым резидентом-японистом должен был стать П., до этого долго работавший в Токио заместителем резидента, но его приезд был отменен из-за побега сотрудника КГБ Станислава Левченко, корреспондента журнала «Новое время». П. всегда плохо относился к Левченко, приуменьшал его заслуги, всячески унижал на резидентурских общих собраниях. Позже Левченко написал о нем много интересного в журнале «Ридерз дайджест». Все рассказанные им истории о коварстве и злобной изобретательности П. совершенно правдивы — отголоски их я до этого слышал от товарищей-японистов в штаб-квартире разведки.

— Да ведь это же готовый агент! — воскликнул резидент, выслушав мой рассказ. — Его надо завербовать для Службы «А». Действуй!..

Очень довольный, я вышел из кабинета. Во-первых, я получил разрешение резидента работать с автором книги, во-вторых — понял, что он еще не завербован нами, а в-третьих — обеспечил себе первенство на тот случай, если другой советский разведчик-журналист принесет резиденту точно такую же книгу.

Через несколько минут я уже сидел за рулем машины и мчался по хайвэю к себе в Синдзюку. Вокруг, насколько хватало глаз, расстилалось море серо-голубых крыш двухэтажных японских домиков. Вдали маячили, стремительно приближаясь, огромные небоскребы Синдзюку. Окна их верхних этажей нестерпимо блестели, отражая полуденные лучи яркого японского солнца. Привычная для меня картина, но она снова и снова волновала меня. Токио был близок и мил моему сердцу японоведа, хотя, как разведчик, я должен был его ненавидеть.

Приезжая в Москву, я сразу же начинал тосковать по Токио. Для того чтобы заглушить это чувство, я специально воскрешал в памяти самые неприглядные его уголки — где-нибудь в Итабаси или Уэно, но и они представлялись мне по-своему дорогими и манили к себе.

Мои очерки и статьи, весьма часто появлявшиеся в советской прессе, были пронизаны любовью к Японии. Это не могло ускользнуть от внимания резидентуры и совершенно не понравилось там.

«Преображенский сверх меры восхищается Японией, а советский разведчик не должен быть таким, — услыхал я однажды обрывок разговора двух начальников в резидентуре. — Увидит какой-нибудь японский танец и чуть ли не падает в обморок от восторга. А ведь Япония — наш потенциальный военный противник. Наконец, его может завербовать японская контрразведка!..»

На протяжении всех лет работы в КГБ я ощущал этот холодок отчуждения. Но в то же время разведка ценила мои знания языка и культуры страны. Ради того, чтобы жить в Японии, я был готов на все...

С таким смешанным чувством я приехал на станцию метро «Хацудай», где расположено токийское отделение ТАСС, и осторожно припарковал машину в его тесном дворе...

II

На следующий день я написал небольшую хвалебную статью об этой книге и направил ее в Москву по каналам ТАСС. Особо подчеркнул в ней роль ее автора К. как выдающегося борца за мир. Я уже представлял его читающим эту статью и с радостным смущением находящего в ней столь лестные для себя слова. На самом деле эта статья прославляла вовсе не К. и даже не его книгу, а милитаристскую сущность нашего государства, и поэтому непременно должна была вскоре появиться во всех основных газетах. Так и произошло, и вскоре я получил номера множества газет — от центральных из Москвы и Ленинграда до никому не известных маленьких провинциальных газетенок, — в которых была опубликована моя статья. Ведь все наши газеты обязаны были публиковать материалы, поступающие от ТАСС. Однако мало кто в Японии знал об этом.

Первую встречу с К. я также решил провести немедленно, не дожидаясь результатов проверки из Москвы по учетам разведки. Такой запрос положено направлять туда всякий раз при установлении контакта с новым потенциальным агентом. Цель этой проверки заключается в том, чтобы выяснить, не является ли уже этот новый знакомец агентом КГБ или ГРУ, военной разведки. В противном случае встреча с ним еще одного советского разведчика, помимо тех, кто уже тайно работает с ним, могла привести к его расшифровке. Кроме того, проверка в разведывательных архивах может выявить лиц, которые, скажем, сотрудничают с японской или американской контрразведками и сами целенаправленно набиваются в наши агенты.

Но даже если бы К. оказался или нашим, или, наоборот, японским агентом, встреча со мной ни ему, ни мне не повредила бы — такие вот неоценимые преимущества дает разведчику прикрытие журналиста.

Ведь встречаться в Японии с советским журналистом может каждый человек, даже военный обозреватель, и никто не вправе заподозрить здесь шпионаж. А между тем это был именно шпионаж, первый шаг к вербовке агента советской разведки!..

Дело оставалось за малым — найти подходящий предлог для знакомства. Впрочем, сложностей здесь не было никаких, и ничего нового изобретать не приходилось. Советская разведка в этих случаях использует только один прием, и срабатывает он всегда безотказно.

Он очень прост. Достаточно позвонить автору приглянувшейся вам публикации (будь то статья или книга) домой, сказать, что она вам очень понравилась и вы хотели бы по этому поводу взять у него интервью.

Срабатывает такой прием безотказно: ну кто же из пишущей братии откажется от того, чтобы лишний раз заявить о себе? Ведь всем в Японии хорошо известно, что советские газеты выходят огромными тиражами, а сообщение ТАСС может обойти весь мир. Остается лишь договориться с потенциальным знакомым о месте встречи.

Этот вопрос весьма важен. Ведь если вы намереваетесь в дальнейшем завербовать поддавшегося на вашу уловку журналиста, то должны позаботиться о том, чтобы как можно меньше людей в Японии знали о самом факте вашего знакомства. Особую опасность в этом случае представляют друзья по службе, соседи вашего избранника. Ведь потом, когда он уже станет советским агентом, друзья могут спросить его:

— Поддерживаешь ли ты отношения с тем советским журналистом? Не завербовал ли он тебя случайно?..

Это может быть сказано в шутку, но внезапное смущение или заминка способны выдать его.

Поэтому первую встречу проводят в удалении от советского и китайского посольств, где активно работает японская контрразведка, а также, разумеется, вдали от места жительства или работы японца, чтобы избежать случайной его встречи со знакомыми. В то же время место встречи должно быть довольно известным и находиться в престижном районе Токио, чтобы ваш будущий собеседник не подумал, что вы хотите скрыть факт вашей встречи от окружающих и дело здесь пахнет шпионажем.

Как только из Москвы были присланы экземпляры всех газет с моей статьей о К., я сел в машину и, отъехав подальше от здания ТАСС, где даже личные телефоны могли прослушиваться, зашел в кабинку уличного автомата и с волнением набрал номер К.

— Моси-моси[1], — послышался в трубке приятный, интеллигентный и мягкий голос.

---

[1] М о с и - м о с и — алло *(яп.)*.

— Это господин К.? — на всякий случай уточнил я и, получив утвердительный ответ, быстренько изложил цель своего звонка.

— О! — воскликнул польщенный К. — Я буду рад встрече с советским корреспондентом, поскольку мы — единомышленники! Ведь я — член Социалистической партии Японии!

Прекрасно, подумал я, завербовать К. будет еще легче.

— Давайте встретимся послезавтра, — предложил я, чтобы успеть согласовать порядок проведения встречи в резидентуре. — Я буду ждать вас в двенадцать часов у входа в магазин «Марудзэн», где я приобрел вашу прекрасную книгу!..

— Я буду очень рад, жду с нетерпением, — произнес на прощанье К., и голос его прозвучал вполне искренне.

Через день, когда я приехал в назначенное время к магазину «Марудзэн», он уже ждал меня у входа. Я сразу узнал его по фотографии в книге. Узнал меня и он, пока я пробирался в толпе прохожих, и издалека начал кланяться, улыбаясь беззащитной и доброй улыбкой.

— Давайте зайдем куда-нибудь в кафе и поговорим! — предложил К.

Об этом не могло быть и речи, потому что неподалеку отсюда, в ресторанах Отэмати и Гиндзы, в этот час несколько советских разведчиков встречались со своими японскими агентами. Кто именно и с кем, я, разумеется, не знал, поскольку в КГБ это считается тайной, но получил в резидентуре твердый приказ сразу же посадить К. в такси и отвезти подальше, в северную часть Токио, где было в этом смысле спокойнее. Если бы мы остались здесь, в Отэмати, то вполне могли быть замечены одной из бригад наружного наблюдения из Токийского полицейского управления, которая наверняка осуществляла слежку за другими советскими разведчиками. Разумеется, каждый из нас, разведчиков, прежде, чем вступить в контакт с потенциальным агентом, несколько часов блуждает по городу, меняя разные виды транспорта, ныряя в узкие переулки, чтобы проверить, нет ли за тобой слежки. Но мастерство японской полиции необычайно высоко, так что никто из нас никогда не даст стопроцентной гарантии, что в данный момент слежки нет.

Поэтому я, извинившись перед К., предложил сесть в такси и поехать на другой конец города, где у меня якобы есть любимый ресторан. Склонившись в поклоне, я внимательно следил за выражением глаз К. — не насторожило ли его мое странное поведение?

К счастью, среди японцев бытует мнение, что иностранцам свойственны всякие странные причуды. В японском языке на этот случай есть даже особое выражение «бака-гайдзин» — «дурак-иностранец». К., видимо, думал так же и потому с обезоруживающей улыбкой развел руками:

— Что ж, поехали, раз вы так хотите!..

Я тотчас остановил такси и устроился рядом с К. на заднем сиденье. Я нарочно сел боком, словно бы для того, чтобы можно было вытянуть ноги. Это позволяло мне при каждом повороте машины незаметно бросать взгляд в заднее окно, чтобы лишний раз проверить, нет ли за нами хвоста. Если бы одна и та же машина повторила за нами несколько поворотов подряд, это было бы уже подозрительным. Но, к счастью, в этот день таких машин не было, и я наконец облегченно вздохнул.

Я рассказал К., что мы едем в ресторан, где подают блюдо тянко-набэ, с помощью которого борцы сумо наращивают вес.

— Видите ли, я пишу сейчас книгу о японском спорте, и мне хотелось бы попробовать настоящего тянко! — пояснил я, и это было сущей правдой. Я действительно работал тогда над книгой, в которой была и глава о сумо, и таким образом заодно решил и литературную, и шпионскую задачи. В 1985 году эта книга вышла в Москве под названием «Спортивное кимоно».

К. понимающе улыбнулся. Ему, как и любому японцу, импонировал интерес иностранца к их национальной культуре. После этого он бы и помыслить не мог, что я еще и разведчик.

Ресторанов «Тянко-набэ» в Токио действительно не так много, хотя для того, чтобы попасть в один из них, совсем не обязательно ехать так далеко; я же специально выбрал по справочнику токийских ресторанов тот, который подальше.

Содержат эти рестораны бывшие борцы сумо. По описаниям, тянко — это тушеное мясо с картофелем и овощами. Похожие блюда готовят в Европе, где прохладный климат требует более калорийной пищи. Интересно, каков вкус японского тянко?..

Ресторан «Тянко» выглядел изнутри так же, как и другие рестораны национальной японской кухни: столы его и стены блестели свежим полированным деревом, ярко светила под потолком квадратная белая люстра, и только при входе висела старинная гравюра, изображавшая борца сумо.

Хозяин, одетый в темно-синее кимоно, встретил нас глубоким поклоном. Уйдя из спорта, он, как и многие сумоисты, спустил лишний жир, и теперь кожа складками свисала с его шеи. Поставив перед нами по графинчику сакэ, он удалился на кухню готовить тянко. Видно, никаких помощников у него не было.

Посетителей, к счастью, не было, и это избавляло меня от необходимости наблюдать за соседними столиками, которые в ресторанах японской кухни стоят тесно друг к другу!

Я давно уже знал, что иностранец, свободно болтающий по-японски, невольно привлекает внимание посетителей японского ресторана. Ведь он — фигура здесь весьма редкая, особенно если к тому же попивает сакэ и настойчиво убеждает в чем-то своего японского собеседника. Японцы вообще любознательны по природе, но кроме того, им присуща и некоторая настороженность, восходящая к средневековой истории страны, постоянной междуусобице многочисленных самурайских кланов.

Волей-неволей сидящие за соседними столиками, ловя обрывки нашего разговора, старались бы, как минимум, определить, нет ли в моей речи ошибок, употребляю ли я «канго», слова китайского происхождения, характеризующие в Японии культуру речи.

А если среди посетителей окажется переодетый полицейский, зашедший поесть тянко? Уж он-то моментально сообразит, что дело здесь пахнет шпионажем, и вызовет отряд наружного наблюдения, который незаметно проводит до дверей квартиры и меня, и К.

А такие случаи бывали, о них ходят легенды в резидентуре!

Вскоре ресторатор принес большую полукруглую сковороду с тянко. Оно оказалось жидким супчиком, в котором плавали капустные листья и несколько мясных фрикаделек.

— Это не настоящее тянко! — усмехнулся К. — Впрочем, настоящего тянко, густого, как каша, японские посетители просто не могли бы есть, у них заболели бы животы...

Мы налили друг другу по чашечке сакэ и, низко кланяясь над столом, чокнулись. Блаженное тепло растеклось по всему телу, а на душе стало легко и спокойно.

После этого я достал из портфеля газеты с моими статьями о К. и преподнес их ему.

— О вас сообщает даже ТАСС! — особо подчеркнул я, зная, что японцы с уважением относятся к главному информационному агентству Советского Союза — как к некоему эталону правды.

Услышав, что я корреспондент ТАСС, многие из японцев восхищенно вздыхали и говорили так:

— О, ТАСС! Ведь это элита!..

Хотя на самом деле ТАСС совсем не был элитой среди других советских средств массовой информации, аккредитованных в Японии. Главной считалась газета «Правда» — орган ЦК КПСС, а получали корреспонденты ТАСС даже меньше, чем газетные журналисты.

Но суть заключалась в том, что ТАСС никогда не был критерием истины, а служил таким же орудием тенденциозной пропаганды правящей коммунистической партии, как и газета «Правда», в которой никогда не печаталось ни одного слова правды.

Статья, которую написал я о К. и его книге, ничем не отличалась от всех прочих публикаций, и если К., скорее всего, лишь добросовестно заблуждался, расхваливая в своей книге военную стратегию КПСС, то я приумножал эту ложь сознательно.

— Я рад, что моя книга так высоко оценена Советским Союзом, оплотом трудящихся всего мира! — серьезно сказал он.

Я любезно поклонился в ответ, а про себя подумал, что оценил-то его не Советский Союз, а я, да и то с чисто шпионской целью.

— Вы, наверное, бывали в нашей стране? — почтительным тоном спросил я, подливая ему сакэ.

— О да. Два раза! Один раз туристом, а другой — по приглашению ЦК КПСС, в составе группы журналистов — членов Социалистической партии Японии. Меня восхитила спокойная, обеспеченная жизнь советских людей, да и ЦК принял нас превосходно. Представляете, мы могли заказывать себе на обед все, что пожелаем, причем совершенно бесплатно! Я однажды в шутку попросил полную тарелку черной икры, и мне принесли ее! Как же бесконечно богата ваша страна, идущая по пути социализма!.. — восторженно воскликнул К., словно речь шла о Японии.

К. отхлебнул из чашечки сакэ и продолжал:

— Вот, например, у нас в Японии многие не понимают, что такое колхозы, и считают их чуть ли не фабриками принудительного труда, а я побывал в одном из таких колхозов — нас возили на экскурсию, и мне там очень понравилось. У крестьян — прекрасные дома, в центре села — театр с колоннами, но больше всего меня поразили огромные приусадебные участки колхозников! У нас в Японии они стоили бы миллиарды иен!..

Слушая его, я с трудом сдерживал усмешку. Как сотруднику КГБ, мне было известно, что под Москвой существуют два «образцово-показательных» колхоза, построенные специально для того, чтобы пускать пыль в глаза иностранцев. На их обустройство ушли деньги, изъятые из бюджета других колхозов, которые в результате не получили от государства даже обещанных им крох.

Почти во всех сельскохозяйственных регионах имеются подобные «эталонные» колхозы. И поэтому, куда бы ни приехала делегация доверчивых иностранцев, их немедленно везут в такой колхоз, особенно если это случается на российском севере, где в магазинах продается только хлеб, да и тот завозят один раз в две недели!..

Я давно заметил, что иностранцы, особенно японцы, гораздо легче поддаются воздействию советской пропаганды, чем советские люди. Очевидно, они попросту не могут представить себе масштаб лжи, которая существует в нашей стране.

Помню, как в далеком уже 1975 году, стажируясь в университете Токай, я разговорился со студентами-русистами, только что возвратившимися из поездки в СССР, где они слушали лекции в Московском университете.

Почему-то особенно понравилось им в СССР мясо, хотя нехватка его ощущалась в нашей стране повсюду.

— У вас мясо хорошее, жесткое, потому что коровы много гуляют, двигаются, — говорили они, — а наше японское мясо плохое, мягкое, потому что у нас нет таких обширных пастбищ и коровы почти все время стоят на месте...

— Зато у вас в Японии мясо всегда и везде можно купить, — не выдержал я, — а у нас в СССР оно продается всего в трех городах, Москве, Ленинграде и Киеве, где бывает много иностранцев. Во всех остальных городах мясо появляется в магазинах раз в несколько месяцев, и его тотчас раскупают, как редкий деликатес. В маленьких городках и деревнях его не бывает в продаже вовсе, причем в течение полувека, с 1928 года, когда коммунисты насильно насаждали колхозы и уничтожили больше половины поголовья российского скота!.. Находясь в Москве, замечали ли вы, какие низкорослые и щуплые советские солдаты? Эти уроженцы дальних деревень в большинстве своем почти вовсе не ели в детстве мяса, поскольку его просто не было!..

Японские студенты недоверчиво взирали на меня. В их взглядах я прочитал еще и укор!

«Как может советский человек так поносить свою родную страну!» — словно говорили они.

— Должно быть, ты врешь! — сказал один из них, подумав. — Не может быть, чтобы великая держава, имеющая такой мощный военный потенциал, была не в состоянии решить простую проблему с мясом!..

Может, в том-то и дело, что может! В этом и заключается сущность тоталитарного социалистического государства: сверхмилитаризация за счет урезания самых элементарных потребностей людей, что успешно маскируется с помощью массированной лживой пропаганды. Но многим иностранцам почему-то больше нравится верить советской пропаганде, нежели смотреть в глаза правде...

Обед заканчивался, и хозяин-сумоист принес нам по блюдечку свежей клубники. Тогда я набрался смелости и спросил как бы в шутку:

— А зачем в Японии надо строить социализм? Ведь здесь уже и сейчас так много клубники!..

К. оторопело посмотрел на меня: такой аполитичный, с буржуазным душком вопрос в устах советского журналиста и коммуниста явно показался ему неуместным.

— При социализме еще больше клубники будет! — убежденно воскликнул он, отправляя в рот очередную ягоду.

Я не мог сдержать смех и чуть не подавился. Ведь после социалистической революции в СССР первой исчезла из потребления именно клубника, которую простой народ считал барской ягодой.

173

Клубнику в СССР нельзя было купить никогда и нигде, только раз в год, в июле, она появлялась на рынке на неделю-другую и вскоре исчезала.

Я снова налил К. сакэ, а себе — моего любимого пива «Саппоро». Со стороны могло показаться, что за ресторанным столиком сидят два приятеля, на самом же деле я с трудом сдерживал обуревавший меня гнев.

Ведь именно такие прекраснодушные интеллигенты, социалисты-марксисты, пришли к власти в нашей стране во главе с Лениным. Они так же искренне верили в идею социализма, а тех, кто думал иначе, вразумляли сначала задушевным словом, потом строгим окриком и, наконец, — концлагерями и пытками. Бог наказал их при жизни, и они сами же пали первыми жертвами сталинских репрессий. Но экономическая теория твердолобых коммунистов, которых возглавлял Сталин, абсолютно ничем не отличалась от той, что исповедовали социалисты. Она и довела нашу богатую Россию до нищеты.

Время встречи подходило к концу: по правилам КГБ она не может продолжаться более трех часов. После этого в резидентуре раздается сигнал тревоги: либо разведчика похитили, либо, что более вероятно, он сам убежал к американцам...

Поэтому я решил наконец затронуть и несколько шпионских вопросов.

— Скажите, почему вы занялись изучением военных проблем? — спросил я у К.

— Чтобы разоблачить японский милитаризм! — гордо ответил он. — Подумать только, наши военные расходы скоро превысят один процент валового национального продукта!..

«Но у нас-то на них уходят едва ли не все сто! Армия считается высшим приоритетом государства, чего никак нельзя сказать о Японии», — подумал я, но, чтобы не испугать К., выразил свою мысль мягче:

— Но в СССР, как вы знаете, военные расходы гораздо выше!..

— И это правильно! — убежденно воскликнул он. — Ведь вам необходимо защищать социализм!..

— Мне очень понравился ваш ответ, — произнес я, понизив голос. — Он выдает в вас истинного друга Советского Союза...

— О да! — улыбнулся К. — Я даже создал отделение общества японо-советской дружбы в городе-спутнике Токио, где я живу. Правда, пока, кроме меня, в него еще никто не успел вступить...

— Тогда я обращаюсь к вам как к другу! Как известно, ТАСС — правительственное агентство. Но мы-то с вами, как единомышленники, отлично знаем, что на самом деле оно подчиняется ЦК КПСС. Но ЦК интересуют также и военные вопросы. Согласны ли вы сообщать нам информацию о силах самообороны Японии, доставать ее по нашим заданиям?

К. растроганно кивнул. Глаза его заблестели.

— Разумеется, я согласен. Долг всякого социалиста защищать Советский Союз. Только имейте в виду, что меня, члена оппозиционной партии, не допускают к большим секретам. Но все, что я смогу узнать, я буду сообщать вам!..

После этого мы заказали еще графинчик сакэ и подняли тост за сотрудничество.

— Разумеется, о нашем контакте вы не должны говорить никому, — предупредил я. — И пожалуйста, не звоните мне домой по телефону, ведь он может прослушиваться японской полицией. О каждой встрече, ее месте и времени, мы будем договариваться заранее.

— И вы мне тоже не звоните! — сказал К. — Вдруг и мой телефон прослушивается!..

После этого мы допили сакэ и поднялись из-за стола.

«Ну, теперь «Мальчики» у меня в кармане!» — подумал я, расплачиваясь у стойки. От выпитого сакэ и эмоционального напряжения меня немного шатало...

III

А надо сказать, что в эти же самые дни я работал еще с одним военным обозревателем — господином О. из газеты «Санкэй», также стараясь привлечь его к сотрудничеству с КГБ. Его имя давно уже привлекло внимание нашей резидентуры, но вовсе не из-за его статей в этой популярной японской газете. О. печатался также в журнале «Бизнес Джэпэн», издаваемой на английском языке. Среди сотрудников резидентуры японским языком владеют примерно две трети, зато более легкий английский знают все, в том числе и начальники. Кто-то из них прочитал однажды статью О. на английском языке, а поскольку никаких других статей по военным проблемам Японии он читать не мог, то дал указание подчиненным немедленно начать работу по вербовке О. Если бы статьи О. не публиковались в «Бизнес Джэпэн», то, скорее всего, токийская резидентура КГБ никогда бы им не заинтересовалась. Газета «Санкэй» считалась в посольстве СССР в Токио и в ЦК КПСС в Москве самой антисоветской и антикоммунистической из японских газет, и потому КГБ не старался заводить в ней агентов — мы ищем агентуру только среди своих друзей.

О. сразу догадался о том, что я разведчик. Когда мы встретились в ресторане, куда я его пригласил, он первым делом спросил:

— Вы коммунист?

Я едва не поперхнулся, поднося бокал с вином ко рту и не зная, что ответить. Конечно же я был членом КПСС, как и все сотрудники здешних советских учреждений, вплоть до поваров и шоферов, — беспартийных граждан СССР за границу не посылали. Все сотрудники разведки обязательно должны были быть членами КПСС, поскольку разведка КГБ на самом деле была партийной разведкой. Сложность же положения, в которое поставил меня О., заключалась в том, что моя партийная принадлежность считалась секретом.

Советское руководство понимало, что запрет беспартийным работать в заграничных учреждениях СССР даже на самых низких должностях является нарушением прав человека, и потому перевело организации КПСС в посольствах как бы на нелегальное положение. Оно заключалось в том, что само слово «партия» не разрешалось упоминать, а вместо этого говорили «профсоюз», и партийные собрания, в которых участвовали все до единого, именовались профсоюзными. Как бы глупо все это ни выглядело, всем нам было категорически запрещено признаваться японцам в своей принадлежности к КПСС. О. откуда-то были известны все наши порядки, потому и спросил. Но что я должен был ему ответить? Сказать, что я беспартийный? Это было бы ложью, совершенно недопустимой при первом знакомстве.

— Да, я член КПСС, — признался я упавшим голосом. — Все советские журналисты должны быть коммунистами.

О. едва заметно улыбнулся. С первых же минут нашей встречи я попал к нему в зависимость, а не он ко мне: ведь если бы в посольстве узнали, что я сообщил журналисту реакционной газеты «Санкэй» о том, что являюсь коммунистом, там разгорелся бы скандал.

Таким образом, моральный приоритет сразу же оказался на стороне О. Поэтому о его вербовке не могло быть и речи.

После этого я еще несколько раз приглашал О. в ресторан, но ближе друг к другу мы не стали. Всякий раз, когда я начинал подбираться к шпионской теме, предлагая О., например, написать статью о военных проблемах Японии якобы для закрытого вестника ТАСС, который читают только члены правительства, он хитро посматривал на меня и недоверчиво улыбался, давая понять, что он знает, кто я на самом деле.

Наконец, О., видимо, решил прекратить наши отношения вовсе и прислал мне в ТАСС открытку. В ней он сообщал, что в заранее обусловленное время встретиться со мной не может, и просил перенести нашу беседу на другой день. На самом же деле этой открыткой он давал мне понять, что не намерен больше держать факт нашего знакомства в секрете: ведь всю почту, приходящую в ТАСС, разбирают служащие-японцы, которые, как нам достоверно известно, связаны с японской контрразведкой. Впрочем, и советские служащие японских корреспондентских пунктов в Москве почти все до единого являются агентами контрразведки КГБ.

Так или иначе, О. исключил возможность своей вербовки советской разведкой. Не исключаю, что при этом он воспользовался рекомендациями советского отделения отдела общественной безопасности Токийского полицейского управления.

Через несколько лет, когда в Токио разразился шпионский скандал, связанный с моим именем, О. написал в газете «Санкэй», что всегда знал о том, что я шпион, и сразу обратил внимание на то, что я часто отлучаюсь из-за стола в туалет, чтобы там перемотать пленку магнитофона, на которой я записывал беседы с ним.

Увы, в этом последнем предположении О. оказался не прав. Да, советская разведка действительно практикует запись бесед на маленький магнитофон, спрятанный в кармане пиджака разведчика, но далеко не со всеми, а лишь с теми из японцев, кто уже практически готов стать агентом. О. к числу таких людей не относился, а причиной моих частых отлучек в туалет было всего лишь прекрасное японское пиво «Саппоро», которое я очень любил...

Пришел август, время отпусков в Японии, самый жаркий и душный месяц года. В эти дни большинство наших агентов-японцев и кандидатов на вербовку уезжают куда-нибудь отдыхать. Работы в резидентуре становится значительно меньше, и мы, разведчики, улетаем в Москву, чтобы отчитаться о своей шпионской работе, а потом как следует отдохнуть в одном из черноморских домов отдыха КГБ или на даче.

Как бы поздно накануне ни прибыл советский разведчик из Токио, ранним утром следующего дня он должен был явиться в Ясенево, в штаб-квартиру советской разведки.

Так что в девять часов я уже сидел в кабинете Ф. — начальника дальневосточного отдела разведки, незадолго до этого вернувшегося из Токио. Как и почти все начальники советской разведки, в той или иной степени связанные с Японией, Ф. не владел японским языком.

Кроме Японии, в его ведении находилась Бирма, сама по себе не представлявшая никакого интереса для разведки. Однако тогдашнее повышенное внимание к ней объяснялось тем, что Бирма служила плацдармом для разведывательной деятельности против Китая. Поскольку китайско-бирманская граница охраняется очень слабо, из Бирмы в Китай удобно засылать китайцев, живущих в Бирме и завербованных советской разведкой.

«Но зачем? Ради чего? Какая ценная информация для КГБ может быть в Южном Китае?» — такого вопроса в разведке никто не задавал, и причиной активизации шпионской работы КГБ против Китая было, без сомнения, идеологическое противостояние китайской и советской коммунистических партий.

Но работа с китайской агентурой очень сложна. Агенты-китайцы, в отличие от японцев, весьма ненадежны, и поэтому их нужно постоянно проверять.

Для проверки искренности одного из таких агентов и был направлен в Бирму Ф. Во время ужина с этим китайцем Ф. должен был незаметно подсыпать ему в чай порошок, изготовленный в лабораториях КГБ и именуемый там «лекарством правды». Это вредный для здоровья психотропный препарат, под воздействием которого человек теряет контроль над собой и способен выболтать самые сокровенные тайны.

Ф. успешно выполнил задание, китаец выпил «лекарство правды», много болтал за ужином, но не сказал ничего о своем сотрудничестве с китайской контрразведкой. Это означало, что он был вполне искренен с нами. Весьма довольный, Ф. вернулся в гостиницу и лег спать.

Но наутро этот китаец явился к нему прямо в номер и закричал:

— Вчера я ужинал с вами, а сегодня у меня отнимаются ноги! Как это понимать, господин Ф.?

Ф. понял, что химики КГБ перестарались и увеличили дозу препарата. А ведь Ф. приехал в Бирму с паспортом советника МИД, как и подобает начальнику отдела разведки! Назревал серьезный дипломатический скандал с примесью уголовщины. Не помня себя от страха, Ф. помчался в аэропорт и улетел первым же рейсом. К счастью, до властей Бирмы весть об этом происшествии не дошла.

Вернувшись в Москву, Ф. всячески скрывал случившееся от подчиненных, но слухи в разведке распространяются удивительно быстро, и скоро об этом случае знали все.

В целом же Ф. был хорошим человеком, какие редко встречаются среди начальников в КГБ.

— Мы довольны вашей работой! — сказал он мне. — Ваша разработка военного обозревателя К. очень интересна. Скоро мы включим его в агентурную сеть в Японии, а вы, может быть, получите орден!..

Улыбнувшись, он поднял трубку телефона и кого-то спросил:

— Разрешите зайти? Нас ждет новый заместитель начальника разведки, полковник Н., — сказал он мне. — Он хочет, чтобы вы лично рассказали ему о военном обозревателе...

Через минуту мы входили в огромный кабинет Н., за окнами которого зеленели деревья подмосковного леса. Н. был очень толстый, а глаза его были злобно прищурены. По своему опыту работы в КГБ я знал, что толстяки обычно бывают добродушны, но если кто-то из них зол, то в этом качестве он может превзойти самого худого и желчного человека.

До этого Н. был заместителем резидента в Австрии, где на него жаловались подчиненные за плохое к ним отношение. Н. даже хотели объявить партийный выговор, но он каким-то образом сумел подружиться с начальником разведки Крючковым. Оказывается, Крючков часто приезжал в Австрию, либеральный контрразведывательный режим в которой позволял осуществлять самые рискованные операции советской разведки. Жена Н., хорошо разбиравшаяся в живописи, водила Крючкова по картинным галереям Вены, заодно внушая ему, как ее муж предан разведке и как над ним издеваются подчиненные.

Вернувшись в Москву, Крючков запретил объявлять Н. партийный выговор и назначил его заместителем начальника управления. Думаю, немалую роль в этом сыграло то, что ранее Н. работал в ЦК Компартии Эстонии, где познакомился со всесильным Пуго, ставшим впоследствии министром внутренних дел. Оба они, и Крючков, и Пуго, стали участниками неудавшегося государственного переворота в августе 1991 года. Сразу после него Н. был уволен на пенсию и сейчас одиноко доживает свой век в забвении и бедности.

Но тогда он был еще в силе и строго спросил меня, когда я коротко рассказал ему о К.:

— А вам известно, что мы не вербуем активистов японо-советской дружбы? Ведь вы сами писали, что К. основал отделение такого общества в своем городке...

Я чувствовал, что дело совсем не в этом... Так или иначе, ордена «Знак Почета» мне в этот раз получить не удастся!..

— А в целом мы вашей работой довольны, можете возвращаться обратно в Токио! — подвел итог разговору Н.

«И за это спасибо, а то я еще не успел купить видеомагнитофон», — подумал я.

— Ах, это я во всем виноват! — вздохнул Ф., когда мы вышли с ним в коридор. — Я не должен был говорить Н. об обществе дружбы. Действительно, существует такое правило в разведке, установленное чуть ли не во времена Сталина, что активистов дружбы с СССР вербовать нельзя. Но с разрешения высокого начальства это вполне допускается! Такие агенты у нас есть, и между прочим, их совсем не мало! Дело, разумеется, было не в этом. Просто Н. побоялся вербовать члена Социалистической партии Японии, ибо, если во время встречи вас арестует японская контрразведка, разразится грандиозный скандал. А это очень не понравится ЦК КПСС. Ведь там возлагают большие надежды на наше межпартийное сотрудничество с Социалистической партией Японии. Тем более, что Н. — сам в недавнем прошлом партийный работник. Отвечать за скандал придется ему как старшему начальнику. Это может помешать ему впоследствии вернуться в ЦК на руководящую должность в отдел административных органов!..

Но ничего! — улыбнулся Ф. — Твоя работа с К. все равно положительно оценена нами, и скоро ты получишь внеочередное звание майора. Знай, что этим ты обязан К., но отношения с ним придется прекратить. Если вы случайно где-нибудь встретитесь, сделай вид, что ты с ним не знаком...

Через месяц я возвратился в Токио и действительно вскоре получил майора, отметив это событие в одном из китайских ресторанов Синдзюку. С тех пор К. я больше не звонил. Он, наверное, и до сих пор недоумевает, почему вдруг так внезапно оборвалась наша дружба...

Глава 5

ОСОБЫЙ ОТДЕЛ

Теперь перенесемся из благоуханной Японии в дальний гарнизон, где пахнет ваксой для сапог и мочалками. КГБ ловит шпионов и здесь, прекрасно зная, что все они служат в Москве, на высоких должностях. А отчитываться-то надо! Так появляются сотни дутых шпионских дел, и сотни невиновных офицеров и даже солдат попадают в лагеря за измену Родине. И это происходило не в 1937 году, но вплоть до 1991-го. Продолжается и сейчас. Ведь липовые обвинения против экологов Александра Никитина и Владимира Пасько сфабриковала именно военная контрразведка. Пользуясь правовой беззащитностью воинского контингента, она, как и в 1937 году, активно использует фальсификацию и ложь. Не сохраняют ли ее особые отделы специально на этот случай?

I

— Представьте, товарищи, что вы — руководители иностранных разведок! — интригующим тоном провозгласил дородный мужчина в синем военно-морском мундире, стоявший за кафедрой. Затем, сделав многозначительную паузу, обвел присутствующих взглядом.

Скамьи в зале поднимались амфитеатром к самому потолку и были заполнены молодыми людьми в армейской форме с двумя маленькими звездочками на погонах.

Было раннее утро, и сизый зимний сумрак не проникал в помещение сквозь плотные гардины на окнах. Многие слушатели дремали, а некоторые даже похрапывали.

Однако последние слова лектора внезапно всех пробудили от сна или дремы, заставив оживиться в предвкушении какой-нибудь очередной истории из обыденной практики КГБ — диверсий и шпионажа, предательства и доносов. Здесь, в минской школе контрразведки, преподаватели поведали нам немало интересного и полезного, основываясь на собственной практике.

— Да-да, представьте, что вы — начальники ЦРУ, или Интеллидженс сервис, или, на худой конец, израильского Моссад! — продолжал лектор, довольный тем, что ему удалось завладеть вниманием зала, тем более что при упоминании о Моссад слушатели явно оживились. — Сидите, значит, закинув ногу на ногу, и думаете: где же в СССР целесообразнее всего мне внедрить свою агентуру?.. Ответ простой: конечно в армии, потому что туда стекаются все секреты!..

Понимающе улыбаясь и даже кивая, мы записали его слова, хотя отлично знали, что все самые большие секреты в нашей стране стекаются вовсе не в армию, а в ЦК КПСС, и если завербовать кого-нибудь из тамошних крупных сановников или даже его секретаршу, можно и впрямь узнать все государственные тайны. Даже наше ведомство, КГБ, тоже посылает в ЦК подробнейшие отчеты о каждом предпринимаемом им шаге. Если копия такого документа попадет в ЦРУ, вся работа пойдет насмарку.

Однако сама мысль о том, что в ЦК могут проникнуть шпионы, решительно отметалась. Более того, она считалась крамольной.

— Поэтому, товарищи, борьба со шпионажем в армии, а также с антисоветскими проявлениями является очень важной для нас, чекистов. Ее ведет Третье управление КГБ, особые отделы которого имеются в каждой части, — сообщил лектор.

Все мы, и слушатели, и преподаватели контрразведывательной школы, должны были ходить в форме. Но не в чекистской, с темно-синим околышем, ранее принадлежавшим кавалерии и с ее ликвидацией переданным нам, в КГБ, взамен скомпрометировавших себя в 1937 году малиновых фуражек. Мы носили форму Министерства обороны, почему-то с эмблемами связистов, но эти мундиры были всего лишь маскировкой. Впрочем, среди преподавателей можно было встретить офицеров, щеголявших формой самых разных родов войск, но и они были всего лишь комуфляжем. Моряк с золотыми шевронами на рукавах никогда в жизни не стоял на капитанском мостике, летчик в голубой фуражке ни разу не сидел за штурвалом, а ракетчик с петлицами из черного бархата не запустил в воздух ни одной ракеты. Все они когда-то надели эти мундиры для того, чтобы незаметно вписаться в ряды настоящих моряков, летчиков, ракетчиков и следить за ними. Но, прослужив в тамошних гарнизонах по многу лет, привыкли к такой форме, стали считать ее своей и даже гордиться ею.

— Военные нас не любят и презрительно именуют «особистами», — продолжал лектор, тоже презрительно кривя рот, — но мы не обижаемся, хотя наша работа гораздо тяжелей, чем у коллег на гражданке. У тех и явочные квартиры имеются для встречи с агентурой, и в экстренных случаях можно даже позвонить агенту домой и вызвать его «на уголок», как говорят у нас в КГБ. А попробуйте-ка вести агентурную работу на подводной лодке? Никаких «уголков» там нет, и вообще уединиться с кем-нибудь невозможно. Если верить нашей прессе, то на подводных лодках есть оранжереи, где даже птички летают. Ничего этого в действительности, конечно, нет. Условия, прямо скажу, кошмарные, особенно остро чувствуется дефицит пресной воды. А ведь среди офицеров и матросов есть наши агенты, осведомители! Как прикажете с ними встречаться?..

Он опять сделал многозначительную паузу, а мы все недоуменно пожали плечами.

— Приходится в течение дня обойти всех членов экипажа, от адмирала до повара! Чтобы никто не мог догадаться, кто же из них агент. У одного матросика участливо спросишь, все ли в порядке дома, а другому под шум мотора дашь агентурное задание — выяснить, кто там анекдоты про Брежнева рассказывает. Самая обыденная вещь превращается там в проблему, например выдача зарплаты. Вы думаете, на военном корабле больше всех получает командир? Нет, наш брат, особист, потому что у нас оклады гораздо выше, чем в армии. Но экипаж-то об этом не должен знать! Вот и приходится предупреждать кассира: никому, мол, не говори, сколько я получаю! Так кассир становится нашим агентом!..

И лжеморяк победно рассмеялся, широко раскинув руки.

— Но конечно, за всем на корабле уследить невозможно, — напустив на себя серьезный вид, продолжал он. — Ведь многие матросы — еще совсем дети! Взбрести им в голову может все, что угодно. А корабль уходит в плавание надолго!.. Развлечений мало, и вот однажды на Черноморском флоте двое матросов заключили между собой такое пари: если один снарядом из своей пушки попадет в отверстие дула пушки другого, то целый год будет выпивать за обедом его компот. Сказано — сделано. Короче говоря, разворотили всю палубу. Помню, подлетаем мы на вертолете — видим руки, ноги, головы... Ужас! Но тем не менее я вам всем рекомендую пойти служить в Третье управление. До полковников вы дослужитесь очень быстро, потому что в армии благодатный человеческий материал!..

И, загадочно сверкнув глазами, лектор сошел с кафедры. Раздался звонок.

Его намека на благодатный человеческий материал никто не понял, зато многие, пробираясь между стульев к выходу, ворчали:

— Не пойдем мы в твой особый отдел, кому охота второй раз в армии служить! Мы уж лучше будем в гражданском костюмчике ходить на работу в КГБ в родном городе, с девяти до шести, как штатские, и получать при этом высокую зарплату военных. А уж если повезет в разведку устроиться, тогда вообще сказочная жизнь за границей! Такое и в самом сладком сне не привидится!..

Мы же, трое приятелей, побежали к себе в комнату, чтобы хоть несколько минут полежать, вытянувшись на кроватях.

Однако, распахнув дверь, все мы замерли на пороге: за столом, покрытым, как обычно, белой скатертью, сидел незнакомый подполковник средних лет и о чем-то доверительно беседовал с четвертым обитателем нашей комнаты родом из Латвии.

Так вот почему его не было на лекции!

Беседа немедленно прекратилась, и подполковник окинул нас типично чекистским, пронзительным и недоброжелательным взглядом, уже так хорошо нам знакомым. Однако вся его тучная фигура в потрепанном, мятом кителе и заляпанных грязью брюках источала запах казармы. Несомненно, это был один из тех самых особистов, о которых нам только что говорил лектор.

Мы оторопели от неожиданности, не зная, то ли приветствовать по-военному «Здравия желаем, товарищ подполковник», то ли интеллигентно, по-граждански, как принято у нас в КГБ. Дело в том, что в глубине души чекисты не считают себя военными, хотя и скрывают это от войсковых офицеров. Мы сразу поняли это, поступив в школу контрразведки, где ощущалось какое-то нарочитое нежелание казаться военными, несмотря на военную форму. Преподаватели демонстративно отвешивали друг другу штатские поклоны, обращались к нам не по званию, а по именам, и никогда не отдавали друг другу честь. Если бы об этом узнали генералы из расположенного в двух шагах штаба Белорусского военного округа, они бы возмутились грубым нарушением воинских уставов.

Лишь выходя на улицу, мы старались казаться военными, да и то весьма неумело. Встречавшиеся на минских площадях офицеры салютовали со снисходительной усмешкой, принимая нас за двухгодичников — штатских интеллигентов, призванных после окончания института в армию на два года. Щегольская военная форма поначалу смущала нас обилием на ней блестящих деталей, но потом понравилась, пока не надоела: после окончания десятимесячной учебы мы больше никогда не надевали ее, так идущую всем мужчинам, особен-

189

но молодым, и даже старикам-генералам придающую бодрый вид.

В КГБ армию воспринимают отстраненно. Например, о ней говорят так:

— Ну вот, военным подняли оклады, значит, и нам скоро поднимут, — хотя рассуждавшие так и сами были офицеры.

А может быть, столь косой взгляд на армию не случаен, как и то, что наши оклады раза в полтора выше и, например, подполковник КГБ получает столько же, сколько армейский генерал? Не объясняется ли это тем, что мы выполняем задачи разного уровня: армия защищает всю страну, а мы — только правящую элиту, номенклатуру КПСС, что превращает нас самих в некую привилегированную гвардию. Впрочем, это обстоятельство и не скрывается: лозунг «КГБ — это вооруженный отряд партии» у всех на устах, просто к нему уже все привыкли и никто не вникает в его смысл.

Особенно четко это различие проявляется за рубежом, в деятельности разведок. Наше первенство тут ощущается во всем: если резидентура КГБ, как правило, размещается на верхнем этаже посольства, то резидентура ГРУ, военной разведки, — этажом ниже. Наши разведчики чуть лучше материально обеспечены: ведомство оплачивает счета за парковку автомобилей, некоторые другие мелкие расходы, в то время как ГРУ относится к своим сотрудникам более сурово. Иностранцам порой бывает трудно понять, почему одни советские дипломаты, журналисты, торговые работники, приехав в магазин, оставляют свой автомобиль на платной стоянке и не торопясь бродят по этажам, в то время как другие бросают их на улице прямо у входа и каждые десять минут выбегают посмотреть, не увезла ли машину полиция — в этом случае, чтобы получить ее обратно, надо будет уплатить солидный штраф. Эти бедолаги — разведчики ГРУ, и местная контрразведка легко вычисляет их по такому признаку.

Но главное отличие состоит все же не в этом. Разведчики КГБ имеют право вербовать своих коллег из ГРУ, а обратной силы это правило не имеет. Об этом никто в мире не знает. Все военные разведчики оформляются для работы за границей не без участия Третьего управления КГБ да и не могут быть направлены в разведывательную школу без того, чтобы особый отдел КГБ по прежнему месту службы не подтвердил их благонадежность. Там, при отборе войсковых офицеров в ГРУ, и оформляется их вербовка. В советские посольства и консульства они направляются уже готовыми агентами КГБ. Если армия поддерживает безопасность страны, то уж ее собственную безопасность обеспечивает КГБ, он следит за ее политической лояльностью...

Поэтому мы трое, стоя в дверях и не сговариваясь, поздоровались с войсковым гостем все-таки по-граждански:

— Добрый день.

— Здравствуйте, ребята! — в тон ответил он с некоторым усилием и вновь повернулся к нашему приятелю-латышу, намереваясь продолжить с ним беседу.

Разумеется, в комнату мы заходить не стали, а пошли слоняться по коридору, ибо уже были осведомлены о главном правиле КГБ — конспирации. Это означало, что никто не должен знать больше того, что ему положено, и особенно то, чем именно занимается в данный момент его товарищ. Если надо будет, начальство само проинформирует тебя...

На следующей лекции латыш появился вновь и молча сел рядом с нами. Конечно, мы его ни о чем не спрашивали, хотя и на его лице появилась печать некой таинственности...

После обеда наш латыш переоделся в гражданский костюм, тщательно повязал перед зеркалом галстук и ушел, пряча смущенную улыбку. Мы, развалясь на кроватях, проводили его деланно равнодушными взглядами, словно бы не происходило ничего необычного, хотя на улицу нас выпускали только в военной форме, чтобы держать в поле зрения патрулей, днем и ночью рыскающих по улицам перенасыщенного войсками Минска.

Латыша звали Антон. Это был общительный, веселый малый и даже привез сюда, в школу контрразведки, гитару, на которой умел лишь взять несколько аккордов. Монотонно ударяя по струнам, он часто исполнял нам по вечерам шуточные латышские песни. Мелодия их казалась механически-бодрой и скучноватой, сродни немецкой, в тексте же вообще не было понятно ни одного слова, но певец так заразительно смеялся, очевидно живо представляя себе то, о чем говорилось в песне, что и мы невольно начинали хохотать. Всего несколько месяцев назад он, молодой инженер, работал на рижском радиозаводе ВЭФ, и та преувеличенная таинственность, с которой он встретился в КГБ, несомненно, казалась ему смешной.

Вечером он вернулся погрустневший, усталый и сразу лег спать. Потом он вот так же исчезал еще пару раз, и мы так же ни о чем его не спрашивали, однако вскоре он сам нам все рассказал, когда, с опаской поглядывая на плотно закрытую дверь, мы откупоривали завернутую в газету бутылку коньяку...

Сконфуженно скосив глаза на рюмку, Антон сообщил нам, что все эти дни занимался таким архиважным для контрразведки делом, как прослушиванием разговоров солдат-латышей, которые они, громко харкая, вели в казарменной курилке. Их беседа была каким-то образом записана на магнитофон и передана в особый отдел.

Беседа оказалась весьма безобидной. Ничего заслуживающего внимания органов КГБ, кроме легкого налета национализма и заявлений о том, что им надоело подчиняться разным там белорусским и русским свиньям, в ней не содержалось. Но что может быть унизительней для офицера, чем, с умным видом надев наушники, вслушиваться в вялую солдатскую болтовню, то и дело перемежаемую матерщиной, плевками и другими не очень приятными звуками? Нет, если бы речь шла об американских шпионах или крупных националистах-антисоветчиках, тогда Антон с благоговением выслушал бы все, понимая, сколь это важно для Родины. А здесь? Всего лишь бездумные высказывания простых деревенских парней и какая-то хитрая игра, затеваемая вокруг них, в которую он оказался невольно втянут!..

Наш приятель подавленно замолчал, втянув голову в плечи...

— Да как же им удалось установить технику в солдатском сортире?! — воскликнул кто-то, и все мы захохотали, представив, как бригада специалистов по монтированию потайных микрофонов, крадучись, входит в это большое и неуютное помещение, по стенам которого тянутся кабинки с низкими стенками и без дверей, в каждой из которой вырезано в полу отверстие, которое в армии называют «очком». Ведь для этого необходимо, чтобы ни здесь, ни где-либо поблизости не оказалось ни одного случайного человека! Как же удалось обеспечить это?.. Скорее всего, туалет закрыли на несколько дней под предлогом какой-нибудь дезинфекции.

— Даю голову на отсечение: всем солдатам объявили, что каждый, кто во время «дезинфекции» подойдет к сортиру ближе, чем на сто шагов, получит наряд вне очереди! — усмехнулся самый старший из нас, сибиряк, прослуживший офицером два года в войсках Сибирского военного округа и получивший там звание старшего лейтенанта.

— Но это еще не все! — сокрушенно вздохнул Антон. — Я также должен был просмотреть дневник, который вел один из латышей...

Каждый вечер этот солдат вносил в него какие-то записи, а потом, по солдатскому обычаю, запихивал под матрас. Но для того, чтобы легендированно вынуть его оттуда, пришлось ночью поднимать весь полк по тревоге и увозить на учения!..

Представив, с каким серьезным видом особист объяснял командиру полка необходимость таких учений, мы снова прыснули. Наверняка он изобразил дело так, что в одной из казарм действует шпионская группа. Мы были еще неопытными чекистами и не догадывались о том, что этими учениями особист намертво привязал командира полка к делу о латышском дневнике и мог при необходимости перевалить на него часть вины в случае провала. Но, скорее всего, этим приемом он старался продемонстрировать собственному, особистскому, руководству масштабность своей работы.

Если бы солдат-латыш узнал, что из-за его скромной персоны в полку начались учения, он бы не поверил, однако товарищи по казарме в отместку за дополнительные тяготы походной жизни вполне могли бы избить его до полусмерти.

Антон рассказал, что особист принес этот дневник в здание Белорусского КГБ, в комнату, где тот ждал, и брякнул на стол с таким видом, словно это был секретный план ЦРУ или заговор всех мировых буржуев против советской Родины.

Пока наш приятель читал дневник, особист внимательно наблюдал за выражением его лица, а потом, видимо удовлетворившись, нетерпеливо спросил:

— Ну что там: АС или ШП?..

Этими условными сокращениями в документах КГБ обозначают антисоветскую агитацию и шпионаж. Очевидно, никаких иных целей для ведения дневников этот особист не предполагал.

Увы, ни того ни другого в тетрадке также не оказалось. Там были лишь откровения о том, как скучно служить в армии, да черновики писем любимой девушке... Словом, на этот раз особисту не удалось порадовать свое руководство раскрытием шпионской сети...

Ну а если бы удалось?.. Если бы в своем дневнике латыш написал что-нибудь вроде: «В нашем полку двести танков. Интересно, американские танки лучше?» А если бы его земляки в сортирной болтовне обронили в сердцах, скажем, такую фразу, зафиксированную потом магнитофоном: «Эх, взорвать бы этот полк к чертовой матери!..»

Очень скоро множество взрослых людей в недоступных для посторонних лиц кабинетах озабоченно покачали бы головой. В глубине души все они понимали бы, что здесь даже нет и намека на шпионаж, и тем более на терроризм, а есть лишь случайно сорвавшиеся с языка фразы. Но такой вариант развития событий был бы для них более привлекателен: неприятности не грозят, ибо нет для того никаких оснований. А работа бы закипела!

В полк одна за другой приезжали бы секретные комиссии, именовавшиеся то штабной, то тыловой, то танковой, то, может быть, медицинской. Организовывались бы все новые подслушивания разговоров, завербован был бы каждый второй солдат в казарме, а автору дневника подсунули бы невзначай техническое описание новых танков, чтобы документально подтвердить его интерес к ним, а там, глядишь, знакомый нам подполковник-особист получил бы новый чин!..

Но главным результатом этой хитроумной операции была бы основательно подмоченная репутация злополучных латышей. Особый отдел разослал бы в отделы КГБ по месту их жительства письма о том, что в период службы в армии они разрабатывались КГБ по подозрению в шпионаже или терроризме.

Перспективы этих ребят тотчас бы резко сузились, и они лишь недоумевали бы по поводу того, что им никак не удается устроиться на престижную государственную службу, выехать за границу или каким-нибудь другим путем выбиться в люди. Каждый раз перед ними возникала бы невидимая, как бы несуществующая, но тем не менее непреодолимая преграда...

Мало кто знает, что о каждом демобилизованном солдате, вознамерившемся устроиться на оборонный завод хотя бы простым рабочим или в солидное государственное учреждение, вроде милиции, бдительный отдел кадров моментально посылает секретный запрос в особый отдел по месту военной службы.

Запрос представляет собой стандартный бланк размером в половину тетрадного листа. Вопрос сформулирован цинично и предельно лаконично, всего в трех словах: «Наличие компрометирующих материалов». Поступающий ответ также обычно бывает по-военному кратким, стандартным и в то же время по-чекистски аморфным, оставляющим путь к отступлению: «Компроматериалов не обнаружено», то есть того, чтобы их совсем не было, утверждать нельзя...

Но бывает, особист отвечает так:

«Во враждебных высказываниях замечен не был, но на политзанятиях двусмысленно улыбался». Да еще и подпишется внизу: «Гвардии майор такой-то», хотя никакой гвардии в КГБ нет, а гвардейским является полк, мораль которого этому майору поручено блюсти. Такая бумажка вызывает язвительный смех получивших ее сотрудников городского отдела КГБ, но они все равно дают ей ход, пересылая затем в отдел кадров...

Большинству особистов вообще чуждо чувство юмора, поскольку общеобразовательный уровень их невысок — всего лишь военное училище, да и то не всегда высшее, а зачастую лишь среднее, приравниваемое по статусу к техникуму или даже вообще к средней школе.

Набирают же особистов чаще всего из агентурной среды, офицерской или курсантской, и посылают учиться на год в новосибирскую школу особых отделов, где они постигают профессиональные навыки оперативной работы КГБ в армейских условиях. Высшего образования эта школа, разумеется, не дает. Только потом, чтобы продвинуться по службе, некоторые из особистов получают его наконец в Москве, в Высшей школе КГБ, — узкопрофессиональное, куцее.

Так уж повелось, что остальные чекисты считают особистов чрезмерно прямолинейными, недостаточно отесанными приверженцами казарм духа. Армейские же офицеры, наоборот, считают особистов на редкость хитроумными и опасными, внутренними шпионами. И оттого их сторонятся коллеги в обеих средах. Это неизбежно накладывает на особистскую психику некий отпечаток ущербности...

II

Коньяк был выпит, а пустую бутылку мы завернули в газету, чтобы потом тайком выбросить в урну. Мы сидели за столом молча, задумавшись, и в тишине лишь попискивал закипавший электрический чайник...

В глубине души мы не ощущали тревоги. Разве что самую малость, на донышке, ибо чувство тревоги никогда не покидает полностью сотрудника КГБ. Знали ли мы, что в такой вот совершенно случайной, двусмысленной и весьма опасной ситуации мог оказаться не только любой другой гражданин несокрушимой Страны Советов, но даже и мы сами? Знали, конечно, потому и были так обреченно-спокойны. Только этим и отличались мы от большинства советских людей, которые не знали этого или, может быть, не хотели знать...

Ведь Комитету государственной безопасности, как и любому другому советскому учреждению, постоянно требуются какие-нибудь яркие примеры их успешной деятельности для отчета перед вышестоящим начальством, и, добывая их, КГБ не всегда действует честно. Но может, у нас все-таки есть честные учреждения? Может быть, это ЦК, одно постановление которого противоречит другому? Или украшенные знаменами заводы, выпускающие сплошной брак, да так, что все рабочие отлично знают об этом?.. Единственным, что неприятно резануло нас в рассказе Антона, была какая-то чрезмерная, слишком уж безжалостная активность особых отделов, напоминающая о 1937 годе.

«Не дай Бог оказаться в их лапах!» — вздыхали мы, передавая друг другу стаканы с чаем...

Отсутствие реальных поводов для громких шпионских разоблачений — самая большая трудность для особых отделов, настоящий их бич. Поэтому им приходится высасывать их из пальца.

Летом 1988 года начальник инспекторского управления КГБ Толкунов, отдыхая на Кавказе, затребовал себе уголовное дело одного молодого офицера, осужденного за шпионаж. Оно считалось большой удачей особистов Закавказского военного округа, и многие получили за него ордена. Вот и Толкунов собирался использовать материалы дела в качестве положительного примера в одном из своих докладов руководству КГБ. Но, лишь бегло перелистав его, опытный контрразведчик понял, что обвинение является профанацией от начала и до конца. Агент особого отдела, старший офицер, бесстыдно провоцировал своего неопытного младшего коллегу на неосторожные разговоры. Более того, когда его изобретательности оказывалось мало, особисты, словно актеры, сами имитировали беседы молодого офицера с агентом, подражая их голосам и записывая на пленку. Потом ее приобщали к уголовному делу.

— Я ненавижу Советскую власть! Я, пожалуй, соберу секретные материалы в нашем полку и передам их за вознаграждение в посольство одной западной державы! — читал по бумажке особист за лейтенанта, тщательно соблюдая оперативную терминологию, чтобы следователю потом было легче расшифровывать запись. Разумеется, ничего не подозревавшего лейтенанта с помпой осудили за шпионаж и отправили в лагеря.

— И это — образцово-показательное дело! — ужаснулся начальник инспекторского управления. — Что же тогда говорить о других, обычных!..

И распорядился провести массированную проверку особых отделов по всей стране.

Правда оказалась хуже самых неблагоприятных прогнозов. Не только сотни офицеров были необоснованно осуждены за шпионаж, но также простые солдаты, деревенские парни, вряд ли до конца понимавшие, за что их арестовали. К сожалению, фальсификация шпионажа, присущая особым отделам при советской власти, сохранилась и по сей день. Именно особисты сфабриковали обвинения в шпионаже против борца за чистоту окружающей среды капитана первого ранга Никитина в Петербурге и его единомышленника, военного журналиста Пасько во Владивостоке.

Тогда, в 1988 году, благодаря заступничеству Толкунова, некоторых из несчастных лжешпионов удалось досрочно освободить. Вскоре вынужден был оставить пост начальника Третьего управления КГБ генерал Душин, возглавлявший военную контрразведку, с высокомерной важностью, бывало, расхаживавший по двору Лубянки. Вслед за ним пришлось уйти на пенсию и курировавшему военную контрразведку генералу армии Цинёву, заместителю Председателя КГБ. Злобный напыщенный карлик, в отличие от своих коллег, постоянно носил раззолоченный генеральский мундир, видимо, таким образом, желая преодолеть комплекс неполноценности.

Однако перед особистами в то время стояла борьба не только со шпионажем, но и с антисоветскими проявлениями в армии. А их, в общем, не было: в армию шли служить люди из простых семей, преданные власти за то, что она позволила им избавиться от тяжелого крестьянского труда. А разоблачать их все равно было надо! Поэтому жертвами особистов нередко становились самые благонамеренные лица — политработники. Ведь пропаганда преданности была их работой!

Уж не знаю, какими соображениями руководствовался молодой слушатель Военно-политической академии, когда подал начальству рапорт о чрезмерной прямолинейности партийной пропаганды в армии. Возможно, он просто хотел показаться большим коммунистом, чем его товарищи. Особенно не нравился ему ленинский лозунг «Правильной дорогой идете, товарищи!». Он предлагал придумать взамен что-нибудь позаковыристее. Но политотдел академии обвинил его в очернительстве партийной пропаганды и передал рапорт в особый отдел. А уж особисты не заставили себя долго ждать — они вызвали слушателя в свой тайный кабинет и профилактировали как врага. Так поступал КГБ по отношению к диссидентам вроде Сахарова и Солженицына, которых наш молодой политрук также ненавидел всеми фибрами души. Но сейчас, испытав их судьбу, он обиделся и стал по-настоящему критиковать советские порядки. Тогда его снова вызвали в КГБ и сделали ему официальное предупреждение, выдав соответствующую бумажку.

Перед ним закрылись все жизненные пути, государство в лице Верховного Совета отреклось от него. Разумеется, офицера уволили из армии с позорным клеймом антисоветчика. До конца дней он был обречен находиться под надзором КГБ. Поняв это, он влился в ряды правозащитного движения, стал диссидентом. А может быть, это Господь так наставил его на истинный путь?

Нет, всяких болезненных проблем, серьезно угрожающих боеготовности армии, в ней несть числа, взять хотя бы крупные финансовые злоупотребления генералов или ставшую теперь широко известной дедовщину. Но с ними-то как раз КГБ не борется, потому что они не посягают на руководящую роль коммунистической партии.

Генералы-хапуги все до одного коммунисты, да еще какие! Некоторые назначены на должность решением самого Политбюро! А хотя армия и КГБ принадлежат к разным министерствам, партийное руководство у них единое: отдел административных органов ЦК КПСС. Если обиженные генералы пожалуются в ЦК, особистам несдобровать...

Что же касается дедовщины, то определенный пропагандистский ущерб она все же наносит, вызывая мысль о том, что КПСС руководит своей армией все же не очень искусно. Поэтому задачи особистов применительно к дедовщине состоят только в одном: приглушить всякие разговоры о ней в армии и народе. Агенты-солдаты, возвращаясь домой, уверяли односельчан, что никакой дедовщины нет и в помине. Агенты-военврачи объясняли каждый случай солдатского самоубийства внезапным помешательством или, на худой конец, какой-нибудь посторонней, не имеющей отношения к армии причиной, чаще всего разрывом с любимой девушкой.

И нельзя сказать, чтобы работа по сокрытию дедовщины не достигала цели. Наоборот, она была весьма успешной, поскольку соответствовала умонастроениям народа, проникнутым верой в безграничную справедливость верховной власти и оплот всей страны, армию...

В армии выросло несколько поколений, с младых ногтей впитавших в себя пропагандистский образ армии, внушенный политруками. События и факты реальной жизни, разрушающие этот образ, воспринимались офицерами болезненно.

— А есть ли у нас вообще Советская власть?! Как получилось, что пьяница и дебошир стал генералом? — запальчиво спрашивали пожилые полковники у моего отца-генерала, заместителя начальника пограничных войск, повергая его этим вопросом в ужас и заставляя тотчас, словно бы что-то вспомнив, переводить разговор на другую тему.

Приходя домой, он возмущался политической наивностью седовласых младенцев, проживших, как было принято говорить в СССР, большую жизнь.

В этой жизни они по многу раз сталкивались с несправедливостью, всякий раз объясняя ее нерадивостью тех или иных гражданских чинов, но, разумеется, не всего общества. А тут явное злоупотребление шло из ЦК КПСС, лично от Брежнева, и что самое невероятное — от обожаемого ими Андропова, этого образца кристальной честности и строжайшей партийной дисциплины. Все это не могло уместиться в головах ветеранов-пограничников... Что же так поразило их?..

У Леонида Ильича Брежнева была любимая медсестра Н., а у нее — муж, офицер-пограничник, злостный нарушитель воинской дисциплины. Однажды он, будучи пьяным, потерял в метро пистолет, потом умудрился попасть на городскую гауптвахту для офицеров. Окажись на его месте кто-то другой, его давно бы уволили, но ему все сходило с рук благодаря высоким связям его жены.

Однако самому Брежневу он понравился, когда Н. как-то умудрилась их познакомить. Добродушному генсеку понравилось выпивать с ним на пару, он дружески называл его Серегой.

Опрокинув несколько рюмок, они, подперев головы руками, задумчиво пели любимую песню Леонида Ильича «По нехоженым тропам протопали лошади». К тому времени престарелый вождь подустал от дел, ему приелось привычное окружение.

— Как же вы мне надоели! — в сердцах говорил он своим помощникам Александрову и Цуканову. Серега же был для него свежим человеком, никак не связанным с ним каждодневной общей работой.

В быту Брежнев был весьма добр и любил делать своим приближенным подарки. Однажды, войдя в самолет и увидев сидящую у окошка незнакомую женщину средних лет, он спросил у начальника охраны:

— Кто такая?..

— А это ваша телефонистка, она оперативно соединяет вас с главами иностранных государств! — угодливо объяснил тот.

— Дать орден Ленина! — бросил Брежнев, направляясь в свой роскошный салон...

Он по-отечески относился к своей охране, многих помнил по именам, а одному из своих шоферов, подполковнику КГБ, жившему с нами в одном подъезде, даже подарил свой фотопортрет с надписью: «Спасибо тебе, Саша, за хорошие руки».

Каждое утро, направляясь к машине, он не только здоровался с охранниками, но некоторым, кого знал давно, адресовал дружеские фразы. Казенные и ничего не значащие, в устах столь важного человека они приобретали порой первоначальный смысл.

— Мы с тобой еще поработаем! — как-то бросил он немолодому охраннику, открывшему ему дверцу автомобиля.

Услыхав это, руководители Девятого управления КГБ схватились за голову: ведь этого старика собирались вот-вот увольнять, и на него уже было заведено пенсионное дело!.. Дело тотчас сожгли, и ветеран кремлевских покоев продолжал работать, получая неплохую зарплату, наращивая размер будущей пенсии, поскольку выслуга лет в охране членов Политбюро исчисляется из расчета год за полтора. Кроме того, в условиях все более острой нехватки продовольствия в стране, официально именуемой Продовольственной программой, он продолжал приносить домой банки с икрой, куски туш убитых Брежневым кабанов, пользоваться путевками в дома отдыха, улучшать жилищные условия и успешно преодолевать прочие бытовые трудности, которые для простого советского человека превращались порой в неразрешимую проблему.

Именно поэтому наши военные, особенно генералы, так не любят уходить на пенсию и оттягивают этот срок сколько могут.

Пенсионный шок выдерживают не все. Еще вчера днем или вечером неожиданно раздавался дверной звонок, и безмолвные солдатики вносили ящики с дынями из Туркестанского военного округа, с копчеными угрями из Прибалтийского, с бутылками перцовой горилки из Киевского. А сегодня приходится самому тащиться в продовольственный магазин, и только для того, чтобы увидеть лишь пустые полки.

В пенсионном отделе Министерства обороны или КГБ отставнику генералу могут дать путевочку в санаторий, но обязательно в межсезонье, да и номер окажется уже не тот. То ли дело совсем недавно, когда перед твоим приездом толпы солдат и уборщиц тщательно мыли пол, а запыхавшийся главный врач выбегал к твоему лимузину и отдавал рапорт. А теперь сам вынужден тащить чемодан вверх по лестнице...

Многие генералы просто не выдерживают таких перемен. Именно поэтому обладатели двух самых высоких чинов, маршалы и генералы армии, получили в нашей стране привилегию, не виданную больше нигде в мире — право вообще не уходить на пенсию до последнего дня жизни.

Разумеется, состарившись, они не работают и сидят по домам, но числятся на службе и потому пользуются соответствующими их чину привилегиями: могут в любую секунду вызвать автомобиль, дать любое поручение адъютанту, заказать пятикомнатный номер люкс в любом санатории. Живут они зимой и летом на государственной даче, а огромной зарплаты и кремлевского пайка хватает на всю многочисленную родню...

Пограничника же Серегу его царственный друг решил вознаградить так, как и подобает властителю — вознести его до должности заместителя командующего всех пограничных войск КГБ. Впрочем, этому, кажется, предшествовал разговор Н. с женой Брежнева, Викторией Петровной. Приближенная медсестра пожаловалась, что ее мужа несправедливо затирают в погранвойсках, не дают ему служебного роста.

Та немедленно позвонила Андропову и приказала помочь обиженному Сереге. И тот, вместо того чтобы грозно произнести в ответ:

— Какое вы имеете право, Виктория Петровна, вмешиваться в секретные дела КГБ?! Я буду жаловаться Леониду Ильичу!.. — быстренько подготовил указ о присвоении Сереге генеральского звания...

По существовавшим в СССР правилам Серега, прежде чем получить столь высокий чин, должен был несколько раз сходить в ЦК, получить там руководящие указания и рекомендации и пообещать на новом посту действовать как подобает коммунисту. Вся эта процедура не была предусмотрена официально и потому держалась в секрете.

Каждый советский начальник с замиранием сердца переступал порог здания на Старой площади, не зная, что там его ждет. Расстрелять, правда, уже не могут, но не так уж давно, при Сталине, это происходило довольно часто.

Однако беседы, которые в Центральном Комитете вели с Серегой, были совсем не грозными и даже не строгими, они носили какой-то увещевательный характер.

— Вам надо бросить пить! Вы же понимаете, *КОГО* вы подведете! — сурово произнес, подписывая Серегино назначение, тщедушный старик Савинкин, гроза всех советских маршалов и генералов, заведующий отделом административных органов ЦК КПСС.

Серега с достоинством кивнул, но уже через несколько дней вдребезги пьяный расхаживал по коридорам Лубянки в расстегнутом, сверкающем золотым шитьем генеральском мундире, устраивал скандалы, грубил чуть ли не самому Андропову, но Брежнева он этим, конечно, нисколечко не подвел, ибо слишком разными были их весовые категории.

Зато брожение в умах старых пограничников он все-таки вызвал.

— Неужели такое возможно в нашей Советской стране? — возмущенно вопрошали они друг друга. Впервые усомнившиеся в вере, они взывали о возврате душевного спокойствия встревоженным громким голосом. Но если бы его услыхал особый отдел, с ветеранами расправились бы в один день:

ведь офицер, допускающий идеологические колебания, не может занимать руководящую должность и подлежит немедленному увольнению, да к тому же с партийным выговором. Случилось ли это, в конце концов, я не знаю, а вот о другом, донельзя похожем событии, осведомлен точно.

Оно произошло с полковником З., одним из руководителей пограничной авиации, вскоре после ввода наших войск в Афганистан.

Он возвращался домой в Москву из Кабула на самолете вместе с двумя особистами. Все были одеты в пограничную форму с ярко-зеленым околышем, которую так уважают в народе. Поэтому они и сели вместе, заняв общий ряд самолетных кресел и отъединившись таким образом от остальных пассажиров, которые все были штатскими, по крайней мере если судить по одежде. З. знал, что большинство из них — переодетые сотрудники КГБ или просто военные из Министерства обороны, но все равно относился к ним с некоторой настороженностью. Рядом же сидели свои ребята, пограничники. И хотя особисты на самом деле не были пограничниками и носили яркую форму исключительно для маскировки, на З. она действовала успокаивающе, как и на всякого профессионального военного.

Поэтому, как только самолет взлетел и приятели, стараясь не расплескать, разлили по походным пластмассовым стаканчикам первую бутылку водки, З., пугливо оглядываясь по сторонам и заговорщически понизив голос, доверительно сообщил им:

— Не понимаю, для чего мы влезли в этот Афганистан? Что мы там позабыли? Зачем тратить такие большие государственные средства?

Ответа он, правда, не получил, зато из первого же аэропорта, из комнатки КГБ, которая имеется в каждом из них, в Москву была послана телеграмма. И когда З. прибыл туда, ему объявили приказ об увольнении за длинный язык.

— Так это же недоразумение! — возмутился З. — Я исходил исключительно из патриотических позиций, как коммунист, зачем, мол, нашей стране расходовать такие большие средства?..

С досадой хлопнув себя ладонью по лбу, З. побежал объясняться к своему старому знакомцу, начальнику пограничных войск генералу армии Матросову, и был несказанно удивлен, когда тот отказался его принять...

Так З. и сгинул в безвестности, говорят, даже спился. Мало кто из бывших товарищей отваживался теперь с ним общаться...

Зато сами особисты в Афганистане в полной мере насладились суровой боевой обстановкой, неустойчивой и романтичной, овеянной суровой мужской дружбой и грубоватой свободой, в которую они, впрочем, вносили элемент предательства и подвоха. В горячке боя они чувствовали себя как рыба в воде, не отличаясь этим от всех остальных военных. Искать тайных врагов там, где все остальные сражаются с ними явно, — согласитесь, это дает какое-то особое ощущение избранности...

Один мой приятель, офицер разведки, тоже побывал там в командировке, но, разумеется, личного участия в боях не принимал. Он выполнял там редакторские функции — правил в спешке написанные и порой совершенно безграмотные сообщения различных служб КГБ, предназначенные для отправки в Москву, Председателю КГБ Крючкову. Иногда Крючков наведывался в Афганистан и знакомился с этими документами лично, укрывшись в бронированной резидентуре КГБ в советском посольстве. Все они были отпечатаны на отличной иностранной машинке, но в боевой обстановке машинку то и дело встряхивало, и печать получалась небрежной. Это раздражало Крючкова, и он грозился в следующий раз привезти с собой личную машинистку, которая будет перепечатывать все материалы, и только после этого он будет их читать...

Мой же приятель до этого служил в управлении разведывательной информации штаб-квартиры советской разведки в Москве. Туда ежедневно приходили сотни телеграмм из резидентур КГБ, разбросанных по всему миру, и ему вместе с десятком помощников надлежало отобрать самые важные среди них и подготовить краткую сводку для Политбюро ЦК КПСС.

Всю информацию нужно было четко, общедоступным языком изложить на одной стандартной странице, избегая включения иностранных слов.

Набив руку на этой работе, мой приятель сам попросился в Афганистан, потому что там в боевой обстановке можно было быстрее получить очередное воинское звание. Хотя он целыми днями сидел за столом в надежно охраняемом бункере в советском посольстве, на него также распространялись все скромные советские льготы, положенные ветеранам Афганистана, — право на покупку недоступных для остальных людей ветчины и икры во время закрытых распродаж в магазинах Военторга, приуроченных к партийным праздникам, перспектива, хотя и весьма зыбкая, получить квартиру.

По установившимся в нашей стране правилам сотрудники всех подразделений КГБ за границей подчиняются его Первому главному управлению, разведке. Именно через нее проходит вся информация, направляемая в Москву. Поэтому моему приятелю приходилось иметь дело и с контрразведчиками, и с пограничниками, и конечно же с управлением особых отделов, которое еженедельно представляло ему для стилистической обработки подготовленный им отчет.

Поэтому он и пришел однажды к особистам в просторный бункер. Там, как очень часто бывает в боевой обстановке, начиналось застолье.

— Проходи, садись! — пригласили они приятеля, с силой ударив его по плечу.

Он послушно опустился на скамью, потому что отказываться в таких случаях от приглашений у офицеров не принято.

В бункере было довольно жарко, ибо советские кондиционеры, тарахтевшие в нем, работали очень слабо. Однако особисты и здесь ощущали себя вольготно, как в бане. И вот уже была разлита по стаканам теплая, почти горячая водка. Мой приятель покорно взял стакан, памятуя о том, что в Средней Азии нельзя отказываться от горячей водки, которая служит здесь неким символом воинской службы.

«Еду пить горячую водку!» — подмигивая, отвечает иной бравый вояка о новой своей дислокации...

— Ну вот, значит, сидим мы в укрытии, а с горы бьют все по нам да по нам! — видимо, продолжил прерванный рассказ молодой особист, залпом осушив стакан и громко крякнув.

Все вокруг одобрительно загоготали.

— Стояла ночь, морду не высунешь, — продолжал тот. — Ну, мы, конечно, посветили через дырку фонариком. Смотрим — невдалеке сидит и сигналит таким же китайским фонариком мальчишка лет десяти, или, как их здесь называют, «бача». Ну, мы этого бачу тут же и прихлопнули из автомата!..

При этих словах у моего приятеля кусок застрял в горле. Он взглянул на лица присутствующих и с ужасом обнаружил, что они оставались непоколебимо спокойными...

III

В годы афганской войны особистам было работать гораздо легче, чем в мирное время, хотя их собственная жизнь и подвергалась постоянной опасности. Во время боевых операций не требовалось особых мер для маскировки своей агентуры. Конспиративная встреча с любым агентом в военной форме не представляла никакой сложности. Когда твоя собственная жизнь постоянно подвергается опасности, не так важно, является твой приятель агентом КГБ или нет, ведь работает-то он на своих, а не на коварных и жестоких моджахедов. Другое дело в тыловом гарнизоне, где личная жизнь каждого постоянно находится у всех на виду, а самая главная для нее угроза исходит все-таки от своих.

Именно в тылу родилась пословица: «В армии ничего не скроешь». Да и личность особиста там всем известна. Человек, с которым он перемолвился словом хотя бы раз, становится объектом всеобщего недоброжелательного внимания...

Офицеры особых отделов это понимают, и идеальным для них всегда было использование явочных квартир для встреч с агентурой, которых много в Москве и других крупных городах нашей страны. Однако в военных городках их практически нет, потому что каждая свободная квартира там находится под неусыпным бдением очередников, и в первую очередь горластых офицерских жен.

Строго говоря, такие квартиры, конечно, все-таки есть, но их очень мало, и используются они для бесед с самой солидной агентурой — генералами и полковниками. Не поведешь же в нее солдата-осведомителя, каких подавляющее большинство среди агентуры особых отделов.

Ведь завербовать солдата очень легко, потому что он не имеет права отказаться. То есть формально, может быть, и имеет, но на практике — нет, потому что с офицером спорить не полагается, а по нашему воинскому уставу офицер есть офицер, независимо от того, какое министерство он представляет — обороны или государственной безопасности, тем более что мундиры у них все равно одинаковые.

Этот фактор психологического непротивления широко используется и при вербовке самих офицеров. Еще со сталинских времен в органах КГБ хорошо известно, что строевые офицеры без особого уважения относятся к особисту, служащему с ними в одном полку: воинское звание его редко бывает выше, чем у них. Поэтому, в соответствии с военной психологией, майор никогда не завербует подполковника, а тот, в свою очередь, никогда не завербует полковника.

Поэтому для вербовки старших офицеров особый отдел привлекает своих самых больших начальников, генералов, специально приезжающих для этого из крупных городов или даже из самой Москвы. Случаи отказа в такой ситуации бывают крайне редко. О них сами особисты рассказывают потом с почтительным восторгом.

— Представляешь, всю ночь мы одного подполковника уговаривали стать агентом! — поведал мне однажды знакомый особист. — Специально приезжал генерал-лейтенант из Берлина, из управления особых отделов Группы советских войск в Германии, а для военных это имеет большое значение, и давил на него с вечера до утра, но тот так и не согласился!..

Однако в целом наши офицеры очень редко пренебрегают вербовкой, ибо она обеспечивает им хоть какую-то защиту от произвола собственного начальства.

«На одном из офицерских собраний командир полка почему-то разорался на меня и заявил, что откомандировывает из Германии на службу в Советский Союз. Все мои товарищи отнеслись к этому равнодушно, и только офицер особого отдела старший лейтенант Н. убедил командира полка этого не делать. А в это время у меня как раз болела дочка. Вернувшись однажды вечером после службы домой, я с удивлением застал там старшего лейтенанта Н., который принес дефицитное западногерманское лекарство. Я был искренне благодарен ему за такую поддержку в трудный момент», — вспоминал некий офицер Группы советских войск в Германии в своей статье, опубликованной в секретном журнале «Сборник КГБ»...

Станет ли особист проявлять столь трогательную заботу о каждом? Вряд ли, хотя бы потому, что это лекарство стоит драгоценной валюты. Очевидно, будущий автор статьи привлек внимание особиста как кандидат на вербовку. И действительно — его статья в «Сборнике КГБ» была напечатана в интереснейшей рубрике «Рассказы наших агентов». Автор статьи признается, что согласился стать осведомителем особого отдела с большой радостью, в знак благодарности за поддержку. Статья была подписана, как водится, не фамилией, а агентурным псевдонимом: Бдительный...

Пока агент удовлетворяет потребности особого отдела, ему гарантирована защита от военного начальства. Например, если на пусковом ракетном пункте вблизи Москвы, где, сменяя друг друга, несут службу несколько офицеров, один из которых агент, он может быть спокоен за свою судьбу: его не отправят на Чукотку или в жаркий Туркестан, по крайней мере до тех пор, пока особому отделу не понадобится на этом пункте новый агент. Впрочем, дальнейшая судьба агента всегда непредсказуема, о ее стабильности или грядущих переменах он может судить лишь по любезности особиста или, наоборот, по недовольной мине на его лице на очередной секретной встрече.

Приблизительно одна треть наших офицеров является агентами КГБ. Количество же агентов-солдат учету не поддается. Такой огромной армии стукачей нет больше нигде в мире — за исключением, быть может, народно-коммунистического Китая...

Наши военные городки кишат агентурой. Осведомительницами КГБ могут быть и офицерские жены, скомпрометировавшие себя супружеской неверностью, и одинокая, беззаветно любящая Родину заведующая гарнизонной библиотекой, и старая партийная активистка — школьная медсестра. Даже чья-то бабка, целыми днями сидящая на лавочке у входа в офицерское общежитие, тоже может быть агентессой. Один мой приятель, офицер-пограничник, случайно раскрыл такую.

Военный городок, где он жил, располагался вблизи советско-китайской границы, у Благовещенска. Подавляющее большинство его офицеров руководило пограничными нарядами, их тыловым и медицинским обеспечением, идеологическим воспитанием. Мой же приятель принад-

215

лежал к привилегированному слою сотрудников пограничной разведки. В их обязанность входило обеспечение нерушимости наших границ не с этой, а с той, китайской, стороны. Для этого они должны были изучать обстановку в китайских приграничных районах — не отмечалось ли там прибытие новых войск, не приезжал ли туда какой-нибудь высокий партийный руководитель или главный полицейский начальник страны. Добыть такие сведения, помимо использования приборов технического наблюдения, можно было лишь с помощью агентуры, но только не нашей, весьма сговорчивой на вербовку, а затаенно-враждебной и лживой, китайской. Офицеры пограничной разведки вербовали китайских перебежчиков, которые сотнями переправлялись на нашу сторону, якобы, а может быть и вправду, спасаясь от культурной революции, потом нелегально переводили их через границу назад, чтобы по возвращении через несколько дней выслушать добытую ими информацию. Уверенности тут не было никакой, и офицеры пограничной разведки, встречавшие у самой границы возвратившегося китайца и дружески похлопывавшие его по плечу, с трепетом душевным думали: а вдруг этот китайский агент обо всем рассказал своему начальству и это станет достоянием нашего руководства?

Оттого проверочная беседа с агентом была особенно тщательной, со множеством хитроумных ловушек. Пограничники изо всех сил старались поймать китайца на противоречиях и, кроме того, усердно накачивали водкой, чтобы у него скорее развязался язык. Радушные хозяева провозглашали тост за тостом и сами выпивали, дабы придать встрече дружеский и непринужденный характер...

А между тем в стране нашей уже вовсю шла антиалкогольная кампания, и офицерам, по укоренившейся привычке выпивавшим ежедневно пару стаканов водки, теперь категорически запрещалось пить под угрозой крупных служебных неприятностей и даже исключения из партии. За беззащитными пьяницами бдительно следило и начальство, по-прежнему опорожнявшее тайком в кабинете заветную бутылку коньяку, и партийная организация, и конечно же особый отдел, обожающий всяческие скандалы. Принадлежность же к привилегированной и таинственной пограничной разведке вовсе не освобождала ее мужественных сотрудников от особистской слежки.

Поэтому начальник местного разведывательного отдела принял по-советски двусмысленное решение: если кто из подчиненных ему офицеров выпьет водки по долгу службы, то он должен немедленно отправляться домой, в общежитие, стараясь ни с кем не разговаривать по пути, запереться на ключ и пребывать там до утра. От служебных обязанностей в этот день он автоматически освобождался...

Так, однажды, в подобной ситуации, мой приятель, таясь от любопытных взглядов, направлялся домой. Был обеденный час, никто из знакомых не встретился ему на пути, и лишь знакомая бабка, сидевшая на лавочке у подъезда, окликнула его:

— Петь, сколько сейчас времени?..

Отвечая, он невольно наклонился к ней, и та, согласно покивав, смерила его странным взглядом...

Буквально через час начальник особого отдела позвонил начальнику разведывательного, с которым они постоянно соперничали, поскольку методы их работы были во многом схожи, и язвительным тоном спросил:

— Почему это ваши офицеры в период всенародной борьбы с пьянством и алкоголизмом позволяют себе появляться на территории части в нетрезвом виде?..

— Это обусловлено оперативной необходимостью, будто вы не знаете! — буркнул главный разведчик.

— Прежде всего мы — коммунисты! — наставительно-торжествующим тоном заявил особист и, довольный, положил трубку.

— Один—ноль в твою пользу, сволочь! — раздосадованно воскликнул его собеседник, кладя трубку на место.

«А зачем вообще нужно особистам такое количество агентуры?» — поинтересуется здравомыслящий читатель.

«Да для отчета! — доверительно подмигнув, ответит ему без посторонних свидетелей особист. — Ведь не можем же мы рапортовать начальству, что ничего особенного не раскрыли... Зато мы широко раскинули агентурную сеть, постоянно ее латаем, наращиваем. Тот, кто задумает что-нибудь плохое, тут же в нее и попадает...»

С каждым из этих многочисленных агентов надо встречаться и беседовать минимум один раз в месяц, даже если никакой необходимости в такой встрече нет, — того требуют правила. О каждой встрече особист обязан писать отчет, иногда прилагая к нему письменный донос агента. Начальники разных уровней изучают их, ставят резолюции, докладывают обобщенные материалы самому высокому руководству... Так создается видимость огромной работы.

Однако именно связь с агентом и особенно проведение с ним личных встреч наиболее уязвимы для особистов. Если эту беседу кто-нибудь зафиксирует, то сразу догадается, что офицер особого отдела беседует со стукачом, предупредит об этом своих товарищей, те начнут его сторониться, и как агент он потеряет всякую ценность.

В воинских частях нет явочных квартир, но тамошнее положение как нельзя лучше соответствует пословице, гласящей, что в армии ничего не скроешь. Действительно, круглосуточное пребывание человека на виду у всего гарнизона не только высвечивает все его недостатки, но и лишает возможности сохранить в тайне хоть малую толику самого дорогого и сокровенного для человека. Даже супружеские неурядицы в офицерских семьях тотчас становятся достоянием окружающих. Мало кто может выдержать такое.

Как же сохранить в этих условиях тайну агентурных связей? В армии применяется, правда, вместо явочных квартир так называемое явочное место: где-нибудь за сортиром, в кладовке. Однако риск быть случайно обнаруженными и в таких местах все-таки очень высок, и поэтому особисты порой проявляют поистине удивительную смекалку.

Например, в одном из наших гарнизонов в ГДР постоянным явочным местом был избран физкультурный зал.

«Эта легенда продумана очень убедительно, — с трудом сдерживая смех, читал я в особистском деле, случайно попавшем мне в руки, — так как все в военном городке знают, что офицер особого отдела увлекается спортом и поэтому каждый день после работы ходит тренироваться в физкультурный зал...»

Каким же здоровяком, видно, был этот особист! Однако вряд ли то же самое можно утверждать обо всех его агентах, но они, преодолевая уста-

219

лость от бестолковой офицерской беготни, вынуждены были плестись по вечерам в физкультурный зал. Если не будешь сотрудничать с КГБ, особый отдел в мгновение ока организует твою высылку из Берлина, причем в такую глухомань, что ненавистный физкультурный зал в заграничном гарнизоне будет казаться тебе истинным раем...

Протиснувшись сквозь плотную толпу разгоряченных, потных мужчин, этот спортсмен поневоле отыскивал глазами особиста и, подойдя к нему, нарочито громко говорил:

— Что это, товарищ подполковник, мы давно с вами гири не кидали...

— Что ж, пойдем покидаем, лейтенант! — великодушно соглашался особист. — Эх, если бы все офицеры были такими же отличными спортсменами-разрядниками, как ты!..

При этих словах несчастный лейтенант невольно краснел и стыдливо опускал голову, понимая, что под спортсменами-разрядниками особист подразумевает агентов, да и произнес он эти слова с каким-то явным намеком.

Отойдя в сторонку, где были сложены маты, лейтенант с неохотой брался за гирю, а здоровяк-особист, без видимых усилий подбрасывая свою, шептал:

— Через двадцать минут! — и кивал в сторону, где находился пустой сейчас кабинет начальника физкультурного зала...

Пустовал он конечно же не всегда, а только в те часы, когда там особист встречался со своими агентами.

Разумеется, сам он тоже вынужден был стать стукачом, иначе особый отдел не смог бы заключить с ним столь деликатного соглашения. В оперативном деле даже имелась его фотография.

Взглянув на нее, я разразился громким, язвительным хохотом. Работавшие за столами рядом мои коллеги-чекисты с пониманием восприняли мою реакцию. Каждому из них случалось в таких же вот агентурных делах обнаруживать то соседа по квартире, то школьную учительницу, а то и родную мать.

Я же узнал преподавателя военной кафедры МГУ. Годы учебы там еще были свежи в моей памяти.

Этого преподавателя я видел лишь несколько раз. Помню, меня тогда поразила скука, которой веяло от его хотя и коренастой, но сутулой и совершенно не спортивной фигуры. Ни с кем из коллег он не общался, и уголки его губ всегда были скорбно опущены. Такими же были и его агентурные сообщения, грубой мужской рукой подшитые в дело.

Они поражали своей безграмотностью. Запятые там вообще отсутствовали, а в написании слов была уйма ошибок. Впрочем, к тому времени я уже знал, что очень многие наши офицеры не в ладу с орфографией.

Таким же было и содержание его сообщений: мелочным, неинтересным и не представлявшим какой-либо ценности с точки зрения обеспечения государственной безопасности нашей Родины.

Например, в одном из доносов, занимавшем целых две страницы, агент, постоянно повторяясь, сообщал, что его помощник по физкультурному залу, капитан такой-то, встречая в берлинском аэропорту его с женой и дочерью, возвращавшихся из отпуска, первым делом доверительно сообщил, что скоро их полк переводят в другое место.

«Тем самым он выдал военную тайну, да еще в присутствии жены и восьмилетней дочери!» —

с деланным возмущением констатировал физкультурник, хотя каждый, кто служил в армии, знает, что о предстоящих передислокациях, как и об учебных ночных тревогах, всем бывает известно заранее. Почему-то особенно возмутило агента то, что тайну узнала его восьмилетняя дочь, о чем он упомянул в доносе четырежды...

В другом своем сообщении начальник физкультурного зала, бывший, кстати, одновременно и начальником физподготовки полка, сообщал, что иным солдатам не нравится, когда он заставляет их слишком много бегать, в чем можно усмотреть явный антисоветизм. И кроме того, среди них наметились какие-то странные группировки.

«Члены этих групп обращаются друг к другу не по-уставному, а пользуются кличками, типа Шурик, Петька и т.д.», — особенно подчеркивал агент.

Знал ли будущий преподаватель МГУ, что Шурик и Петька — это вовсе не клички, а христианские имена, и что молодежи вообще свойственно кучковаться?..

Думаю, что все-таки знал. Но манера мышления особистов и вообще военных начальников также была ему хорошо известна, и поэтому на его последнем доносе появилась строгая начальственная резолюция: *Разобраться, что это еще за группа!..*

Особисты вообще подозрительно относятся ко всяческим группировкам, возникающим в армии, усматривая в них и антипартийный уклон, и шпионские резидентуры, и вообще нарушение единого воинского строя.

Один из выпускников Ленинградского военно-морского училища рассказывал мне, что на прощальном вечере четверо его друзей договорились не терять связи и встречаться каждый год в условленный день, выпивая перед началом застолья по полной бутылке шампанского. Со свойственным всем военным людям стремлением всякое дело доводить до конца они тут же сочинили шутливый устав, скрепив его собственными подписями. Ими тотчас же занялся особый отдел. Вызвали каждого из них в отдельности и строго предупредили.

Но этим дело не кончилось. Спустя двадцать лет после этой истории мой приятель почувствовал, что начальство тянет с присвоением ему звания капитана первого ранга. Как-то мнется, но ничего не объясняет, и только кадровик по секрету сообщил ему, что загвоздка в его принадлежности к какому-то подозрительному обществу еще в курсантские времена.

— Так это же политические репрессии в чистом виде! — воскликнул я, тоже имевший к тому времени звание подполковника.

Близился конец восьмидесятых, завершалась партийная перестройка, и органы КГБ начинали чувствовать себя весьма неуютно.

Вместе с коммунистической партией рушились и они. Не только интеллигенция, но и простой народ уже говорил о нас с осуждением, и спасти дело можно было только одним путем — установлением жесточайшего коммунистического режима, на котором так настаивал Председатель КГБ В. Крючков. Представители общественности, особенно в Прибалтийских республиках, даже посягали на наши архивы, и КГБ приходилось тщательно взвешивать каждый свой шаг.

Поэтому меня особенно поразила та свобода, с которой КГБ по-прежнему рубил в армии головы и правым и виноватым. Может быть, одна лишь армия оставалась такой же беззаветно покорной, каким было все общество и в сталинские, и в хрущевские, и даже в брежневские годы? Неужели и сейчас в армии царит 1937 год, хотя в стране уже вовсю идет перестройка?..

Да, похоже, было именно так. Холодное дыхание я ощутил даже накануне августовского путча 1991 года, листая столь любимый теперь мною секретный журнал «Сборник КГБ», каждая из суховатых заметок которого могла бы составить основу сюжета для небольшой повести. На сей раз в журнале рассказывалось о некоей досадной оплошности сибирских особистов.

В одном из военных училищ, расположенном в Томске, какой-то курсант изменил скудную воинскую прическу, отпустив бачки. Обычный человек не увидел бы в этом ничего экстраординарного, а то и вовсе не заметил бы, однако зоркий глаз офицера, тем более особиста, не мог не уловить этакой новизны во внешности курсанта.

«А не служит ли эта стрижка знаком принадлежности к некоей фашистской организации, тайно действующей в училище?!» — предположил особист и радостно потер руки. И хотя впоследствии через агентуру в курсантской среде удалось установить, что отпустить баки нашему бедолаге посоветовала жена (для придания лицу более четкого овала), отступать было некуда, ибо обком партии уже был поставлен в известность.

В то время Председатель КГБ Крючков всячески пытался убедить Горбачева и весь мир в том, что набиравшее силу в нашей стране демократическое и антикоммунистическое движение состоит из воинствующих фашистских группировок, стремящихся только убивать и грабить и действующих под руководством американских агентов влияния, окопавшихся в ленинском Политбюро. Иначе говоря, политическое движение он пытался выдать за подрывную деятельность диверсионно-бандитских

Выезд из ТАСС на оперативный простор

Российские студенты университета Токай на вечерней прогулке по Саппоро. Разведчиком стал не каждый, но Японию полюбили все

Через месяц после возвращения из университета Токай. В минской школе контрразведки

Дружный тассовский коллектив. Люди разных профессий

После шпионского скандала в Токио.
Майор с грустными глазами

Российские студенты в редакции японской газеты. Потом я буду
часто наведываться сюда для сбора разведданных

Для японоведа нет большей радости, чем облачиться в кимоно

Каратэ помогает понять Японию изнутри. Но для разведчика оно не нужно, он работает головой

Простодушная японка не догадывается, что рядом с ней будущий подполковник КГБ

Токийский храм Мэйдзи дзингу. Белое полотнище на земле потемнело от брошенных туда монет

Храм Ясукуни. Белые голуби. Здесь можно незаметно провести шпионскую встречу

На приеме у премьер-министра Японии по случаю Праздника сакуры. Здесь иностранные разведчики втираются в доверие к японскому истеблишменту

Обожаемый и незабываемый отец. Заместитель начальника пограничных войск КГБ СССР генерал-майор Г.А. Преображенский

групп, вдохновляемых из-за рубежа, поскольку весь советский народ по-прежнему любит родную коммунистическую партию. Такую точку зрения товарища Крючкова партийный аппарат поддерживал на все сто.

Поэтому обком партии тоже радостно потер руки и немедленно вынес вопрос о подпольной фашистской организации в военном училище на заседание своего бюро. Никого не заботило, есть ли у КГБ доказательства; главное — доложить побыстрее наверх, а что касается доказательств, то советская юридическая наука, в отличие от буржуазной, не считает их столь уж важными. А коль скоро такие же бачки отпустили еще несколько курсантов, особисты утвердились в своей правоте. Возникновение же организации иначе как по указанию сверху и только на партийно-комсомольской основе запрещалось.

В журнале было опубликовано даже постановление обкома, составленное на основе победного рапорта, присланного все тем же особым отделом. Точно такие же отчеты писали и в разведке; их отличала огромная и многообещающая, самоуверенная и грозная преамбула и пара избитых фраз в качестве вывода.

Начиналось же постановление Томского обкома так:

«В последние годы правящие круги США и других империалистических стран вынашивают планы свержения в СССР социалистического строя. В этой работе задействован целый спектр мощных военно-террористических и прочих формирований, пользующихся поддержкой НАТО и других империалистических военных блоков. В американских, западноевропейских, сионистских и иных враждебных зарубежных антисоветских центрах разрабатываются планы идеологической дестабилизации нашего общества, развала его экономики, уничтожения руководящей роли Коммунистической партии. Крайне отрицательную роль в этом процессе играют правящие круги КНР, стремящиеся дестабилизировать мировое коммунистическое движение и действующие в интересах американских империалистов...»

«Особую роль, — говорилось далее в постановлении, — враги социализма отводят идейно-политическому разложению советской молодежи и в первую очередь воинов наших славных вооруженных сил...»

Далее — все в том же духе, и только в самом конце скороговоркой сообщалось, что в местном военном училище, похоже, действует подпольная военно-фашистская организация, признаком принадлежности к которой служит специфическая стрижка: укороченные виски. Затем следовала весьма уклончивая фраза, не вполне соответствующая принятому в те времена стилистическому стандарту партийных постановлений: «Эту информацию необходимо тщательнейшим образом проверить, хотя уже сейчас можно сделать определенные выводы».

После этого наступила очередь заставить виновника всей этой истории признаться, что он фашист. Долгих три дня несколько офицеров с большими звездами на погонах не выпускали бедного курсанта из помещения особого отдела училища, то угрожая ему, то, напротив, чуть ли не умоляя.

— Да плюнь ты на это дело! — увещевали они. — Подпиши и забудь! Ничего не бойся! Особый отдел поможет тебе получить хорошее назначение. Ведь ты же комсомолец как-никак! А мы — коммунисты! Какие у тебя еще могут быть сомнения?..

К чести этого курсанта надо сказать, что никакого признания он так и не подписал. Впрочем, к тому времени в нашей стране было опубликовано уже достаточно материалов о чекистских следствиях 1937 года. Каково же, наверное, было его удивление, когда он понял, что те времена еще не прошли...

За неделю до выпускных экзаменов курсанта исключили из училища. Он оказался не у дел.

Отец курсанта направил жалобу на имя Горбачева, потом вторую, которая была переслана в инспекторское управление КГБ с резолюцией «разобраться». Инспекторская группа выехала в это училище и моментально все выяснила. Однако инспекторы не испытали шока по поводу столь грубого нарушения законности и не квалифицировали действия особистов как подтасовку. «С этим мероприятием вы не справились!» — таков был вывод высокой комиссии. Да и в самом журнале «Сборник КГБ», рассчитанном на узкий круг профессионалов, эта история была упомянута лишь в качестве примера эффективной работы инспекторского управления и не более того.

Ничего не говорилось в статье и о дальнейшей судьбе жертвы этих злокозненных обстоятельств, курсанта с короткой стрижкой. Был ли он восстановлен в армии? Скорее всего, нет, потому что, по логике особистов, теперь все равно уже был запачкан и наверняка затаил злобу на советскую власть. По крайней мере, в кристальную справедливость воинов-дзержинцев он теперь уж точно не верил...

Сейчас нашим гражданам уже многое известно о деятельности КГБ, чего нельзя сказать о работе особых отделов в армии, хотя именно они ведут наиболее массовую вербовку простых граждан. Методы их жестоки и бесцеремонны и посягают на права личности, однако широкого общественного осуждения по-прежнему не встречают. Должно быть, потому, что особые отделы вербуют и разрабатывают не научных работников, не писателей и не диссидентов, а самых простых людей — тех, которые и тянут чаще всего солдатскую лямку. Откуда, например, появляется агентура в рабочем классе, через которую так активно пытался действовать КГБ в начале перестройки? Да из солдатской агентуры, завербованной нашим особым отделом. И этим широким посягательством на многомиллионный простой народ он отличается от других военных контрразведок мира, борющихся лишь со шпионами, ибо в его полном распоряжении находится такой благодатный человеческий материал, как Советская Армия.

Глава 6

ЖУРНАЛИСТИКА И РАЗВЕДКА

Разведки всех стран используют журналистов, но каждая относится к ним по-своему. Для нашей характерен такой подход: если разведчик, работающий под видом корреспондента, слишком увлекается журналистским трудом, на него начинают смотреть косо. К таким людям в КГБ по традиции относятся с недоверием!..

Да и этично ли разведчику выдавать себя за журналиста, которому люди доверчиво изливают душу, не опасаясь быть завербованными?

I

МЕЖ ДВУХ ОГНЕЙ

Каждый раз, когда я дарил важным генералам разведки свою новую книгу о Японии, те реагировали как-то странно.

— Ну ты и понаписал! — цокали они языком, листая страницы. — Прямо как настоящий писатель!..

Мысль о том, что сотрудник разведки может быть писателем и на самом деле, не приходила им в голову.

— Завязывай ты со своей писаниной, пора заниматься делом! — дружески советовали они, встретившись в коридоре. Однако дело это тоже состояло большей частью из написания бумаг, только более косноязычных и скучных. Ведь большая часть времени нашего разведчика уходит не столько на сам шпионаж, сколько на составление бесконечных письменных отчетов и планов. Бывает, беседа с завербованным иностранцем занимает всего три часа, а отчет о ней приходится писать потом целый день, закрывшись в одной из потайных комнат нашего посольства. А чего стоили многостраничные «служебно-партийные письма», по каждому поводу рассылавшиеся из Центра в резидентуры мира! Их положено было читать вслух в присутствии всех разведчиков, собираемых для этого из-под своих прикрытий в Токио, Нью-Йорке, Париже. Давно привыкшие к таким бессмысленным совещаниям, они покорно клевали носами, слушая назидательный голос резидента...

Впрочем, иногда мне и как журналисту тоже находилась работа, даже в штаб-квартире советской разведки в Ясеневе.

— Придумай-ка лозунг на тему «КГБ и перестройка», да так, чтобы из него было ясно, что никакой перестройки у нас нет и не будет! — велел мне однажды начальник научно-технической разведки.

Поразмышляв полдня, я родил такой лозунг: «Перестройка для нас — это умение работать еще лучше, еще эффективнее выполнять задания партии!» Потом я несколько раз встречал его в секретных докладах самого Крючкова.

Хотя наших разведчиков, работающих за границей под журналистским прикрытием, очень много, пишущих людей среди них крайне мало. Более того, их не очень-то жалуют! Это открытие расстроило меня, когда во второй половине семидесятых я поступил в КГБ.

— А почему бы вам не стать просто корреспондентом ТАСС в Токио? Почему вы непременно хотите принадлежать еще и к разведке? — хитро выспрашивали у меня офицеры отдела кадров. Впрочем, ответ был ясен и им: да потому что и в ТАСС, и в других наших журналистских ведомствах кадровые вопросы решает та же разведка! Именно она, а не редакционное руководство определяет, кого и когда можно выпустить за границу, а для журналиста-международника это обстоятельство, согласитесь, является самым главным. Поэтому логично поступить сразу в разведку, чтобы не зависеть всю жизнь потом от ее капризов, а самому определять свою и чужие судьбы. Да и вообще, живя в тоталитарном государстве, лучше принадлежать к руководящей структуре.

И действительно: разведка представляла собой огромную раковину, надежно защищающую угнездившихся в ней улиток от непредсказуемо зыбкого советского моря. Именно она давала нам, ее журналистам, такую свободу творчества, какая и не снилась гражданским коллегам!

В то время как они расшибали лбы о ведомственные барьеры в надежде получить хоть какую-то информацию, перед нами гостеприимно распахивались любые двери, и все изъявляли готовность дать нам интервью и предоставить любые факты. Для этого достаточно было лишь позвонить в местный райотдел КГБ.

Если кто-нибудь из нас собирался вступить в Союз писателей, то в Пятом управлении КГБ перед ним вываливали на стол несколько томов агентурно-наблюдательного дела и давали совет, к кому из надежных писателей-агентов следует обратиться за рекомендацией. У какого еще начинающего писателя есть такая возможность!..

Но и контроль за нашими публикациями был особый: не формально-бюрократический, как в официальной цензуре, а заинтересованно-ревностный, какой только и может быть в КГБ.

Превосходство перед другими нашими журналистами сохранялось и за рубежом, хотя работали мы в одних и тех же корпунктах. Впрочем, главным для нас все же была разведка.

Получали мы так же мало, как наши штатские коллеги, но все же не испытывали материальных затруднений. Авиабилет Москва—Токио Советское государство оплачивало только главе семьи, а жену и детей приходилось возить за свой счет. На это уходила вся годовая зарплата в рублях, накапливавшаяся в Москве. Но, приезжая туда в отпуск, преданный боец партии с изумлением узнавал, что ему не только ничего не причитается от родного ТАСС, но он еще и должен ему некоторую сумму. Для нас же, военнослужащих, проезд всей семьи был бесплатным. Это правило, существующее со сталинских времен, известно всем, и сохранить его в тайне было невозможно.

Но даже не это обижало наших гражданских коллег, а то, что мы, разведчики, редко появлялись на работе, и им порой приходилось выполнять часть нашей работы.

Но ведь и у нас была своя норма! Разведка — такая же бюрократическая организация, как и ТАСС, и каждый сотрудник резидентуры обязан был провести около десяти оперативных встреч в городе, а также подготовить несколько информационных шифротелеграмм и статей. Какова была ценность всего этого — вопрос другой.

Однако норма для каждого из нас определялась не Москвой, как это было в ТАСС, а решением руководства местной резидентуры. Для косноязычных разведчиков, приехавших из провинции, и для выходцев из партийного аппарата она была скромной, щадящей, для остальных же удваивалась.

Но ведь не объяснишь же всего этого коллегам-журналистам! Тем более, что руководство разведки официально и не давало нам права отлынивать от работы по прикрытию, требуя и там выполнять ее в полном объеме. Но сделать это было невозможно, и мы, разведчики, уезжали каждое утро из токийского отделения ТАСС в посольство, где находилась резидентура, воровато оглядываясь, смущаясь и спиной ощущая укоризненные взгляды коллег.

— Горбатимся тут на этих шпионов! Прислали дармоедов на нашу голову! — ворчали те, а потом сами же доносили нам о неосторожных высказываниях своих коллег: ведь почти все они тоже были агентами КГБ! Однако их ропот все равно доходил до ушей местной контрразведки, наматывавшей его на свой жесткий японский ус. Видя, что и наши столы в офисе ТАСС всегда пустуют, японцы безошибочно устанавливали нашу принадлежность к разведке. Поэтому мы, журналисты-разведчики, всегда находились меж двух огней, чувствуя недоброжелательное внимание как иностранной контрразведки, так и своих штатских коллег.

Вдобавок все они знали, что работа разведки проходит большей частью в ресторанах, за обильно уставленным столом, и глотали слюнки от зависти.

Но была среди журналистов еще одна, не вербуемая категория, доставлявшая особые хлопоты разведке, — крупные журналисты-международники, входившие в партийную номенклатуру и потому неподвластные КГБ. Имея право напрямую связываться с членами Политбюро, они с удовольствием щеголяли своей осведомленностью в дружеских беседах с американцами.

Особую неприязнь вызывал почему-то Генрих Боровик, проводивший в США свой собственный курс без консультаций с разведкой. Помню, как у нас на курсах переподготовки офицерского состава Генриху Боровику была посвящена целая лекция, из которой следовало, что он — плохой человек.

Даже к Юлиану Семенову, столь любовно живописавшему труд чекистов, отношение было сугубо отрицательным.

— Переписал все из наших отчетов, а гонорар себе в карман положил! — ворчали контрразведчики из 2-го главка. Их раздражало то, что какой-то писатель — один из тех, за которыми следит Пятое управление, — свободно расхаживает по коридорам Лубянки да еще и заглядывает в секретные досье, пользуясь покровительством Цвигуна и Андропова.

Интеллигенцию в спецслужбах не жаловали, особенно творческую. Ее относили то к диссидентам-антисоветчикам, то к зловредным демократам, в зависимости от исторической обстановки. Журналистов же считали людьми ненадежными и болтливыми, склонными скорее к свободомыслию, чем к воинской дисциплине. Журналист вполне устраивал разведчика как агент-осведомитель, к которому можно отнестись свысока, но видеть сомнительного писаку в чекистских рядах для многих было просто невыносимо. Традиция эта была подтверждена и Андроповым, который тотчас избавился от одного из своих помощников, дерзнувшего издать книгу. Вполне лояльную, между прочим, повествующую о русской разведке перед Первой мировой войной.

Судьбу журналиста в разведке можно было уподобить двойственному положению в ней разведчика-нелегала, которому никто из своих до конца не верил из опасения, что он слишком глубоко впитал в себя западный образ жизни.

II

ВЕРБОВКА И ЖУРНАЛИСТСКАЯ ЭТИКА

А между тем журналистская «крыша» предоставляет разведчику огромный простор для работы. Ведь журналист — желанный гость на любой фирме, в каждой политической партии. Его все стараются использовать в собственных интересах. Ну и что страшного, если он попросит уточнить данные новой электронной схемы?! Да ему выложат ее целиком в надежде, что он разрекламирует ее на весь мир!

Он также может в любое время суток позвонить и в правительство, и в МИД, и в министерство обороны любой страны: какова, мол, ваша позиция по отношению к России, редакция требует!.. И везде ему ответят по возможности любезно и обстоятельно. А главное — его двусмысленные вопросы никакой шпионской уликой не служат. Ведь каждому известно, что журналиста ноги кормят, а закон о свободе информации предоставляет ему такие права. Иностранцы вообще очень наивны, потому что не прошли такой суровой жизненной школы, как мы. Они опасаются откровенничать с нашим дипломатом, считая его шпионом, зато перед журналистом широко распахивают объятия: уж этот-то не продаст!..

Кроме того, наши разведчики, в том числе и журналисты, хорошо знают языки разведуемых стран:

русская традиция преподавания языков действительно является лучшей в мире. Трудно представить себе американского журналиста, беседующего с монголом, индонезийцем или жителем Таиланда на их родном языке. Для русского же коллеги это обычное дело! Кроме того, журналист не скован дипломатическим этикетом и может запросто напроситься даже к главе государства! (А на следующий день на стол Крючкова ляжет архисрочная телеграмма: «Королева Великобритании об отношениях с Советским Союзом!» Да за нее сразу можно давать медаль «За боевые заслуги»!)

Повода для знакомства журналисту искать не надо: предложение дать интервью иностранному корреспонденту льстит самолюбию любого человека!

Готовясь к интервью, человек может ожидать всего — и журналистской нахрапистости, и беспардонных вопросов, но, уж конечно, не вербовки! Оттого вопросы нашего разведчика-журналиста, оказавшиеся неожиданно деликатными и лестными для самолюбия, вызывают чувство облегчения, а дорогой подарок усиливает приятное впечатление от встречи. И приглашение к новой встрече не заставляет себя ждать... А почему бы и нет? Приглашение с радостью принимается.

На этом, собственно, журналистская часть и заканчивается. Теперь разведчик старается перевести отношения на дружеский уровень, а потом — на откровенно шпионский. Жизнь и карьера агента отныне оказывается под дамокловым мечом угрозы разоблачения.

Разумеется, иногда вербовка диктуется важными интересами нашего государства, но далеко не всегда. Ведь если бы мы вербовали только изобретателей нового оружия и помощников министров, разведке нечего было бы писать в своих ежегодных отчетах. По старой чекистской традиции значительная часть агентов приобретается исключительно для того, чтобы красноречиво и многословно, а главное, оптимистично описать проделанную чекистом работу. По большому счету этот агент никакой ценности для разведки не представляет. Не случайно на жаргоне разведчиков вербовка так и называется — «галка». А именно от количества «галок», а не от качества добытой информации зависит карьера разведчика.

Когда журналист-разведчик терпит провал или перебегает к американцам, все те, у кого он брал интервью, попадают под подозрение. Их имена всплывают на страницах газет.

— Да, давал я интервью Левченко, но ведь я же не знал, что он шпион! — кричал мне депутат японского парламента М. Акаги после того, как его бывший интервьюер, корреспондент «Нового времени» в Токио, бежал к американцам. — Сейчас я беседую с вами. А может, вы тоже шпион?

Увы, он не ошибался...

В начале девяностых годов, после краха советского КГБ, в печати появились высказывания о том, что использовать офицеров разведки в качестве журналистов все-таки неэтично: ведь человек раскрывает перед ними душу, почти как на исповеди. Но вскоре такие разговоры затихли...

III
РАЗВЕДЧИКИ ВТОРОГО СОРТА

Вот поэтому журналистика в разведке и не поощряется: в полном объеме она тут вовсе и не нужна! Ее используют лишь в качестве повода для знакомства. Роль, которую она в этом случае выполняет, на профессиональном языке разведчика называется «прикрытие оперативной деятельности». Всякая дополнительная творческая деятельность разведчика, выходящая за рамки «прикрытия», в лучшем случае игнорируется начальством, в худшем — создает мнение о нем как о несерьезном человеке.

— Как же он будет руководить чекистским коллективом, если он журналист? — не раз приходилось мне слышать в руководящих кабинетах разведки. Характерно, что бывшие райкомовские работники, пришедшие в разведку по партнабору и вообще не являющиеся специалистами в какой-либо области, подобных вопросов не вызывают.

Для того чтобы оправдывать свое «прикрытие», разведчик обязан был всеми средствами и способами демонстрировать это, *играть его* — но *быть* при этом *разведчиком*. С деловым видом появляться на пресс-конференциях, язвительно задавать вопросы, но — ничего не писать. И хотя, как сказано в учебниках для разведчиков, изредка печататься все же нужно, чтобы местная контрразведка не догадалась, что ты разведчик, она все равно об этом хорошо знала...

— Я — не пишущий журналист! — с некоей гордостью заявляли некоторые офицеры разведки, а ведь именно в этом случае они могли рассчитывать хоть на какой-то руководящий пост.

Другие их коллеги в беседах с начальством не упускали случая назвать себя «бывшим журналистом». Тем самым намекали, что в следующую загранкомандировку их можно посылать под дипломатическим прикрытием, безопасным и хлебным.

Да, было в разведке несколько пишущих журналистов, а пара-тройка отставников стали даже весьма известными, но всех их объединяет одно:

никто из них не занимал большого поста. Только полковник З., известный в свое время журналист и писатель, дослужился до заместителя начальника одного из управлений. Большей же частью руководящие должности доставались людям неразговорчивым, хмурым, поднаторевшим в кабинетных интригах.

Журналистов же использовали на второстепенных должностях помощников референтов, составителей речей для начальства, а также для сочинения дезинформационных материалов, выпускаемых Службой «А».

В течение многих лет на совещаниях руководящего состава разведки говорилось о нехватке квалифицированных журналистов для работы в зарубежных корпунктах. Интересно, пойдет ли служить туда молодая поросль нашей новой свободной прессы?..

Глава 7

БУДНИ ТОКИЙСКОЙ РЕЗИДЕНТУРЫ

Ох, как скучна работа нашего шпиона! Она состоит из бесконечных собраний и заседаний, написания множества планов и отчетов. На живую оперативную деятельность остается совсем мало времени. Но даже за несколько часов, отпущенных на шпионаж, разведчик получает возможность особенно остро ощутить непередаваемый аромат Страны восходящего солнца...

Токийское отделение ТАСС начинает работу рано, в 8 утра, когда все остальные советские корреспонденты еще спят. Беспокоить их дома в этот час не принято.

Вот и в моей квартире на третьем этаже небольшого тассовского здания, расположенного на границе районов Синдзюку и Сибуя, возле станции метро «Хацудай», зазвонил будильник.

Я отчетливо слышал его громкий звон, но не мог пробудиться. Вчерашний день потребовал от меня колоссального эмоционального напряжения. До одиннадцати вечера я сидел в ресторане с агентом-китайцем и, желая упрочить отношения с ним, клялся ему в дружбе от имени и ТАСС, и КГБ, и всего советского народа. Агент отвечал тем же, и наполненные до краев пивные кружки то и дело взлетали над нашим столиком в приветственном тосте.

Выйдя из ресторана, я решил на всякий случай проверить, не засекла ли наш контакт японская контрразведка, и еще час блуждал по полупустому ночному Токио. Пересаживаясь с метро на такси, забредал пешком в такие узкие переулки, что, если бы за мной была слежка, она непременно обнаружила бы себя, потому что ночью ей нельзя замаскироваться в толпе.

Слежки не было, и я облегченно вздохнул. Я радовался удачно проведенному дню, и только сейчас дала себя знать дневная усталость. Но это была приятная усталость, ибо несла в себе ощущение выполненного долга.

Сладостно изнемогая от нее, я лишь за полночь добрался до дому и собирался тут же лечь спать, но передумал: решил по русской привычке часок насладиться уютной тишиной спящего дома. Сев за стол в пустой кухне, я налил в бокал моего любимого красного сухого вина, которым славится префектура Яманаси, и стал листать новый номер московского литературного журнала «Юность», в котором иногда появлялись и мои очерки. А тем временем в ночной тишине гудел, закипая на плите, чайник...

— Скорее вставай! — трясла меня за плечо жена. — Ты опаздываешь, коллеги подумают, что специально являешься позже, чтобы продемонстрировать свое превосходство!..

Я в ужасе взглянул на часы. Они показывали десять минут девятого. Быстро собравшись, я побежал вниз, в офис...

Коридор на первом этаже, ведущий в рабочую комнату, был узким. Сейчас в нем громоздились одна на другой большие картонные коробки, аккуратно сложенные японскими грузчиками вдоль стены. Наши, разумеется, побросали бы их как попало.

В этих коробках находилось электронное оборудование для скоростной связи с Москвой, которым предстояло заменить устаревшие телетайпы, а заодно избавиться и от четырех операторов-японцев, прослуживших здесь долгие годы. В последние месяцы мы, корреспонденты, старались не заходить в комнату телетайпистов, где царила напряженная тишина. А если приходилось очутиться там по долгу службы, то невольно испытывали чувство вины...

Комната корреспондентов была набита битком. За письменными столами, расставленными вдоль стен, сидело около десяти мужчин в возрасте от тридцати до пятидесяти лет, попыхивая сигаретами и трубками, стуча по клавишам пишущих машинок и возбужденно переговариваясь друг с другом. Дух творчества витал в воздухе...

Перед каждым лежала стопка японских газет. Найдя в ней заслуживающую внимания новость, они быстро перетолмачивали ее на русский язык, слегка изменяя акценты, кое-что недоговаривая или, наоборот, преувеличивая, и в итоге информация приобретала совершенно иной смысл, выгодный советскому руководству, хотя в ней и содержалась ссылка на «Нихон кэйдзай», «Асахи» или «Иомиури».

К одной только «Акахате» корреспонденты ТАСС относились с уважением и опаской. Как известно, коммунисты всех стран, а не одной лишь Японии, склочный народ, и очень любят жаловаться и скандалить. ЦК Японской компартии внимательно читал советскую прессу и, если видел хоть малейшее искажение смысла статей своего органа «Акахата», тотчас посылал жалобу в московский ЦК, что грозило корреспонденту очень большими неприятностями. Поэтому пассажи из «Акахаты» мы старались переписывать слово в слово...

Все были одеты по-домашнему: в рубашки с расстегнутым воротом, мягкие бархатные брюки, домашние тапочки, и лишь у старшего по чину, заведующего отделением ТАСС, болтался на шее серый галстук-селедка, который он то и дело закидывал за спину. Звали его Алексей.

Кроме того, почти все они были агентами КГБ. Впрочем, каждый держал это обстоятельство в тайне и точно знал лишь о собственной принадлежности к агентурной сети, а об остальных только догадывался. И разумеется, никто из них не мог с уверенностью сказать, что все его коллеги — агенты, а не половина их или четверть. И только я один знал это точно.

Когда КГБ вербует человека, будь то соотечественник или иностранец, он старается внушить своей очередной жертве, что о ее позорном — хотя порой и вынужденном — промысле будут знать только два или, самое большее, три человека: чекист, завербовавший агента, и его непосредственные начальники. Именно для этого, объясняют агенту, ему и присваивают псевдоним, которым он должен отныне подписывать свои доносы. Это делается для того, чтобы даже если этот донос случайно увидит другой сотрудник КГБ, он не смог бы понять, кто на самом деле его написал.

В жизни же все обстоит по-другому. Любая конфиденциальная информация расходится внутри резидентуры, как круги по воде.

Например, заехав случайно в магазин «Мицукоси», я вижу, как офицер безопасности советского посольства выбирает себе в отделе больших размеров пиджак. Но профессиональным глазом разведчика я также замечаю, что при этом он кого-то ждет.

И точно: через несколько минут к нему подбегает запыхавшийся корреспондент ТАСС и тоже начинает разглядывать пиджаки, о чем-то оживленно рассказывая. Большего мне не надо: теперь я знаю, что этот корреспондент — агент управления «К» и передает офицеру безопасности всякие сплетни о нашей жизни.

Ну а если на его месте окажется корреспондент не ТАСС, а АПН или работник «Аэрофлота»? Тогда я шепну своим надежным приятелям, работающим там под «крышей»: «Остерегайтесь таких-то!..»

Агентов политической разведки очень легко выявить по тому, как они имитируют дружбу с заместителем резидента по этой линии или другими разведчиками и часто ездят к ним в гости, хотя чувствуется, что эти разведчики как индивидуальности и коллеги корреспондентам абсолютно не интересны.

Ну и, наконец, агентов научно-технической разведки мне положено знать официально, потому что они должны быть у меня на связи и также имитировать дружбу со мной. Но в ТАСС их нет. Строго говоря, руководство резидентуры могло бы мне дать на связь советских агентов из других учреждений, например из посольства, но оно этого почему-то не делает. В этом я вижу признак определенного недоверия к себе. Впрочем, причина может быть и иной: поскольку я знаю язык и культуру Японии лучше других работников научно-технической разведки, инженеров по образованию, второпях осваивавших японский язык в тридцатилетнем возрасте в школе КГБ, московские начальники, возможно, предпочитали использовать меня исключительно для работы с японцами, оставив это более легкое поприще другим...

Так или иначе, заходя в комнату ТАСС, я должен постоянно иметь в виду, агенты каких линий КГБ находятся в ней в данный момент, и соответствующим образом корректировать свое поведение. Особенно опасны агенты управления «К», с ними нужно держать ухо востро и не позволять себе лишнего слова. Когда их нет и в комнате одна лишь агентура политической разведки, можно немного расслабиться и даже допустить несколько критических высказываний о нехватке продуктов в СССР, впрочем, тоже весьма сдержанных.

Сегодня, когда я появился, все были в сборе. Я вполголоса поприветствовал всех по-японски, как это принято в ТАСС.

Алексей многозначительно посмотрел на часы и громко спросил:

— Что, автобуса долго ждал?.. (В СССР все, кто опаздывает на работу, почему-то винят в этом транспорт.)

Я услышал сдержанный смешок коллег, но сделал вид, что ничего не заметил, прошел к своему столу и углубился в чтение...

Алексей между тем продолжил разговор со стоявшим у его стола корреспондентом — худощавым, пятидесятилетним и одетым, как всегда, в черное. Звали его Петр.

— Послушай, Петя, нельзя же писать все время только о землетрясениях! — говорил Алексей недовольным тоном. — Подземные толчки здесь всякий день происходят, и о них исправно сообщают местные телеграфные агентства. Что стоит перевести очередную заметку об этом на русский язык и получить за нее в Москве три рубля? Этак всякий дурак сможет!..

— Но ведь количество информации тоже идет в зачет! — раздраженно отвечал Петр. Он был полковником ГРУ, о чем, конечно, все здесь знали, и ему было неприятно, что Алексей в присутствии всех делает ему замечание.

— А ты разнообразь свое журналистское мастерство! — иронически усмехнулся Алексей. — Позвони по телефону какому-нибудь политику средней руки и возьми интервью...

— Как это «позвони»? — возмутился Петр. — А если они там неправильно поймут такой жест главного советского телеграфного агентства?..

— Боюсь, что это именно ты неправильно поймешь! Ты вообще-то можешь разговаривать по-японски без словаря?..

Обреченно махнув рукой, Петр направился к своему столу. Разве он был виноват в том, что офицеры ГРУ, как правило, слабовато знают японский язык?

Виной этому армейская кадровая система. Хотя в ведении Министерства обороны имелся военный институт иностранных языков, где обучают вполне профессионально практически всем языкам мира, в том числе и японскому, армейское руководство почему-то предпочитает направлять на работу за рубеж не знающих языки, а рядовых войсковых офицеров, не знающих ни одного иностранного языка, но прошедших службу в отдаленных гарнизонах. По его мнению, эти люди более надежны и никогда не посмеют переметнуться в стан врага.

Более того, кадровый аппарат ГРУ при помощи агентуры КГБ, имеющейся в изобилии в каждом воинском гарнизоне, специально выискивает тех офицеров, кто не хотел бы служить за границей и ждет очередного назначения на более высокую должность в одном из гарнизонов, дислоцирующихся внутри страны.

Таких офицеров вызывают к начальству и предлагают перейти в ГРУ. Они, конечно, отказываются, ссылаясь на незнание языков и прочие малозначимые для начальства причины и на то, что у них лежит душа именно к армейской службе и ни о какой работе за рубежом они не помышляют.

Эти слова для генералов-кадровиков — сущий бальзам на душу. Они — лучшее свидетельство кондового советского патриотизма, отвергающего все заграничное как нечто изначально чуждое и враждебное.

Потом, в лучших традициях Советской Армии, этих офицеров просто переводят на работу в ГРУ. Чертыхаясь, они начинают изучать дипломатический церемониал и протокол, кажущийся им совершенно ненужным, а также иностранные языки, к которым они не имеют никакой склонности. Закончив учебу, они отправляются за границу под прикрытием дипломатов, журналистов и торговых работников, но навсегда сохраняют офицерскую осанку, привычку разговаривать громким голосом и множество других черт, безошибочно выдающих в них военных людей. Однако, несмотря на все это, они убегают к американцам и англичанам почти так же часто, как и сотрудники КГБ.

Вместе с тем многих сотрудников ГРУ отличает необъяснимая и совершенно искренняя ненависть к капитализму, которую их коллеги только имитируют. Каким образом эту ненависть умудряются прививать молодым офицерам в военных училищах, я так и не мог понять, хотя специально много раз беседовал на эту тему и с их преподавателями, и с самими выпускниками. Уверен, что своему брату офицеру они отвечали не кривя душой, но ясного представления у меня все равно так и не сложилось. Думаю, что сам уклад жизни советского военного училища с его полуголодной и совершенно невкусной едой, казарменной скученностью, откровенным издевательством старшего над младшим и сильного над слабым подспудно рождает ненависть и зависть к преуспевающему, сытому и равноправному буржуазному обществу...

Вот и Петр через минуту с победным видом подошел к сидевшему за столом Алексею и положил перед ним фотографию.

— Эта фотография раскрывает цинизм буржуазного общества! — пояснил он.

На фотографии был изображен пожилой японец, рассматривающий витрину небольшого ресторана, каких в Токио десятки тысяч.

Полочки витрин уставлены пластиковыми, совершенно неотличимыми от настоящих изображениями блюд, которые в любое время можно отведать в этом ресторане. На нежных кубиках куриного шашлыка застыли капли рубинового сока, а розовые куски сырой рыбы, обложенные темно-зелеными водорослями, казалось, источали океанскую свежесть. Облачко же пены, застывшее над золотой кружкой пива, поражало воображение всякого гурмана.

Надо ли говорить о том, что ни витрин, ни таких прекрасных муляжей блюд у нас не было и в помине, а если бы они вдруг появились, то немедленно стали бы предметом ажиотажного спроса! Сама по себе эта фотография служила достаточным доказательством и экономического, и гуманитарного превосходства капитализма над коммунизмом.

В многословной заметке Петра, присовокупленной к фотографии, говорилось, что японские рестораны предлагают своим клиентам чересчур разнообразный выбор блюд, чтобы таким образом заставить их раскошелиться. (В этом пассаже проявилось глубинное для марксизма пренебрежение к деньгам. Не случайно Маркс отмечал, что при коммунизме деньги будут иметь такое же отношение к действительной стоимости вещей, как театральные билеты. К сожалению, его пророчество сбылось в социалистических странах, загнав их в экономический тупик.)

— Однако, — делал вывод Петр, — простые жители городов после тщательного изучения меню неизменно выбирают свой обычный обед.

— Ну и каков же обычный обед японца? — иронически осведомился Алексей.

— То есть как? — удивился Петр. — У каждого свой...

— Но ведь именно такой вопрос, Петя, зададут наши читатели, ознакомившись с твоей заметкой. Ведь мы изо всех сил внушали им, что этот обед состоит из горстки риса. Увы, эти времена давно прошли. Даже бифштексы и омары доступны теперь всем, а не только богатым людям. Возьмем, к примеру, хотя бы бэнто[1], в него входит пять-шесть видов жареного мяса, столько же рыбы, квашеных и свежих овощей и фруктов... Это же идеальная пища для человека двадцатого века! В ней присутствуют все микроэлементы! Однако советскому человеку такой широкий набор блюд по-прежнему недоступен, и ты прекрасно знаешь почему!.. Ну а

---

[1] Б э н т о — традиционная упаковка готовых блюд для еды на свежем воздухе, в офисе, в школе. Плоская коробка с крышкой, разделенная надвое. В одной части ее лежит вареный рис, в другой — мясо, рыба, овощи.

если мы, Петр, — продолжал Алексей, — удовлетворим интерес читателей по поводу типового японского обеда, то он задаст следующий вопрос, ответить на который мы не сможем: «Почему же мой обед не таков?» Да у нас во многих районах страны мясо нельзя купить просто так, для этого требуется еще специальный талон, выданный властями и символизирующий право на покупку мяса! Подумай, как это унизительно! Особенно если учесть, что в государственных магазинах СССР мясо продают только мороженое, которое здесь, в Японии, вообще идет за бесценок!..

При этих словах Петр встревоженно указал глазами на потолок, где, по всеобщему убеждению, находились подслушивающие аппараты, установленные японской контрразведкой.

— Да разве они не знают об этом? — досадливо воскликнул Алексей. — Они, японцы, между прочим, не дураки... Так что продовольственная тематика твоего текста исключается. А фотографию можно отсылать в Москву, она по-своему интересна. Только подпись придумай нейтральную, типа «Курьезы японской улицы»...

— Типа: «Рис в Японии доступен не каждому», — сострил кто-то из молодых.

— Все смеетесь, молодежь, а не понимаете, что этим смехом помогаете врагу! — укоризненно произнес Петр. — Я вообще удивляюсь, как вас направили работать за границу. Тем более, — добавил он торжествующим тоном, — что рис действительно вздорожал!..

И он достал из ящика стола отпечатанный на машинке листок бумаги, положил перед Алексеем и прихлопнул ладонью.

— Ну, Петь, ты просто мастер лаконичной информации! — двусмысленно воскликнул Алексей и стал читать вслух: — «На сто пятьдесят иен больше будут платить ныне японские трудящиеся за стандартный мешок риса, стоящий ныне...» Постой, да зачем ты первоначальную цену-то приводишь? Ведь выходит, что рис вздорожал всего на три процента?! По нашим меркам это вообще не заслуживает внимания, у нас такого вздорожания никто бы и не заметил: у нас в стране уж если повышают цены, то сразу вдвое, а кофе, например, стал дороже в четыре раза...

— Так неурожай же был в Бразилии! — раздраженно пояснил Петр.

— Но тут, в Японии, он почему-то не сказался, хотя кофе закупают в Бразилии. Конечно, не отреагировать на повышение цен на рис мы не можем, иначе нас в Москве, в ЦК КПСС, не поймут. Подумают, что мы скрываем от советского народа недовольство японских трудящихся невыносимыми условиями жизни при капитализме... — По широкому, типично русскому, крестьянскому лицу Алексея скользнула едва заметная усмешка. — Но делать это нужно с умом! Ты про какой мешок пишешь, пятикилограммовый, который ты в ближайшей рисовой лавке видел? Молодец, глубоко изучаешь буржуазный быт! Но ведь там на задней полке и десятикилограммовые мешки лежали, тоже стандартные. Они-то ведь вздорожали на триста иен! А где три, там и пятьсот: все равно для наших людей это абстрактная величина, однако цифра пятьсот звучит солидно, словно оклад в полтысячи рублей. Поэтому в твоем шедевре мы запишем так: «Почти на пятьсот иен больше придется платить японским трудящимся за обычный мешок риса».

Почеркав карандашом по Петровой статье, Алексей протянул ее не Петру, а мне, сидевшему рядом:

— На, отнеси телетайпистке!..

В крошечной комнатке, примыкавшей к бюро телетайпистов-японцев, сидела, томясь в ожидании работы и от скуки перелистывая московский журнал, наша советская телетайпистка, жена одного из корреспондентов. Почти все наши жены работали в ТАСС телетайпистками. Их скромное по японским меркам жалованье служило нам существенной валютной прибавкой к семейному бюджету.

В журнале, который перелистывала своими тонкими пальцами телетайпистка, была напечатана статья одного из нас. Ее она и читала. Когда я вошел, она с осуждающим видом вздохнула и произнесла:

— Почему же вы все врете! Пишете все о том же, что и двадцать лет назад: рост оборонных расходов, инфляция, преступность... Разве в Японии нет ничего другого? И кроме того, оказывается, все эти социальные язвы есть и у нас!.. Вы бы лучше написали о том, как люди здесь внимательны и вежливы друг к другу, как болеют они за общее дело, наконец, о том, какой здесь прогресс науки!..

— Милочка, а разве вам неизвестно, что мы находимся на особом учете в отделе пропаганды ЦК КПСС? Это разве случайность? Ведь о торжестве японской техники и вообще всей социальной жизни мог бы написать любой честный человек! Наша же задача гораздо труднее: умолчать обо всем этом и убедить нашего читателя в том, что идеальная общественная система на Земле — коммунизм. В этом и состоит социальный заказ, который нам дала коммунистическая партия!..

Говоря все это, я, разумеется, рисковал. Но ведь при нашем разговоре не было свидетеля. Кроме того, я знал, что муж этой телетайпистки находится в немилости у КГБ за профанацию агентурной работы, о чем ни он, ни тем более она осведомлены не были. Короче говоря, даже если бы этот разговор стал известен в резидентуре, моей собеседнице не очень-то и поверили бы, что дало бы мне шанс для отходного маневра. Но уж очень хотелось мне высказать то, о чем я на самом деле думаю!..

— Да ну, какой еще социальный заказ, никогда не поверю в это! — усомнилась моя собеседница. — Просто все вы — неумные, недобросовестные люди, к тому же нечестные: на словах восхищаетесь теми сторонами японской жизни, которые потом поносите на бумаге!..

Обреченно вздохнув, она принялась набирать заметку Петра на длинной бумажной ленте, выбивая на ней специальным прибором сочетания круглых отверстий, а я вернулся в редакционную комнату.

Вскоре отворилась дверь, и туда без стука вошел пожилой телетайпист-японец в жилетке и черных брюках. Шаркая кожаными подошвами шлепанцев, он подошел к столу, молча положил на него белый листок телеграммы и тотчас удалился. По японским понятиям это считалось верхом неучтивости, и Алексей проводил телетайписта злобно прищуренным взглядом.

— Недоволен, видите ли, тем, что его увольняют! — саркастически произнес он, когда за телетайпистом закрылась дверь. — И денежной компенсации, которую мы выплачиваем им за счет советского народа, не ценят, — продолжал он. — А зря: сумма-то весьма крупная, достаточная, чтобы купить несколько автомобилей. Эх, эти бы деньги дать нашему мужику! — горестно воскликнул Алексей, ударив кулаком по столу. — У нас в СССР если увольняют кого, то в лучшем случае выплачивают мизерное двухнедельное пособие, а могут не дать и его... Кстати, — оживился он, — когда наши финансисты в ТАСС узнали, сколько десятков миллионов иен предстоит выплатить здешним телетайпистам в связи с увольнением, они прислали телеграмму, в которой было всего два слова: «Вы шутите?» Еще бы, наши бухгалтеры и предположить не могли, что при увольнении в Японии полагается что-то платить: ведь они тоже воспитаны на наших статьях! Пришлось с дипломатической почтой отправить им перевод японского закона, устанавливающего эти выплаты, и каждую страницу заверить консульской печатью!.. А японцы все равно недовольны — какую-то там мелочь они теряют. Как бы еще забастовку не устроили: тогда и вовсе греха не оберешься!.. Ой, что же я, дурак, сам подаю им идею! — воскликнул он, с опаской взглянув на потолок, и замолчал... — Ну и черт с ними! — сказал он минуту спустя, словно подводя итог своим недолгим раздумьям. — В конце концов, специальность у меня есть!.. Поглядим-ка, что в телеграмме! — И он бодро сдвинул очки на кончик носа...

Телеграммы из Москвы с указаниями написать статьи на ту или иную тему приходили очень часто и были зеркальным отражением тех проблем, которые особенно будоражили нашу страну и были невыгодны ей с точки зрения пропаганды, подрывая идею о преимуществах социализма над капитализмом.

«Напишите о росте цен в Японии», — читали мы в очередной телеграмме и догадывались, что в скором времени у нас в Советском Союзе грядет очередное повышение цен.

«Подготовьте разоблачительный материал о жилищном кризисе в Токио», — гласила другая телеграмма, не оставлявшая сомнений в том, что как раз не в Токио, а именно в Москве потерпела крах очередная программа жилищного строительства.

Иногда, по многолетней привычке, Москва требовала срочно сообщить о загрязнении в Японии окружающей среды, но выполнять это указание становилось все труднее, потому что за последнее десятилетие японцы умудрились каким-то образом очистить свою среду обитания и больше не загрязнять ее, в то время как у нас, несмотря на огромный размер территории, она, наоборот, загрязнялась.

Но больше всего волновали Москву две темы: кризис японской медицины и тяжелое положение японских женщин. Задания написать о них поступали порой даже ночью.

— Просят дать материал о кризисе японской медицины, — объявил Алексей, покачивая головой. — Кто напишет? Может быть, ты, Петя? — сказал он, зная, как Петр любит ругать Японию.

— Нет, Алексей, не могу! — решительно отказался, однако, тот. — Совесть не позволяет! Я ведь немолод и недавно прошел здесь полное обследование с помощью электронной техники. У меня нет слов, чтобы передать внимательность врачей, участливость медицинских сестер, их деликатное обращение с пациентами. Не то что наши советские медсестры!.. Пусть об этом напишет тот, кто помоложе!..

— А я вот тоже недавно лечил здесь зубы! — мечтательно произнес я. — Кто бы мог подумать: бормашина не причиняет никакой боли! Впрочем, давайте-ка я напишу о кризисе японской медицины, хотя, как мы знаем, кризис медицины в действительности существует не в Японии, а у нас, в Советском Союзе, потому что наши врачи там получают мизерную зарплату, а государство выделяет на оснащение клиник сущую мелочь — то, что остается от военных расходов. Но я читал в японском журнале, что и у японских медиков есть проблемы. Например, врачи с бо́льшим вниманием глядят на экран компьютера, чем на больного, а сложные операции обходятся весьма дорого...

— Пиши, — усмехнулся Алексей, — хотя учти: ты болтаешь под японской подслушивающей аппаратурой много лишнего о нашем социалистическом строе...

Я бойко затарахтел на машинке...

— А я напишу о женщинах! — провозгласил Петр и тоже принялся барабанить по клавишам. Спустя некоторое время он положил свой опус на стол начальника.

— Ну, Петь, ты даешь! — воскликнул Алексей, пробежав глазами написанное и зачитав вслух: — «Все большему числу японских женщин приходится в наши дни искать работу...» Ты пишешь об этом как о трагедии, а ведь у нас все женщины работают, и никто это трагедией не считает. Более того, официально это расценивается как крупное завоевание социализма. Ведь у нас мужья не могут содержать семью на свою зарплату, а здешним мужьям, японским, это все-таки удается. Но нашему советскому читателю об этом ни в коем случае нельзя знать.

— Но ведь Киодо Цусин[1] дает цифры! — обиделся Петр и помахал обрывком белой ленты.

— Оно их дает по любому поводу, а у тебя должна быть своя голова на плечах! Оно сообщает и о сокращении улова лосося, хотя никаких очередей

---

[1] Ки о д о Ц у с и н — ведущее японское информационное агентство.

в магазинах не замечается, и красную рыбу здесь едят по-прежнему много. Недавно мне один старый японец говорил: «Все меньше у нас становится лосося и кеты, потому что вы не позволяете ловить их в своих водах!» А я ему ответил так: «Да если наш русский мужик хотя бы раз в год попробует красной рыбки, то он уже и доволен!..»

— Неужели ты мог так сказать иностранцу, Алексей? — ужаснулся Петр и укоризненно покачал головой.

Тот, поняв, что сболтнул лишнее, потупил взгляд и замолчал...

Тут, к счастью, часы пробили одиннадцать. Пришла пора пить кофе. Разумеется, на территории СССР такого буржуазного обычая нет и в помине, но зато корреспонденты ТАСС неофициально взяли его на вооружение. Это дает им отличный повод на несколько минут отлучиться, чтобы за чашкой кофе немного расслабиться.

Поэтому все быстро поднялись из-за столов и поспешили к дверям. Впрочем, каждый не преминул пригласить Алексея на кофе к себе, ибо знали, что жена его на полгода уехала в Москву, к детям и внукам, дома его никто не ждет.

Алексей поблагодарил за приглашение, но отказался:

— Нет уж, пейте сами, мне кофе уже нельзя по возрасту...

После этих слов все как один разбежались. Убедившись, что в комнате никого, кроме меня, нет, Алексей достал из-под груды газет американский журнал, раскрытый на статье «Не все в порядке в империи Горбачева», и продолжил чтение. Очевидно, статья задевала его за живое, потому что он то и дело восклицал, обращаясь, очевидно, к коммунистическим руководителям:

— Эх, управители! Эх, герои труда! Это надо же умудриться так развалить страну, причем без войны, без мора!..

Видно, меня он совершенно не стеснялся, считая, что мы все равно находимся с ним в одной упряжке КГБ. А между тем я, завершив клеветнический опус о прекрасной и бесконечно гуманной японской медицине, положил его на стол Алексею и тоже поспешил было к выходу.

— Куда это ты так торопишься?.. — строго окликнул меня Алексей.

— Как это куда? — многозначительно переспросил я, разводя руками и показывая ими на потолок, утыканный микрофонами, и тем самым давая понять, что вот сейчас попью дома кофе и поеду в резидентуру. Что же в этом удивительного?.. Ведь это моя работа!..

— Но все-таки по линии ТАСС ты недорабатываешь! — строго заметил Алексей.

— Но ведь, наверное, это естественно... — осторожно возразил я, имея в виду то, что другие корреспонденты, хотя они и являются агентами, все же не выполняют такой большой объем каждодневной шпионской работы, хотя и во многом глубоко формальной и ненужной.

— А как же Петр? — парировал Алексей. — Ведь он тоже вроде из ваших, а целый день сидит в ТАСС!..

Я был обескуражен замечанием Алексея, но препираться с ним не счел для себя возможным.

«Черт побери, — в сердцах подумал я, — от этих военных вообще можно ожидать чего угодно. Скорее всего, Петру дано задание просто паразитировать на ТАСС, а заодно из информации Киодо Цусин, Рейтер и многих других агентств выуживать все более или менее ценное для армии и отправлять в Москву с грифом «Совершенно секретно», как будто бы это самая настоящая разведывательная информация и добыл ее ГРУ!»

— У Петра и спрашивайте! — ответил я и направился к дверям. «Совершенно очевидно, — решил я, — что Алексей задумал какую-то акцию против КГБ, объектом которой предстоит стать мне».

Однако пожаловаться на это в КГБ я не имел права. Там очень не любят разбираться в конфликтах между руководителями советских учреждений и разведчиками, работающими в них. В случае каких-либо коллизий между ними КГБ, как это ни странно, всегда принимает сторону местного начальства и без колебаний жертвует своим сотрудником, а взамен ему присылает другого, из числа терпеливо ожидающих сытого заграничного житья. Этот принцип глубочайшего равнодушия к своим кадрам и заведомо карательного подхода к ним заложен в самой природе коммунизма. Давно замечено, что коммунисты гораздо более непримиримы к своим оступившимся товарищам, нежели к врагам. Так было всегда, так продолжается и сейчас: коммунистическая партия никогда не защищает своих членов, попавших в беду, и старается непременно потопить их. Исключение, впрочем, составляют представители высшего, номенклатурного слоя партии, которые никому и ничему не подсудны. Впрочем, это также оформлено соответствующим партийным решением и потому ни у кого не вызывает протеста.

Итак, надвигался какой-то скандал, суть которого мне была неясна. Он был направлен против КГБ и меня. Но посоветоваться по этому поводу во всей огромной резидентуре КГБ мне было не с кем...

В смятенных чувствах я поднялся в свою квартиру. Как же чудесно начиналось сегодняшнее утро! Впрочем, теплый аромат кофе, смешанный со знакомыми домашними запахами, несколько успокоил меня. Я налил себе кофе и со вздохом облегчения опустился в кресло.

Мой пятилетний сын уже проснулся и теперь с увлечением развинчивал игрушечного робота «Гогур-5».

— Ты сегодня ночью снова пойдешь на работу? — вдруг спросил он не оборачиваясь.

Я в замешательстве посмотрел в чашку, не зная, что и ответить. Ведь своим наивным вопросом малыш выдал меня с головой! Если предположить, что в моей квартире стоит техника подслушивания, — а, скорее всего, так и есть, — то для японской контрразведки сам по себе вопрос звучит яснее любого ответа: ведь никакие нормальные служащие советских представительств не работают по вечерам! Им хватает для дел рабочего дня, который заканчивается в шесть часов вечера, после чего все расходятся по домам. А у разведчиков в этот час только и начинается настоящая работа! Они разлетаются по ресторанам на встречу с агентами или склоняют неискушенных людей к агентурному сотрудничеству. И поэтому сам факт позднего, за полночь, возвращения советского гражданина домой в глазах всех иностранных контрразведок служит одним из признаков его принадлежности к разведке КГБ или ГРУ...

...Но ведь сегодня вечером я тоже буду занят! Что же ответить малышу?

— Видишь ли, — промямлил я, — на работу я, конечно, не пойду, но дома меня все равно не будет, потому что в посольстве состоится собрание.

Ребенок равнодушно кивнул, с треском манипулируя игрушкой: какое ему дело до наших собраний! Тем более, что и ответ мой предназначался не столько ему, сколько японской контрразведке: да, сегодня вечером в посольстве действительно состоится партийное собрание, но в преддверии его и как бы под его прикрытием пройдет еще одно собрание, в резидентуре. Оно-то и является для меня самым главным...

Дети и разведка! Эта тема заслуживает особого разговора, хотя бы потому, что никто никогда не затрагивал ее.

КГБ держит под неослабным вниманием всю семью разведчика, в том числе и детей. Для них тоже предусмотрена роль в шпионском промысле родителя: посильно служить его прикрытием. Если дети знают, что отец — шпион, они не должны никому об этом рассказывать. Если не знают, то и не должны знать как можно дольше.

Поэтому все сотрудники разведки стараются держать свою профессию от детей в тайне, хотя это не всегда удается. Мальчишки начинают кое-что подозревать лет в двенадцать, когда в них просыпается мужской охотничий инстинкт, дочери же не догадываются ни о чем никогда: должно быть, их трезвый женский ум не может допустить, чтобы взрослые мужчины занимались игрой, которой, без сомнения, является шпионаж.

Если сыновья начинают догадываться об истинной профессии отца, то он в свою очередь радуется уму и проницательности своих чад. Если вы увидите где-нибудь в резидентуре двух чекистов, беседующих расплывшись в улыбке, будьте уверены: они говорят именно об этом!

— А мой-то сын уже догадался, — сообщает один. — Прихожу вчера домой, а он мне заявляет: куда это ты ходишь по вечерам, когда все другие отцы сидят дома и смотрят телевизор? Может быть, ты шпион? Я, конечно, предупредил его, чтобы он никому не говорил об этом...

— А моя отличница-дочь, как ей тринадцать исполнилось, все с матерью шушукается, — вздыхает другой. — На уме одни платья, наряды, пироги вот печь научилась, а до того, что отец такой опасной работой занимается, ей и дела нет. Никаких вопросов не задает!..

Практика показывает, что мальчишки не могут хранить переполняющую их страшную тайну и делятся ею с близкими друзьями. Те в свою очередь — с родителями, и так она постепенно достигает ушей японской контрразведки. Именно этот вопрос больше всего и беспокоит КГБ.

«Ну и что? — спросите вы. — Разве может контрразведывательная служба предпринимать какие-либо действия, основываясь на словах ребенка? Они же не имеют никакой юридической силы!..»

Да, это так. Даже если сын разведчика изготовит плакат «Мой папа служит в КГБ» и пройдет с ним по Гиндзе, ни один полицейский не придаст этому факту какого-либо значения, ибо юридически такой плакат как бы не существует.

А вот советский милиционер придал бы, особенно во времена Сталина. Он сказал бы так:

— Значит, твой отец шпион? Напиши об этом! — и вручил бы ребенку карандаш и бумагу...

Поощрение детей к слежке за родителями на предмет их политической благонадежности восходит к истокам советской власти. Особенно широко оно бытовало при Сталине, пропагандировалось детской литературой. Тех ребят, кто, подслушав крамольные беседы родителей, доносил на них в органы безопасности, называли «пионерами-героями».

Сейчас, наверное, невозможно определить, сколько сотен тысяч родителей посадили в тюрьму несмышленые дети, обманутые изощренной коммунистической пропагандой за тридцать сталинских лет. Никакой скидки на возраст тогдашний закон не делал, и донос, продиктованный порой лишь бурным мальчишеским воображением, распаленным игрой в охотников и индейцев, воспринимался как стопроцентный взрослый. Известно немало случаев, когда дети-подростки подводили своих родителей не только под тюремное заключение, но и под расстрел, оставаясь сиротами. Это считалось высшим проявлением советского патриотизма. Очень часто таких детей брали на воспитание органы безопасности, готовя из них шпионов, в преданности которых сомневаться не приходилось. Говорят, одним из таких был известный герой войны Николай Кузнецов, совершавший террористические акты в тылу немецко-фашистских войск.

В этих условиях коммунистическое правительство пошло еще дальше, полностью упразднив какую-либо разницу в степени уголовной ответственности детей и взрослых. С середины тридцатых на детей двенадцати лет начала распространяться смертная казнь. Ее статистика до сих пор держится в тайне. В этот период на основе нового закона были расстреляны несовершеннолетние дети и внуки политических противников Сталина, а также немало простых людей.

После смерти Сталина расстрелы детей были отменены и до сих пор стыдливо умалчиваются коммунистической пропагандой, однако память о них до сих пор живет в сознании руководства КГБ. Даже в условиях демократического Запада КГБ запрещает детям выдавать профессию своих отцов, не зная, должно быть, что в то же самое время гуманное буржуазное законодательство вообще игнорирует детские политические откровения...

Между тем время близилось к полудню. В тот день я уже больше не мог уделять внимание тассовским делам, пора было заниматься основной работой — шпионажем...

Привыкшие к точности японцы, должно быть, думают, что в распорядке дня разведчика четко определено, сколько времени следует уделять «крыше» и сколько — основной, разведывательной работе. Увы, за семьдесят лет существования КГБ так и не удосужился договориться об этом с ЦК КПСС. Никаких четких разграничений нет, и официальное предписание КГБ по этому поводу сформулировано весьма расплывчато: выполнять весь объем разведывательной работы и также весь по линии прикрытия...

Это, согласитесь, физически невозможно. Такое положение может служить основанием для субъективного толкования тех или иных фактов. Например, если Алексей пожалуется резиденту на то, что я не выполняю в полном объеме работу корреспондента ТАСС, то есть не сижу всю неделю с девяти утра до шести вечера за столом в корпункте, то главный представитель КГБ может отреагировать двояко. Он будет вправе написать в моей служебной характеристике, например, так: «Активно занимался разведывательной работой и, несмотря на занятость, выполнял требуемый минимум работы по линии прикрытия».

А может написать и по-другому: «Несмотря на активную работу в резидентуре, не смог наладить отношений с руководством учреждения прикрытия, недорабатывал, имел нарекания...»

Что в данном случае решит мою судьбу? Только личное отношение резидента ко мне, а не сама работа. Чем определяется доброе отношение ко мне резидента? Тем, что мой отец, так же, как и он, генерал КГБ и может, если захочет, навредить самому резиденту, сказав о нем что-нибудь плохое в ЦК или руководству КГБ. И поэтому, скорее всего, резидент изберет первый вариант оценки. В целом же такие расплывчатые критерии, допускающие взаимоисключающие оценки, очень характерны для СССР. Они удобны для правящего в нем класса чиновников, получающих возможность из каждого толкования извлекать для себя весьма ощутимую материальную выгоду...

Надев костюм, — а именно в костюме все советские служащие обязаны появляться в посольстве, — я стал спускаться по лестнице. Так уж повелось, что уехать из ТАСС незаметно считалось для нас, разведчиков, неприличным: полагалось зайти в общую комнату и при всеобщем напряженном внимании спросить Алексея для проформы, не возражает ли он против моей отлучки и нет ли у него каких-либо поручений. Эта процедура была весьма неприятной и даже опасной, поскольку кругом были агенты КГБ, ловившие каждое твое слово. При необходимости они могли переиначить твой разговор с Алексеем и изобразить его в резидентуре так: «А Преображенский открыто заявил, что работает в КГБ и считает ТАСС второстепенным для себя!..»

С точки зрения резидентуры это было бы серьезным нарушением для разведчика: расшифровкой своей принадлежности к КГБ под микрофонами японской контрразведки!.. Именно поэтому ежедневное прощание с Алексеем было весьма трудным делом: я не имел права прямо сказать, для чего еду в посольство, когда все остальные продолжают работать. Согласитесь, что, объясняясь с начальством обиняками, человек выглядит довольно глупо.

Но отказаться от этой ежедневной процедуры прощания с Алексеем было нельзя, поскольку он был пожилым и уважаемым человеком, ветераном ТАСС. Разумеется, был он и старым агентом, завербованным КГБ в возрасте чуть ли не четырнадцати лет, в годы войны, когда служил юнгой на грузовом судне заграничного плавания.

Вот и сегодня мы, вдвоем еще с одним разведчиком, также работавшим в ТАСС, виновато крадучись, подошли к столу Алексея. Пригнувшись, чтобы нас не слышали другие корреспонденты-агенты, промямлили что-то насчет того, что нам надо в посольство и не возражает ли Алексей против этого.

Но на сей раз Алексей отреагировал странно. Поднявшись со стула во весь рост и сердито сверкая очками, он нарочито громко, так, чтобы все слышали, воскликнул:

— Что-то в последнее время, ребята, вы мало внимания уделяете работе в ТАСС. Среди дня вдруг срываетесь с мест и мчитесь куда-то. А мы тут за вас вкалываем, выполняем двойную норму! Вас Родина послала в Японию для работы в ТАСС, и ТАСС вам платит деньги. Коллектив журналистов возмущен вашим халатным отношением к делу!..

Этого еще не хватало! Мы стояли молча, не зная, что возразить: ведь каждое слово будет потом тщательнейшим образом оценено и немного изменено корреспондентами ТАСС — так, как они привыкли поступать со статьями из японских газет.

Строго говоря, Алексей был не прав: всех нас послал в Японию не ТАСС и не КГБ, а ЦК КПСС, а эти две организации исполнили роль послушных орудий. Но сейчас дело было не в этом, а в том, что Алексей совершил неслыханное нарушение конспирации, раскрыв перед корреспондентами ТАСС, а главное, перед ушами японской контрразведки, нашу принадлежность к советским разведслужбам. А вдруг после этого МИД откажется продлить нам визы? Нет, Алексея надо наказать! Мы должны подать на него официальную жалобу в резидентуру!..

Так твердо решили мы с напарником, садясь в машины...

Выехав из ТАСС по узкому переулку, мы помчались в разные стороны: у каждого из нас были свои шпионские дела, делиться существом которых друг с другом не принято. Я, например, хотел установить несколько перспективных контактов и отработать наконец проверочный маршрут, который от меня давно требовали в резидентуре.

Перспективные контакты, то есть знакомства с молодыми людьми, не для каких-то сиюминутных целей, а на будущее, устанавливают обычно в университетах. До начала собрания в резидентуре оставалось не так много времени, всего часа три, и я решил заехать в ближайший — в университет Мэйдзи. Туда можно было домчаться за пять минут по прямой и широкой улице, но я решил все-таки поехать сложным маршрутом, петляя по переулкам, чтобы проверить, нет ли за мной слежки, иначе все мои новые знакомства теряли смысл.

Въехав в густую сеть переулков, с трудом разворачивая машину на крошечных перекрестках, я с горечью размышлял о тяжелой судьбе журналиста в разведке.

Да, в ТАСС нас не любят. Да и за что нас любить? Мы действительно работаем меньше всех, каждый день куда-то уезжаем, вместо того чтобы сидеть за письменным столом.

Кроме того, корреспонденты ассоциируют нас со всей зловещей машиной КГБ, от которой они не видят ничего, кроме зла. КГБ ограничивает их свободу творчества, следит за их личной жизнью, вынуждает становиться агентами. Так что Алексея можно понять, хотя формально он и не прав.

Но и в разведке мы не можем найти защиты от несправедливых нападок, потому что там нас тоже не любят. КГБ вообще ненавидит журналистов за их независимый трезвый ум, тягу к свободе. Совершенно сознательно поэтому он и держит их в кулаке. По этой же причине КГБ презирает также писателей, художников, музыкантов и представителей других творческих профессий. И если сотрудник КГБ выбирает для себя прикрытие журналиста, то эта нелюбовь автоматически распространяется и на него. Чтобы не злить коллег и начальство, журналисту лучше всего вообще перестать писать. Но поступить так — все равно что сказать: «Я, товарищи, на самом деле никакой не писака-журналист, а только им притворяюсь!..»

Так, например, поступил мой напарник по ТАСС. Я же был искренне увлечен журналистикой, люблю писать. Уже опубликованы две мои книги и огромное количество очерков и статей. Странно, правда, что в разведке как бы не замечали этого и, кажется, даже испытывали раздражение по этому поводу. Но ведь я не могу не писать! Однако вынужден работать и в разведке, поскольку иначе не попал бы в Японию. Выхода из этого противоречия нет. В этом и состоит моя трагедия: КГБ не любит журналистов, но и журналисты терпеть не могут сотрудников КГБ. Человек же, который совмещает в себе обе профессии, нелюбим вдвойне...

Итак, я держал путь в университет Мэйдзи. За невысокими соснами уже отчетливо проступали серые корпуса. Слежки за мной, кажется, не было, и я, облегченно вздохнув, нажал на газ.

Вырулив на широкую Накано-дори, я подъехал к университету и быстрым шагом направился к воротам. Автомобиль я спокойно оставил на улице, так как номер на нем был такой же, как у всех японских граждан. Вот если бы он был синий, дипломатический, да еще с цифрами «79», указывающими на принадлежность его хозяина к советскому посольству, то любой проходящий мимо полицейский вполне мог заинтересоваться, чем это занимается в университете Мэйдзи советский дипломат. Именно поэтому разведчики-дипломаты стараются в таких случаях запарковать машину где-нибудь подальше, на платной стоянке. Впрочем, один мой коллега прибегал даже, на мой взгляд, к излишним мерам предосторожности, всегда имея в машине запасной пиджак. Выходя, он небрежно бросал его на спинку сиденья, давая понять случайным прохожим и прежде всего полицейским, что отлучился лишь на минуту, а сам уезжал далеко, на другой конец города...

Здесь, в университете Мэйдзи, мне предстояло познакомиться с каким-нибудь умным на вид студентом, чтобы потом начать разработку его как будущего агента советской разведки. Сегодня вечером в резидентуре я должен буду сообщить его имя заместителю резидента и заодно показать, что не без пользы провел день.

Имя студента будет проверено по картотеке резидентуры, а затем и в Москве, по учетам всей разведки, а возможно, также и ГРУ. Но сделано это будет исключительно для проформы: ведь каждому ясно, что в двадцатилетнем возрасте он никак не мог ранее попасть в поле зрения нашей разведки или запятнать себя агентурным сотрудничеством с какой-то другой.

Работать со студентами легко: они общительны, веселы, у них нет той щепетильной осторожности, которая присуща старшему поколению японцев. Одно лишь приглашение иностранным корреспондентом в ресторан они воспринимают как большую честь. Именно поэтому для первой беседы с ними принято выбирать дорогой, даже роскошный ресторан, давая понять, что они имеют дело с обеспеченным человеком, который при случае может им хорошо заплатить.

Ведь всем известно, что студенты не упускают возможности подработать и охотно соглашаются написать по просьбе своего нового знакомого какой-нибудь реферат, например по теме своих научных изысканий. Им объясняют, что статья будет опубликована в бюллетене ТАСС или она нужна московскому приятелю корреспондента, который готовит диссертацию как раз на сходную тему.

Реферат будет щедро оплачен, хотя и не представляет никакой информационной ценности для разведки. Как, должно быть, удивится студент, узнав, что его реферат даже не был предложен в информационно-аналитический отдел разведки, а всего лишь подшит в дело как доказательство его готовности выполнять задания советского разведчика, получая за это деньги...

Впрочем, пока он не знает о том, что имеет дело с разведкой, и искусство ее сотрудника в том и состоит, чтобы осторожно и естественно подвести намеченную жертву к этой мысли. Например, месяцев через шесть, уже достаточно подружившись и выпив вместе не одну чашечку сакэ, разведчик как бы между прочим говорит, что один из последних рефератов студента оказался настолько ценен, что был напечатан в Москве в некоем закрытом журнале, издаваемом ТАСС для высших чинов страны, в том числе и для руководства разведки.

Произнося эти последние, самые главные слова, он внимательно наблюдает за выражением лица студента. Если оно остается спокойным и студент как бы пропустил упоминание о разведке мимо ушей, давая понять, что ради денег он готов и на это, сердце разведчика азартно вздрагивает, поскольку с данной минуты можно начинать истинный шпионаж.

Если же молодой японец удивленно поднимает брови, то разведчик спешит его заверить, что пошутил. Дальнейшую работу с таким студентом можно прекратить, ибо она утрачивает смысл, или, наоборот, следует активизировать, всеми способами убеждая его пойти на сотрудничество с разведкой.

«Но зачем советской разведке агентура, которая не имеет доступа к государственным или военным секретам?» — спросите вы.

А затем, что она не имеет такого доступа лишь пока! Окончив учебу, студент может поступить и в управление национальной обороны, и в МИД, и в научно-исследовательский институт Мицубиси. Оформляющим его прием сотрудникам отдела кадров и в голову не придет, что он советский агент...

Я бывал в японских университетах очень часто и хорошо в них ориентировался: ведь когда-то я и сам стажировался в одном из таких университетов! Бродя по их коридорам, прислушиваясь к доносящимся из аудиторий веселым голосам, я испытывал и радость, и неподдельный интерес, и чувство щемящей тоски по безвозвратно ушедшей своей собственной студенческой поре.

Не знаю, чего в этих посещениях было больше: журналистского интереса или шпионажа. Так или иначе, именно они помогли мне написать первую в СССР книгу о японской молодежи, вышедшую в 1989 году под названием «Как стать японцем» и имевшую в нашей стране большой успех...

Кстати, мои коллеги по ТАСС не могли бы так часто бывать в университетах, поскольку обязаны были с утра до вечера сидеть за письменным столом, сочиняя скучные и наполовину лживые статьи...

На небольшой площади перед входом в университет Мэйдзи я остановился, размышляя, на какой факультет следует пойти в первую очередь. И вдруг откуда-то справа послышались мощные звуки симфонического оркестра. Торжественная и бодрая музыка Бетховена вмиг наполнила тесный двор и выплеснулась за ограду, потонув в грохоте машин. Инструменты звучали в полную силу, слаженно, хотя и не очень четко. Судя по всему, где-то рядом шла репетиция.

Звуки доносились из здания, где, очевидно, репетировал студенческий оркестр. Я со всех ног помчался туда...

В одной из просторных комнат на втором этаже оркестранты, весело переговариваясь, бережно укладывали в футляры скрипки, флейты, валторны. Их было человек тридцать, мужчины — в темных костюмах с галстуками, женщины — в строгих платьях, и все вместе они вызвали у меня огромное чувство симпатии. Это было будущее Японии, ее надежда. В сосредоточенных лицах оркестрантов ощущалась глубина мысли. Как все они были близки мне!..

Мое внимание привлек высокий молодой человек с дирижерской палочкой в руке. Я подошел к нему, представился и спросил, что побудило его стать дирижером студенческого оркестра.

Он радушно улыбнулся, очевидно, вопрос попал в самую точку.

— Среди японских студентов, — сказал он, — необычайно популярен рок. Но такая музыка примитивна, она не возвышает душу. И потому мы решили бросить поклонникам рока вызов: пусть они слушают и приобщаются к классической музыке!..

Как это было понятно и близко мне, как увлечение роком было характерно для нашего студенчества! Помнится, на нашем курсе чуть ли не я один признавал исключительно классическую музыку, подвергаясь порой даже насмешкам со стороны своих сокурсников.

— Я хотел бы написать о вашем оркестре обстоятельную статью, но сейчас у меня нет для беседы времени. Может быть, как-нибудь встретимся и поговорим? — предложил я.

— С удовольствием отвечу на ваши вопросы! — охотно согласился студент и добавил, что он бывает здесь по вторникам, в день репетиции.

— На всякий случай сообщите мне ваше имя! — попросил я, вручая студенту свою визитную карточку. Тот, не раздумывая, быстро написал на листке бумаги имя, фамилию и даже номер телефона. Этого было вполне достаточно для проверки по картотеке.

— На каком факультете вы учитесь? — спросил я.

— На естественнонаучном, специализируюсь по компьютерам! — сообщил он с улыбкой.

«Да ведь это же как раз то, что нужно разведке!» — чуть было не воскликнул я и вдруг ужаснулся этой мысли: стоит ли отдавать такого приятного, интеллигентного молодого человека в руки КГБ?!

«Скорее всего, я просто поговорю с ним о музыке, напишу статью, и мы расстанемся», — думал я, поспешно направляясь к автомобилю, но на всякий случай подальше пряча листок с его именем и номером телефона...

Сев в машину, я помчался по Накано-дори в сторону Синдзюку, высматривая подходящий переулок, в который можно было бы свернуть. Легкий всплеск восторга, вызванный знакомством со студенческим симфоническим оркестром, быстро угас. В остававшиеся до собрания два часа я решил заняться делом неинтересным и нудным, которое я откладывал со дня на день, а именно подбором проверочного маршрута. Дальнейшие проволочки грозили неприятностями...

Разведчики всех стран, выходя на встречу с агентом, тщательно проверяют, нет ли за ними слежки. И только, наверное, в советской шпионской службе эта важнейшая мера предосторожности считалась формальной, ненужной и весьма обременительной.

Требования к этому маршруту общеизвестны и одинаковы во всех разведках мира: он должен заставить слежку, если она есть, проявить себя, и потому изобилует множеством неожиданных поворотов и всевозможных маневров с использованием узких переулков и развилок улиц. Висящая у вас на хвосте машина вынуждена повторять ваш маршрут с уготованными для него ловушками.

Японская столица дает полный простор для такой проверки, ибо лабиринтов в ней предостаточно. Но углубляться в них произвольно вы не имеете права: маршрут должен быть заучен наизусть, нарисован на карте и утвержден руководством резидентуры. Только после этого вы сможете пользоваться им время от времени.

«Что же в этом плохого? — спросите вы. — Это свидетельствует о заботе резидентурного начальства о вашей безопасности...»

Дело в том, что вся кропотливая работа по определению такого маршрута, многократное опробирование его неизбежно привлечет внимание контрразведки, демаскирует его. Ведь во всех наших машинах установлены какие-то полицейские датчики, и КГБ известно об этом. Поэтому и запрещается разведчикам говорить в автомобиле на шпионские темы. Однако выезжать на проверочный маршрут в этом же автомобиле КГБ разрешает, хотя не надо быть инженером, чтобы догадаться о возможности датчиков сигнализировать и об этом.

Электронный датчик с предельной точностью вычерчивает ваш маршрут на зеленом экране компьютера, установленного в отделе общественной безопасности Токийского полицейского управления. Если этот маршрут будет возникать на нем снова и снова, у полиции, во-первых, не останется никаких сомнений в том, что вы разведчик, потому что ни одному нормальному советскому человеку не придет в голову без конца ездить по одному и тому же маршруту, причем пролегающему по самым узким и неудобным переулкам.

Во-вторых, зная ваш маршрут, полиция может ждать вас в самом конце его, когда, уверенный в отсутствии слежки, вы собираетесь встретиться с агентом.

И действительно: все советские разведчики, как правило, никогда не видят за собой наружного наблюдения (так именуется в КГБ хвост, слежка), когда проезжают в сотый раз по отработанному маршруту, и потому считают его очень надежным.

Я сразу понял, что такая практика подготовки маршрутов самоубийственна для разведчика, и поэтому, когда мне надо было всерьез проверить, нет ли за мной слежки, въезжал в густую сеть переулков неожиданно и всегда с какой-нибудь другой улицы.

Однако это было серьезным нарушением правил КГБ. Метод свободной проверки разведчика был запрещен, поскольку он в этом случае неизбежно проходил мимо полицейских будок, которые в Токио торчат на каждом шагу. Считалось, что полицейский может увидать машину советского разведчика и сообщить об этом в контрразведку.

У меня это сразу вызывало сомнение. Я начал специально проезжать на автомобиле мимо полицейских будок, наблюдая за реакцией их обитателей. Ни один полицейский даже не взглянул в мою сторону!

Все они были заняты своими прямыми обязанностями: что-то писали за столом, разговаривали с посетителями, но даже если и стояли в дверях, то смотрели больше не на проезжую часть, а на тротуар. Их интересовали люди, а не машины, для которых имеется своя, дорожная полиция. На мой автомобиль они не обращали внимания — хотя бы потому, что на нем не было написано, что он принадлежит КГБ.

Все это означало, что принцип проверочных маршрутов, провозглашенный в токийской резидентуре КГБ, был ошибочным. В нем ощущался низкий профессионализм управления «К».

Впрочем, и в этом у него была своя хитрость. Подготовке маршрутов в резидентуре придавалось большое значение. Каждый из них нужно было вычертить на прозрачном листе пластика, наложенном на огромную карту Токио. После этого управление «К» фотографировало маршрут и подшивало в дело. Но если потом с разведчиком случалось что-то неприятное, например его арестовывали на встрече с агентом или засвечивался в японской прессе, управление «К» тотчас извлекало фотокопию его маршрута и заявляло, что разведчик нарушил маршрут и оказался неподалеку от полицейской будки. И вся вина за провал взваливалась на разведчика, а начальство и само управление «К» выступали теперь в роли не ответчиков, а судей...

До сего дня мне удавалось оттягивать разработку проверочного маршрута. Но сейчас я по всему чувствовал, что терпение начальства иссякло, оно начинает сердиться и, как водится в КГБ, что-то подозревает. Поэтому именно сегодня я решил заняться этим злополучным проверочным маршрутом исключительно ради ублажения начальства. Кстати, и в этом проявилась парадоксальность работы советского разведчика, поскольку проверочный маршрут должен был уберечь меня не от японской контрразведки, а от гораздо более опасной для меня советской. А уж с японской я как-нибудь разберусь сам...

Настроение у меня было неважное от сознания бессмысленности, ненужности этого занятия. Но предстоящая поездка по потаенным местам моего любимого Токио скрашивала тоску.

Отъехав от университета Мэйдзи почти до вокзала Синдзюку и обогнув его, я добрался до района Син-Окубо и по улице Окубо-дори спустился к Иидабаси.

Окубо-дори вполне подходит для проверочного маршрута: она длинная, узкая, и рядом с ней нет параллельных улиц, где могла бы спрятаться следящая за вами машина.

Естественно, на Окубо-дори имеется несколько полицейских будок. Каждый раз, обнаружив таковую, я возвращался и находил способ объезда по кривым, узким переулкам. Машина двигалась медленно, для того чтобы развернуть ее, приходилось много раз подавать то немного вперед, то назад, вызывая удивление прохожих. Они не могли взять в толк, для чего это я забрался туда, вместо того чтобы ехать по нормальной дороге, как и все другие шоферы.

Ощущая, в каком глупом положении нахожусь, я утешал себя тем, что деваться мне все равно некуда: если хочешь работать в Токио, надо подчиняться бюрократическим порядкам резидентуры...

Я старался превратить этот дурацкий проверочный маршрут в увлекательную поездку по Токио, отдохнуть на его тихих маленьких улочках от суеты и шума крупных магистралей. Окубо-дори вывела меня в Иидабаси, где я облегченно вздохнул полной грудью, словно попал домой.

Этот старинный район Токио — Иидабаси, Кудан, Канда, с его белыми стенами императорского дворца, окруженного рвом, наполненным водою, храмом Ясукуни в окружении сакур, с кварталами букинистических магазинов, — удивительно дорог мне не только тем, что до сих пор хранит в себе аромат эпохи Мэйдзи. Он напоминает мне и о безвозвратно ушедших годах юности. Именно здесь, на тихих старинных улицах, и началось мое знакомство с Японией, когда в далеком 1974 году в парке Коракуэн проходила выставка «Советская Сибирь».

Я был тогда двадцатилетним студентом Института восточных языков и работал на этой выставке переводчиком. КГБ и там строго следил за всеми нами, и выходить в город по одному не разрешалось. Рядом должен был обязательно находиться какой-нибудь советский соглядатай-напарник. Но старинные переулки так волновали и манили меня, что я убегал туда один, нелегально, и долго бродил, вдыхая волнующий аромат истинной, старинной Японии и хоронясь от случайной встречи с кем-либо из персонала выставки: все эти люди, как я потом доподлинно узнал, были агентами КГБ...

Добравшись на машине до Иидабаси, я решил отдохнуть и несколько минут погулял по просторному и в тот день пустовавшему стадиону, наслаждаясь тишиной, чистым прохладным воздухом. Однако в мыслях своих я то и дело возвращался к странному демаршу Алексея.

Впрочем, верный привычке разведчика оценивать каждый свой шаг как бы со стороны, я не забыл на всякий случай придумать оправдание своему пребыванию здесь. Если сейчас ко мне подойдет полицейский и спросит, что я делаю здесь один на пустом стадионе, я без запинки отвечу: «Готовлюсь к написанию книги о японском спорте!..»

Вскоре я снова сел в машину, объехал милый моему сердцу Коракуэн и, взяв курс на север, добрался до Сугамо, то петляя по переулкам, то выезжая на широкую магистраль. Чтобы не сбиться потом, при проверке, с маршрута, я наносил его на карту.

В Сугамо я с облегчением перевел дух: маршрут можно было считать отработанным, и теперь я мог за него отчитаться. Но ради этого абсолютно ненужного, сугубо формального дела мне пришлось потом медленно, из-за пробок, одолевать вторую половину пути! Хорошо еще, что я использовал эти вынужденные остановки для наблюдения из окна машины за японской жизнью. Большинство же моих товарищей, как я знал, не делали этого, будучи целиком сосредоточенными на желании как можно быстрее выбраться из пробки. Нормальная, повседневная, не связанная со шпионажем жизнь Японии проходила мимо, не привлекая их внимания...

От Сугамо до Камиятё, где расположено советское посольство, я доехал очень быстро, воспользовавшись хайвэем. Уже давно наступил обеденный час, и я, оставив машину в посольском дворе, решил сходить в ближайший ресторан суси[1]. Тот, в котором я обычно бывал, расположен прямо напротив станции метро «Камиятё», хотя вокруг, в Роппонги, есть и другие. В этом ресторане как-то по-особенному спокойно, уютно и немного сумрачно.

В Японии коллеги по работе обычно ходят обедать группами. Советские же люди избегают таких коллективных походов, чтобы хоть на время избавиться от назойливого внимания советского коллектива. И поэтому я, зная, что в связи с предстоящим собранием сейчас в резидентуре, на десятом этаже, уже собралось около тридцати моих коллег, решил не приглашать кого-либо из них разделить со мной трапезу и, выйдя из посольских ворот, зашагал к станции метро не оглядываясь...

---

[1] С у с и — национальное японское блюдо. Колобки из вареного риса, поверх которых кладется ломтик сырой рыбы или моллюск.

Не оглядывался же я по той причине, что отряд демонстративного наружного наблюдения, постоянно дежурящий напротив входа в посольство, сейчас принимал решение — следовать за мной или нет. Разумеется, эта слежка не преследовала каких-либо конкретных контрразведывательных целей, а должна была еще раз показать мне, что я известен ей как разведчик и не должен чувствовать себя полностью бесконтрольным. И потому, если бы я оглянулся, они наверняка пошли бы за мной...

Впрочем, они все равно сделали это, что я определил по топоту ног, раздавшемуся у меня за спиной. Полицейские в разговоры со мной не вступали, а я делал вид, что не узнаю их, хотя и сталкивался с ними нос к носу десятки раз.

Когда я вошел в ресторан суси, официантка, приветствовавшая меня привычным «ирассяимасэ»[1], испуганно посмотрела поверх моего плеча.

Полицейский сел за соседний столик, и она молча поставила перед ним чашку зеленого чая. И пока я наслаждался своими любимыми суси с рыбой хамати, он неторопливо потягивал чай. Официантка даже не предложила ему суси, видимо зная заранее, что он зашел сюда только выпить чайку. Когда я встал и двинулся к кассе, полицейский поднялся с места и первым вышел из ресторана. Так же молча мы возвратились в посольство, и лишь у ворот он негромко спросил:

— У вас сегодня собрание?

На что я, не оборачиваясь, едва заметно кивнул...

Быстро миновав приемную посольства, я поднялся на десятый этаж. Резидентура уже была пол-

---

[1] «И р а с с я и м а с э» — «Добро пожаловать!» *(яп.).*

на народу. И в тесном коридоре ее, и в довольно просторной рабочей комнате толпилось десятка три мужчин в возрасте от тридцати до пятидесяти лет. Манерой поведения они очень напоминали корреспондентов ТАСС, с которыми я общался сегодня утром, лишь одеты были более строго, в костюмы с галстуком, которые и здесь, в Токио, да и в самой штаб-квартире в Москве, заменяли офицерский мундир. В их непринужденных шутках и взрывах громкого смеха также ощущались и настороженность, и взаимное недоверие, и готовность тотчас же отказаться от своих слов. Лица самых старших из них казались сделанными из резины, ибо пребывали в постоянной готовности принять любое выражение — от радостного изумления до скорби и гнева. К этому их приучила и работа с агентурой, к настроению которой нужно всегда приспосабливаться, и общение со своими приятелями-чекистами.

Наконец дверь кабинета резидента распахнулась, и все торопливо вошли туда, рассаживаясь в соответствии с чином и стажем работы в Токио. Заместители резидента сели сбоку за его стол, помощники расположились на стульях поодаль. Молодые и недавно приехавшие в Токио младшие офицеры в звании от лейтенанта до капитана отодвинули свои стулья подальше к дверям. Мне же, майору, да к тому же старожилу в Токио, полагалось сидеть в середине. Так я и поступил...

Резидент встал, торжественно возвышаясь над столом, и начал свое выступление точно так же, как и все остальные начальники в КГБ, неконкретной и общей фразой:

— Товарищи! Хотел бы предупредить вас о том, что агентурно-оперативная обстановка в Токио остается очень сложной...

Впрочем, в его голосе ощущалось и живое волнение. Оно не было случайным, ибо в этот день резидент произносил свою первую речь перед всем офицерским составом резидентуры. Какова же будет основная мысль этой речи? Ведь она задает основное направление работы резидентуры на несколько лет.

Об этом думал каждый и напряженно ждал, что скажет резидент.

Сказал же он именно то, о чем часто перешептывались все мы здесь, в Токио, и о чем во весь голос говорила вся разведка: о побегах сотрудников резидентур к американцам и англичанам. После побега Левченко в Японии эти случаи не только не прекратились, но и, наоборот, участились. Все это свидетельствовало об углубляющемся морально-психологическом кризисе советского режима, чего руководство КГБ не имело права признавать.

И поэтому резидент продолжил свою речь так:

— Если у вас возникнет трудное, двусмысленное положение, не скрывайте этого от товарищей. Скажите об этом мне! Ведь я — представитель высшего руководства КГБ! Резидент в Японии — это, знаете, не шутка! Если вас завербуют и вы мне признаетесь, я сделаю все для того, чтобы объяснить ваш поступок самому высокому руководству, оправдать вас, помочь вам!.. Не повторяйте поступок бывшего сотрудника токийской резидентуры П.!..

Услыхав заверение резидента о том, что он попытается оправдать нас в глазах руководства, если нас завербует японская или американская разведка, многие иронически усмехнулись. Ведь все мы тоже были офицерами КГБ и знали, что в нашей системе ничего и никому просто так объяснить нельзя. Начальники руководствуются в своих действиях установками ЦК КПСС и соображениями личной карьеры. Традиции кого-либо защищать вообще нет в советском обществе, которое имеет ярко выраженный обвинительный уклон. Оно только карает своих граждан и никогда никого не защищает. Тем более в такой щепетильной ситуации, как вербовка советского разведчика иностранной разведкой. Да и сам резидент не станет нас защищать, ибо является старым работником управления «К». Стало быть, он врет нам, предлагает нам фальшивую сделку, точно такую же, какую иной раз предлагаем мы своей агентуре...

Услышав же из уст резидента фамилию П., многие насторожились: слишком была памятна всем эта история, хотя резидентура и не давала официального заключения о ней.

Этот П. учился вместе со мной в Институте стран Азии и Африки и был всего на год старше. Разведывательная его карьера началась более стремительно, чем у меня. До того, как приехать в Японию, он, хотя и был японистом, успел несколько лет прослужить в Индии, являющейся, как известно, вотчиной английской разведки. Командировка в Японию была для П. второй, и потому он был назначен на весьма высокую для такого возраста должность второго секретаря посольства. По своей же шпионской специальности он занимался нелегальной разведкой, будучи приписан к управлению «С».

Там же служил и наш общий однокурсник Володя Кузичкин, перебежавший незадолго до этого в Иране к англичанам. У меня были с ним очень добрые, приятельские отношения. П. же был его близким другом.

И потому нет ничего удивительного в том, что сразу же после побега Кузичкина англичане пригласили П. на беседу, которая происходила в Токио и продолжалась всю ночь. Жена П., также выпускница нашего института, не знала, куда делся ее муж, и до утра ждала его, но в резидентуру об этом не сообщила, нарушив незыблемое правило жен чекистов доносить на своих мужей и заслужив высказываемое осторожным шепотом одобрение всех остальных офицеров резидентуры, жены которых вряд ли повели бы себя так же в аналогичной ситуации. Скорее всего, интересы государства и КГБ оказались бы для них выше супружеского, семейного счастья.

П. согласился стать агентом английской разведки Сикрет интеллидженс сервис, но через день передумал, сочтя это слишком опасным, и сдался советским властям. Его тотчас отправили в Москву, где исключили из партии и выгнали из КГБ. При Сталине его, разумеется, расстреляли бы. Впрочем, в то время он никогда бы и не вернулся после вербовки в СССР.

Итак, вина П. заключалась лишь в том, что он раздумывал сутки! Я учел это обстоятельство, а потом и использовал его в свою пользу, когда меня захватила на встрече с агентом-китайцем японская контрразведка: едва выйдя из полиции, я тотчас взял такси и поехал в посольство, то есть в резидентуру, не заезжая даже домой, в ТАСС! Это и спасло меня от слишком сильных преследований КГБ. Впрочем, во время того собрания ничего этого я еще не знал...

Короче говоря, резиденту никто из нас не поверил. Он же, закончив свою речь, сел и жестом пригласил выступать своего ближайшего помощника, заместителя по внешней контрразведке, полковника управления «К» У.

Тот, как всегда многозначительно улыбаясь, словно ему все известно о каждом из нас, быстро подошел к столу резидента и твердым голосом заговорил.

Как принято в таких случаях на общих собраниях резидентуры, он начал пугать нас коварством и могуществом японских специальных служб, контрразведки. Для начала У. рассказал, что она начала устанавливать за советскими разведчиками особо секретную слежку, в отряды которой входят до шестидесяти автомобилей. Кроме того, в некоторых ресторанах официанты стали подслушивать разговоры посетителей-иностранцев, ведущиеся на японском языке. Вот и все — никаких других устрашающих фактов возросшей активности японских спецслужб он привести не смог. Да разве все это можно сравнить с размахом деятельности КГБ в нашей стране! У нас не только некоторые официанты подслушивают разговоры, а вообще все, ибо все они до одного агенты, как и метрдотели, и даже швейцары у дверей, и гардеробщики. На эти две последние должности принимают исключительно ветеранов КГБ, главным образом из службы наружного наблюдения, вышедших на пенсию. Стоит только подозрительному иностранцу появиться в нашем советском ресторане, как агент-официант тотчас убирает прозрачную пепельницу со стола и приносит другую, сделанную из темной пластмассы. В нее вмонтирован подслушивающий аппарат. Каждый вечер во всех крупных московских ресторанах дежурят чекисты в наушниках, подключаясь к беседе то одних посетителей, то других, стараясь обнаружить что-нибудь представляющее интерес для КГБ. Что же касается службы наружного наблюдения и слежки за иностранцами, то КГБ в состоянии задействовать не только шестьдесят легковых машин, но и несколько рейсовых автобусов с «пассажирами» из КГБ. Среди них будут и старухи, бывшие сыщицы, и старики, их коллеги, и, разумеется, молодежь. Какому же иностранному разведчику, зашедшему в этот автобус, придет в голову, что все эти пассажиры до единого наблюдают за ним?..

Продолжая свое выступление, заместитель резидента по управлению «К» всячески давал понять, что в японской контрразведке у него имеется своя агентура.

— А вообще ваши жены и дети позволяют себе неосторожные высказывания в помещениях, прослушиваемых местной контрразведкой. Все они сразу становятся достоянием спецслужб, поэтому прошу всех провести в семьях разъяснительную работу!..

Тут я хотел встать и пожаловаться на Алексея за сегодняшнюю его выходку, но передумал и решил подойти к заместителю по внешней контрразведке после собрания и поговорить с ним, как это принято в КГБ, наедине...

— Да, кстати, — продолжал тот, — завтра никто из вас не должен даже случайно оказаться в районе Итабаси: по нашим данным, там будут проходить полицейские учения...

Все прослушали это сообщение с серьезным видом, хотя каждый, кроме, может быть, самых молодых, знал, что никаких полицейских учений в Японии не бывает. Речь, скорее всего, шла о другом: завтра в Итабаси предстоит важная встреча с глубоко законспирированным агентом-японцем, а может быть, и нашим советским разведчиком-нелегалом, и мы, рядовые разведчики легальной резидентуры, не должны были по ошибке привести туда за собой свой японский хвост...

Но почему бы не сказать об этом прямо? Ведь это было бы честнее...

Управление «К» запрещало такую честность: во-первых, среди нас вполне мог оказаться японский или американский агент, а во-вторых, припугнуть нас лишний раз тоже не мешало.

Вывод же из своей речи докладчик сделал весьма неожиданный: все мы должны следить друг за другом!

Нимало не смущаясь, заместитель резидента по линии «К» заявил:

— Сейчас главный показатель работы резидентуры определяется не тем, сколько агентов-японцев она завербовала, а тем, что из нее никто не убежал!

«Ну и ну!» — подумали мы, осознав всю противоречивую двойственность положения советского разведчика за границей: с одной стороны, он является особо доверенным человеком правительства и КГБ, допущенным к государственным тайнам; но с другой — первым кандидатом на то, чтобы им занялось управление «К» как предателем и коллаборационистом. Психике нормального человека трудно пребывать в состоянии такой двойственности, и потому среди разведчиков нашей страны часты психические расстройства, в том числе и шизофрения, которая по-японски так и называется: «раскол сознания».

— Поэтому, — продолжал начальник линии «К», — все вы должны следить друг за другом. Если ваш товарищ-чекист долго отсутствует в офисе, скажем полдня, надо немедленно сообщить об этом в резидентуру. Кроме того, вы сами должны ставить резидентуру в известность о своем местопребывании, докладывать, что с вами все в порядке (то есть что ты не убежал). Это совсем просто: позвонил дежурному по посольству и спросил: «Как там? Советник по культуре на месте?..»

Или: «Во сколько будет оптовая распродажа мяса?» Вот мы и будем знать о вас...

Следующим выступил заместитель резидента по политической разведке. На общих собраниях резидентуры не принято говорить о конкретных делах, ибо они у каждого свои и являются тайной для всех остальных сотрудников резидентуры, и поэтому его выступление было очень коротким. Он лишь напомнил, что в соответствии с решением ЦК КПСС политическая разведка является самой главной, и сотрудники других направлений — научно-технической, контрразведывательной и нелегальной — должны оказывать ей постоянную помощь. Она заключается в выяснении планов и намерений японского правительства в отношении СССР, а также характера его контактов с американским партнером...

При этих словах по лицу заместителя резидента по промышленному шпионажу пробежала тень неудовольствия: очевидно, он почувствовал себя уязвленным. Взяв слово следующим, он с трудом скрываемым язвительным тоном заметил, что научно-техническая разведка также очень важна, поскольку она насаждает советскую агентуру в военно-промышленном комплексе Японии.

«Но ведь в Японии нет никакого военно-промышленного комплекса! Наоборот, он есть именно в СССР!» — хотел было воскликнуть я, но, конечно, сдержался, ибо отлично знал, что в течение последних тридцати лет советская разведка ищет в Японии этот комплекс и не может найти.

И действительно, разве есть в Японии крупные промышленные фирмы, ориентированные исключительно на войну? Да, некоторые из них производят вооружение, но все равно основную долю продукции каждой из таких фирм составляют товары гражданского назначения. В СССР же, напротив, чуть ли не девяносто процентов заводов производят только танки, ракеты и пулеметы. В стране есть даже целые секретные города, не обозначенные на картах, население которых занято исключительно обслуживанием установок атомного или космического оружия. Очевидно, советское руководство никак не может примириться с тем, что Япония способна существовать без всего этого и демонстрировать успехи во всех сферах. И потому во что бы то ни стало старается найти там военно-промышленный комплекс, чтобы хоть в этом уравнять наши страны...

Почувствовав, что между двумя заместителями может начаться словесная перепалка, резидент поспешил закрыть совещание. В заключительном слове он между прочим сказал:

— Сегодня мы не коснулись такого важного направления, как работа против Китая. Не скрою, лучше всех себя проявил в этой сфере товарищ Георгий!.. Он расскажет нам о специфике разработки и вербовки китайцев на следующем совещании!..

Назвав мой шпионский псевдоним, резидент поглядел на меня с одобрительной улыбкой. В глазах остальных разведчиков, устремленных на меня, я прочитал зависть. Впрочем, она не могла испортить моей неожиданной радости, ибо я знал, что похвала резидента значит очень много. Видимо, меня ждет очередное повышение и звание подполковника. Что ж, оно будет мне весьма кстати!..

В состоянии некоторой эйфории я остановил в коридоре заместителя резидента по контрразведке и пожаловался ему на Алексея. Подошедший к нам мой напарник подтвердил мои слова и даже сказал, что Алексей совсем обнаглел, видимо по причине полной безнаказанности, и об этом следует сообщить в ЦК КПСС...

Главный контрразведчик резидентуры не только не разделил нашего негодования, но, наоборот, посмотрел на нас отчужденным, укоризненным взглядом.

— Что ж, вы можете такую жалобу написать, и мы перешлем ее в ЦК КПСС. Но имейте в виду: тем самым вы официально поставите в известность руководство страны о том, что японцы знают о вашей принадлежности к советской разведке. После этого вас уже нельзя будет использовать на работе в резидентуре, и вы сами закроете себе путь за границу. Так что подумайте, стоит ли писать! — усмехнулся он и быстро зашагал в свой кабинет...

Меня словно окатили кипятком, я почувствовал, как запылали от стыда мои щеки. Сердце ныло от горечи и обиды: я давно, чуть ли не с детства, привык к вывернутой наизнанку, ненормальной и непонятной обычным людям логике КГБ. Но я и предположить не мог, что в своем коварстве она может дойти до того, чтобы превозносить преступника и наказывать его жертву. Став через несколько лет одним из помощников начальника всей научно-технической разведки, я, разумеется, изучил эту логику гораздо лучше...

Кроме того, я наконец с горечью убедился еще в одной истине: все советские начальники заодно, где бы они ни работали — в ТАСС, КГБ, МИД или еще где-нибудь. Потому что на самом деле не имеет никакого значения то, где они работают, ибо всех их назначил ЦК КПСС и причислил к одному и тому же слою избранной партийной номенклатуры. Мы, рядовые разведчики, журналисты и дипломаты, также принадлежим к партийной номенклатуре, но как

291

бы условно, на период заграничной командировки, да и то к самому нижнему ее слою. Алексей же, и У., и резидент, и посол ощущают между собой некое классовое единство, своего рода сословную спаянность.

Именно поэтому КГБ никогда не защищает своих сотрудников, если они подвергаются несправедливым нападкам руководителей учреждения прикрытия. Наоборот, он тотчас солидаризируется с этими начальниками и вместе с ними добивает разведчика до конца, досрочно откомандировывая его в Москву и разрушая его карьеру...

За полупрозрачным окном резидентуры спустились сумерки. Чувствовалась дневная усталость и хотелось поскорее вернуться домой. Однако нам, журналистам-разведчикам, надо было идти еще на одно собрание, партийное. Такие собрания проводятся не в общепосольском масштабе, а отдельно по профессиональным группам, в каждой из которых есть своя организация КПСС.

Есть такая организация и у дипломатов, поваров и шоферов, и даже у женщин, жен дипломатов. Пожалуй, они единственные относятся к собраниям с большим интересом, принаряжаясь специально по этому случаю, а под видом партийных новостей они обсуждают проблемы воспитания детей и кулинарные рецепты.

Тем не менее пропускать партийные собрания нельзя никому, даже нам, разведчикам. Посещаемость строго контролируется, ибо служит самым важным в нашей стране критерием политической благонадежности.

Своя организация есть и у нас, советских корреспондентов в Японии. Хотя никто из нас не работает непосредственно в посольстве, партийные собрания положено проводить там, в технически защищенной комнате, чтобы японская контрразведка не смогла узнать наших партийных секретов. Как таковых, секретов здесь, в общем, нет, но зато все доклады на партсобраниях проникнуты глубоко циничным, оголтелым коммунистическим духом, в своем стремлении к мировому господству не признающим никаких международных юридических и моральных норм. Вот этот дух и является главным сектором. Если о нем узнают японцы, это действительно может нанести нашему мировому престижу некоторый ущерб.

Повестка дня нынешнего партийного собрания в полной мере отвечала этому духу, именуясь так: «О задачах коммунистов по противодействию японо-китайскому сближению».

Хотя секретарем партийной организации был, кажется, все тот же Алексей, самым главным чувствовал себя в этот час корреспондент «Правды» Вдовин. Всегда скромный, разговаривающий тихим голосом и пишущий в своей газете очень мало статей о Японии, сейчас он удивлял всех нарочито хозяйскими, уверенными интонациями. Этим он как бы напоминал о своей принадлежности к ЦК КПСС, самому главному и как бы священному органу власти в нашей стране. Понимали это и мы, послушно исполняя указания Вдовина о том, кому и в какой очередности надлежит выступать.

Вначале Вдовин сказал несколько слов о том, какая ужасная страна Китай. Он стремится к мировому господству и хочет завоевать СССР. Слушать это было довольно странно, поскольку Китай все-таки социалистическая страна, а любая враждебная пропаганда против такой страны считается в СССР уголовно наказуемой. Есть даже специальная статья в Уголовном кодексе, предписывающая несколько лет тюрьмы за это. В реальной судебной практике эту статью, конечно, не применяют...

— И вот, когда я неофициально встречаюсь с товарищами из Японской коммунистической партии, — продолжал Вдовин, многозначительно понизив голос, — я всегда указываю им на опасный характер японо-китайского сближения и призываю японских коммунистов бороться против этого!..

Затем Вдовин потребовал, чтобы каждый из участников собрания встал и рассказал, что именно он, лично, сделал для того, чтобы подорвать японо-китайский союз. На языке советской бюрократии такое требование называется «партийной принципиальностью».

Первым выскочил, конечно, Алексей, очень дороживший отношениями с Вдовиным и усиленно изображавший тесную дружбу с ним. Бодрым тоном он поведал о том, что специально приглашал на ужин в ресторан «Гиндза Астор», одного из руководителей Киодо Цусин, в беседе с которым аргументированно показал лживость китайских руководителей и дал понять, что сближение Японии с этой ужасной страной может привести к войне с СССР.

Самое удивительное состояло в том, что и Вдовин, и Алексей поносили буржуазную японскую жизнь только на партийных собраниях, в действительности же восхищались ею. Каждый из них очень дорожил возможностью жить в Японии, наслаждаясь ее высокой бытовой культурой, прекрасным сервисом, здоровой и вкусной едой. Невероятно высокая японская зарплата давала им возможность содержать даже семьи своих старших детей, находившиеся в Москве и вынужденные существовать на скудный советский заработок. Служба ложной коммунистической идее с молодости исковеркала души обоих, приучив жить в обстановке раздвоенности, говорить дома одно, а на работе другое, писать статьи, политические оценки которых они сами же и не разделяли. Необходимость вести двойную жизнь делала их самих похожими на шпионов.

Корреспондент «Труда», профсоюзной газеты, встал и мрачным голосом сообщил, что недавно на беседе в СОХИО[1] агитировал японцев не развивать профсоюзных контактов с Китаем, потому что свободных профсоюзов там нет и все они находятся под пятой коммунистической партии и государственного аппарата.

«Чего же ты о нас не упомянул, ведь в СССР то же самое!» — мысленно усмехнулся я.

Так один за другим поднимались с мягких кресел советские корреспонденты и мямлили что-то невразумительное о том, как они навредили Китаю. Шпионское чутье подсказало мне, что почти все они врут...

Наконец очередь дошла и до меня. Вдовин и все остальные устремили на меня вопросительно-строгие взгляды.

Что я мог рассказать им? Что я-то как раз подрываю Китай на деле, с утра до ночи насаждая в нем агентуру советской разведки? Именно этого говорить было нельзя, и поэтому я, придав своему лицу партийно-строгое выражение, заявил, что хотел бы выступить на тему «Советский корреспондент и его долг перед родиной». Все насторожились, особенно Алексей, почувствовав в названии темы какой-то подвох.

---

[1] СОХИО — крупное японское профсоюзное объединение.

Осторожно выбирая слова, прибегая ко всякого рода иносказательным выражениям, я дал понять, что перед советскими корреспондентами стоят не только задачи подготовки статей или подрыва японо-китайских отношений, но и некоторые другие, под которыми я подразумевал конечно же разведку, и все тотчас поняли это. Этими «другими» задачами также руководит ЦК КПСС, и поэтому начальники советских журналистских коллективов должны всемерно помогать такой работе, ибо она тоже партийная, или хотя бы не мешать...

При этих словах все с удивлением воззрились на Алексея, сразу сообразив, что между нами произошел какой-то конфликт на шпионской почве.

Алексей нахмурился, опустив голову. Он знал, что час назад у нас проходило собрание в резидентуре, и, видимо, не сомневался, что я там нажаловался на него, а потому решил, что резидент поручил мне сделать на партсобрании такое суровое, хотя и иносказательное, заявление. И хотя все было, к сожалению, совсем не так, Алексей почувствовал себя весьма неуютно. Он понимал, что от КГБ можно ждать любого подвоха или удара в спину. Я же торжествовал маленькую победу.

Через несколько минут я уже мчался по хайвэю через вечерний Токио. Вокруг насколько хватало глаз расстилалось море огней. На вершинах небоскребов Синдзюку методично вспыхивали алые лампы.

Заканчивался мой очередной день в Японии, трудовой день шпиона. Как и все остальные, он был полон лицемерия и страха, притворства и лжи, бессмысленной советской работы. Он ничего не дал ни уму, ни сердцу. Единственным его приятным эпизодом было знакомство со студентами из самодеятельного оркестра в университете Мэйдзи, однако на то, чтобы с ними поговорить, не было времени.

Но ведь все это происходило в Японии, ставшей мне бесконечно родной и близкой. Эта прекрасная, тихая и добрая страна радовала меня то отрывком народной песни, то непривычно вкусным суси, то необычным сочетанием давно известных японских слов. И уже одно это делало меня счастливым.

Глава 8

ХОЛОДНАЯ ГОЛОВА ЧЕКИСТА

Основатель КГБ Феликс Дзержинский говорил, что у чекиста должны быть горячее сердце, чистые руки и холодная голова. Не будем сейчас вдаваться в смысл этого весьма спорного высказывания. Коснемся лишь головы.

Увы, очень у многих в разведке она совсем не холодная. Попробуйте-ка, как разведчик, годами жить с ощущением слежки. Или, как контрразведчик, подозревать всех подряд в измене, включая друзей, когда к тому же эти подозрения то и дело оправдываются!

Людей тонких и впечатлительных разведка не терпит. А у невпечатлительных плоховато с фантазией. Хотя, бывает, даже они повреждаются в уме.

Ничто так не переворачивает житейскую логику, как профессия шпиона. Судите сами: разве может нормальный человек поверить в то, что десятки людей следят за ним днем и ночью? Нет, такому лучше обратиться к врачу. А между тем каждый разведчик долгие годы живет с ощущением слежки.

Прибыв к месту вожделенной заграничной службы, в одно из российских посольств или торговых представительств, он старается снять квартиру подальше от посольства, хотя ему это неудобно. Ведь в посольстве, а точнее говоря, резидентуре разведки, притаившейся на одном из его верхних этажей, под самой крышей, нашему герою предстоит бывать каждый день, проводя долгие часы за написанием скучных служебных отчетов буквально о каждом своем шаге. Но жить он предпочитает в другом месте, хотя по должности вполне мог бы занять неплохую квартиру в ведомственном доме посольства.

Причина в том, что посольство со всех сторон обложено контрразведкой. За ним следят и люди в полицейской форме, стоящие у ворот, и технические работники в штатском, прячущиеся за шторами окон домов, чьи фасады обращены во внутренний посольский двор. Но главную опасность представляют все-таки не они, а легковые машины скромных марок, прячущиеся в переулках вокруг посольства. Стоит разведчику выехать из его ворот, как эти машины тотчас за ним увязываются. Да, рано или поздно он обнаружит слежку, но назначенная на вечер встреча с агентом из числа местных граждан будет сорвана, а за это можно получить нагоняй от начальства. Нет, лучше в день ответственной операции вообще не показываться в посольстве!

Но и дома, в каком бы отдаленном квартале ни жил разведчик, наблюдение за ним продолжается. Ведь выявить нашего разведчика очень легко. Все они на протяжении десятков лет занимают одни и те же должности в наших официальных представительствах. Пусть одного из них выдворили из страны, другого газеты объявили шпионом, и бедняге пришлось уехать — на их место все шлют и шлют новых чекистов как ни в чем не бывало. И даже автомобили передают по наследству, потому что все они числятся на балансе разведки, а покупать каждому разведчику новую машину — слишком дорогое удовольствие.

Поэтому в квартирах разведчиков установлена подслушивающая аппаратура. Иногда она нарочито обнаруживает себя. Например, жена одного дипломата-разведчика сказала однажды мужу в сердцах:

— Японцы берут за квартиру такие большие деньги, а не могут постелить коврик в ванной комнате!..

Через час в квартиру позвонил привратник и торжественно вручил хозяевам коврик для ванной...

Микрофоны, установленные местной контрразведкой, считаются неотъемлемой принадлежностью квартиры, об этом будущий чекист узнает в разведшколе, а его жена — во время собеседований с начальником отдела в Москве. Помнить об этой аппаратуре необходимо постоянно, ибо любое неосторожное слово может стоить карьеры. Первыми сдаются женщины, например упрекая мужа за то, что «посольство» ему так мало платит. А нехватка денег — первая причина для вербовочного подхода местной контрразведки с предложением крупных сумм в обмен на сотрудничество.

— Тише, дура! — шепчет одними губами муж, но высоко чувствительные магнитофоны записывают и это. А супружеская размолвка в семье — еще лучший повод для провокации: очень скоро с мужем познакомится очаровательная француженка или англичанка, скрывающая синие погоны офицера контрразведки под шелковой бретелькой подчеркнуто открытого платья.

Да и дети порой ставят отца в неудобное положение. Голоса у них звонкие, слышны особенно хорошо.

— Почему, — спрашивают сыновья, — у всех ребят в посольстве отцы после работы сидят дома и смотрят телевизор, а ты пропадаешь где-то каждый вечер? Может быть, ты шпион?

У отца от ужаса оседает голос, и он не знает, что отвечать. Каждый из таких случаев похож на анекдот, но если они повторяются изо дня в день в течение многих лет, то отцу семейства есть отчего стать неулыбчивым и желчным: мало того что местная контрразведка постоянно сидит на хвосте, да еще и домашние вставляют палки в колеса. Бросить бы все к черту да укатить в Москву, пополнив толпу безработных разведчиков, с умным видом слоняющихся без дела по километровым коридорам огромного комплекса зданий разведки в Ясеневе! Нет, лучше уж оставаться здесь, скрывая от начальства неосторожные высказывания домашних. Ведь наш разведчик хоть сколько-нибудь стоит только тогда, когда находится за границей. Вернувшись в Москву, он становится для начальников обузой.

Да и утаить от микрофонов контрразведки в итоге все равно ничего не удастся. На другом конце провода сидят опытные психологи и, может быть, даже психиатры, а для них важны не столько мелкие подробности шпионской работы, сколько общий психологический портрет разведчика и его семьи. Создать же его на протяжении трех—пяти лет никакого труда не представляет.

Кстати, в квартире может быть установлена еще и потайная телекамера, но о ней предпочитают не думать. По крайней мере, старые чекисты рассказывали нам, молодым, что когда Владимир Высоцкий встречался с Мариной Влади в гостинице «Националь», то наблюдать за ними из номера этажом выше, в котором находилась аппаратура подсматривания (мероприятие «О» на языке КГБ), съезжалось чуть ли не все руководство комитета.

За нашим разведчиком, находящимся за рубежом, следит не только вражеская контрразведка, но и своя. Ее цель — выявить изменнические намерения своего коллеги, убрать его из страны прежде, чем он успеет убежать на Запад. Поэтому даже в отдаленной городской квартире может стоять параллельная техника прослушивания, изготовленная в Москве. Правда, друзья-чекисты, имеющие радиофизическое образование, объясняли мне, что это рискованно: вдруг российскую систему прослушивания обнаружит местная контрразведка и скажет нашему разведчику:

— Полюбуйся, за тобой шпионят свои!..

Но думаю, что в этом случае наш товарищ не испытает никакого шока. Для него все это естественно.

А уж если он все-таки вынужден жить в посольстве, то никаких сомнений не остается: квартира постоянно находится на контроле. Провода в каждую комнату были проведены еще при строительстве здания. Вопрос лишь в том, когда твою квартиру подключат. И тогда сложится парадоксальная ситуация: в кабинете резидентуры, расположенной здесь же, в посольстве, ты с серьезным видом будешь докладывать начальнику о своей работе, а через десять минут, после твоего ухода, заместитель резидента по контрразведке доложит ему о твоем вчерашнем разговоре с женой.

Да, психологически жизнь в посольстве особенно тяжела, и микрофоны здесь — не самое главное. Ведь при необходимости можно выйти поговорить на балкон. Посольство — это огромная коммунальная квартира, в которой живут не только лощеные дипломаты, но и скромно одетый учитель посольской школы, и слесарь, и шофер, и полдюжины хмурых охранников, только что прибывших из дальних гарнизонов. У всех разная зарплата, а среди жен много изнывающих от безделья и зависти. Есть среди них и агентура КГБ, представляющая особую опасность, истолковывающая каждый слух в форме политического доноса.

Особенно не любит российская агентура разведчиков. Ведь они редко появляются на рабочем месте. А раз так, значит, получают деньги зря. Но собственная контрразведка этому обстоятельству только рада, потому что обнаружить потенциального врага и невозвращенца среди своих коллег-разведчиков считается особой заслугой. Поэтому сплетни и слухи о чекистах особенно приветствуются в резидентуре. Многих наших разведчиков за границей узнать особенно легко: их выдает затравленный вид.

Но и дома, в Москве, их мучения не прекращаются. Наоборот, они возобновляются с новой силой. Потому что каждого разведчика, возвратившегося из пятилетней командировки или даже приехавшего в отпуск, московская контрразведка начинает проверять на предмет гипотетической вербовки за границей. Незадолго до этого его соседей уже посетили лжеслесаря и инспектора из домоуправления, которые, мельком взглянув на электросчетчик, ненавязчиво переводили разговор на хозяина пустующей квартиры, уехавшего за границу: не замечалось ли за ним каких-либо странностей, не пьет ли он, не ходят ли к нему домой иностранцы?

С самим же разведчиком, возвратившимся на отдых, начинают происходить чудеса. Стоит ему примерить обувь в магазине и вновь поставить на полку, как из толпы покупателей тотчас выходят двое и откровенно запускают руки в ботинки, ощупывая их изнутри: не оставил ли наш герой там какой-нибудь записочки для иностранного связника? Едва разведчик понюхал цветок, прогуливаясь по парку, как к кусту подбегает тройка гуляющих и начинает перетряхивать каждый лист, надеясь, что из него выпадет вожделенный клочок бумаги. Разумеется, так бывает только тогда, когда на разведчика поступил серьезный донос — но так ли уж трудно его состряпать?

Более того: по неписаным правилам КГБ разведчик должен делать вид, что не замечает никакой слежки! Стоит ему недовольно поднять бровь, как сыщики злорадно напишут в своем письменном отчете об операции: «Проявил беспокойство, заметив слежку...»

А это очень серьезный сигнал, значит, надо копать глубже! А уж если к бедолаге-шпиону случайно подойдет на улице сотрудник американского посольства и спросит дорогу к Большому театру, то тут уж пиши пропало: заведенная на разведчика папка в управлении внутренней контрразведки начнет пухнуть как на дрожжах, а резолюции на бумагах станут докладывать все более высоким начальникам. Поэтому, отдыхая в Москве, разведчик без крайней нужды старается не выходить из дому, чтобы избежать случайных встреч с иностранцами, а в собственной квартире так же старается не проронить ни одного неосторожного слова, как в зарубежной...

Ну а каковы те, кто проверяет разведчиков? Они что за люди? Ведь формально и они служат в разведке!

Офицеры внутренней контрразведки — люди хмурые и неулыбчивые, юмор их раздражает. Сугубо недоброжелательно смотрят они на каждого. «Знаю я вас, сволочей! Так и норовите обмануть родину!» — говорит их взгляд. По характеру работы они обязаны подозревать всех знакомых в шпионаже и предательстве. И жизнь постоянно подтверждает правоту подозрений! То и дело разведчики убегают за границу, некоторых удается разоблачить еще в Москве как иностранных шпионов. Впрочем, очень редко это можно объяснить глубокой и тонкой работой самих контрразведчиков, чаще всего иностранных агентов в нашей разведке предают офицеры ЦРУ, сотрудничающие с Россией. Но разрабатывают предателей все равно московские контрразведчики и получают за это ордена. Иногда, получив такой орден, сами перебегают к американцам. Трудно понять их логику!

Но вот все неприятности позади. Проверка окончена, она не дала результатов. Разведчик, попрощавшись с товарищами и почтительно пожав руку начальнику отдела, спешит в Шереметьево. В машине, расслабленно откинувшись на спинку сиденья, он предвкушает прогулку по Елисейским полям, как вдруг, обернувшись, видит в заднем стекле неотступно следующие «Жигули»! Неужели ему все-таки не дадут улететь в Париж и с позором вернут в Ясенево? Панический страх охватывает бойца невидимого фронта...

Но вот самолет «Аэрофлота» взмыл в воздух, и разведчик со спокойным сердцем наблюдает сквозь стекло иллюминатора, как родные луга и перелески уплывают в небытие. Но сколько еще раз в страшном сне он увидит мрачные «Жигули», неотступно следующие по пятам!.. Выхода нет! За тобой следят и свои, и чужие. Причем свои даже более опасны. Ведь враги все-таки уважают в тебе иностранного разведчика, да и родное государство обязательно придет к тебе на помощь хотя бы ради спасения собственного престижа. Перед своими же тебя не защитит никто...

От этого ощущения безысходности можно сойти с ума. И такие случаи бывают! Когда лет десять назад один иногородний разведчик приехал в Москву для отчета, его поселили в гостинице «Пекин». И так случилось, что соседний номер занял заместитель резидента по контрразведке в посольстве в Вашингтоне, который там следил за нашим разведчиком целый год. Заместитель резидента тоже не был москвичом и в соседнем номере оказался случайно. По крайней мере, так объяснили в управлении «К», занимавшемся внешней контрразведкой, когда туда позвонил встревоженный начальник американского отдела.

«Мы не имеем к вашему сотруднику никаких претензий. Согласитесь, было бы глупо селить в соседний номер заместителя резидента по нашей линии, если бы что-то было...»

Но в КГБ так отвечают всегда. Наш же разведчик все-таки впал в глубокую депрессию: сказалось нервное перенапряжение от жизни в советском посольстве. Потом он лечился в психиатрической больнице. Остался ли он офицером разведки, я не знаю.

Да, люди с тонкой душевной структурой в разведке ломаются. Да их там почти и нет, разве что на постах составителей докладов, помощников и референтов. Оперативной работой занимаются люди жесткие, туповатые, не хватающие звезд с неба.

«КГБ нужны здоровые глупые парни!» — со смехом говорят они о себе в кругу надежных друзей, вернувшись из загранкомандировок. Вывести их из состояния тупой уверенности нельзя. Недаром же наша разведка не предложила оригинального решения ни одной международной проблемы за последние пятьдесят лет, а в 1991 году спокойно дождалась собственного роспуска.

«Социализм нерушим! В нашей стране все и всегда будет по-прежнему!» — как заклинание твердили и начальники, и рядовые офицеры разведки, когда тоталитарный советский строй доживал последние дни.

Все они, чтобы попасть в КГБ, прошли серьезное медицинское обследование, психологическое тестирование, беседу с психиатром.

«Пусть твой сын не обнаруживает слишком высоких показателей при тестировании! — советовал моему отцу, генералу КГБ, начальник медицинской службы этого всесильного тогда ведомства. — Если он покажется слишком умным, его не примут. Наш лозунг таков: «Дураки с ума не сходят!»

Когда разведчик повреждается в уме, начинаются проверки, разбирательства, совещания. Начальникам все это совсем не нужно, и они стараются принимать на службу людей примитивных, заурядных, которые никогда не впадут в маниакально-депрессивный психоз. В лучшем случае они напьются и устроят скандал. Их пожурят, но потом простят. А за плохую работу у нас, как известно, не наказывают, тем более что за завесой секретности можно скрыть все, что угодно.

Ну а похожи ли западные разведчики на наших? Каков их психологический тип?..

Увы, они совершенно другие. Образ запуганного советского разведчика генетически связан с нашим тоталитарным государством, со страхом потерять работу за границей. У английского, американского или французского разведчика не существует подобных комплексов. Но зато они в еще большей степени присущи китайским, вьетнамским или румынским разведчикам, а уж о жестоких северокорейских шпионах, убивающих людей, но и самих постоянно балансирующих на грани смертного приговора, и говорить нечего.

Западного разведчика отличает, пожалуй, другое — привычка к тепличным условиям жизни, детское легковерие. Американский или английский разведчик может обладать отменным здоровьем или грудой накачанных мышц, но душой оказаться слаб. Ведь он не прошел такой суровой жизненной школы, как советские люди. Западного разведчика никто никогда в жизни не обманывал, не обсчитывал в магазине и не оскорблял. Дожив до пятидесяти, он мог ни разу не столкнуться с грубостью. Иностранному разведчику также неведомо отсутствие тех или иных продуктов в магазине, не говоря уже об очередях.

Поэтому западные разведчики порой легко поддавались на удочку нашей разведки или даже просто партийной пропаганды, особенно в советские времена. Когда работники НКВД вербовали их на Советский Союз и коммунистическую идею, те свято верили: ведь не могут же такие солидные на вид люди нагло обманывать! Да и советские газеты и журналы, что ни говори, подтверждают их правоту!

После этого англичанин мог десятилетиями сотрудничать с советской разведкой, а когда наконец оказывался в Москве, испытывал столь горькое разочарование, что пережить его не мог и обращался к алкоголю. Так случилось со знаменитым английским разведчиком Кимом Филби да и со всей знаменитой пятеркой английских разведчиков, завербованных в тридцатые годы. А например, молодой американский морской офицер, перебежавший к нам во времена Горбачева и преподававший английский язык в Краснознаменном институте КГБ имени Андропова, через пару лет жизни в Советском Союзе спустился в гараж, закрылся в машине и отравился выхлопными газами. О большинстве же подобных судеб никто не знает. Да, что ни говори, шпионаж действительно не приносит пользы здоровью!

Глава 9

ПОЧЕМУ НАШИ РАЗВЕДЧИКИ БОЯТСЯ СВОИХ

За разведчиками следят! Причем не только иностранные контрразведчики, но и свои. Допущенный к государственным тайным и оттого автоматически попадающий под подозрение своего же родного КГБ, разведчик оказывается меж двух огней. Он не знает, кого бояться больше: чужих или своих? Впрочем, свои, пожалуй, опаснее... О, как тяжело бывает постоянно подавлять в себе чувство обиды!..

I

ТОТАЛЬНОЕ НЕДОВЕРИЕ

Иностранный разведчик, действующий в чужой стране, всегда должен быть готов к тому, что им заинтересуется местная контрразведка.

Ожидание этого весьма неприятно, могу подтвердить собственным опытом: то вдруг случайный прохожий на улице посмотрел на вас с непонятной усмешкой, то хозяин магазина, где вы каждый день покупаете еду, вдруг спросил, будете ли вы сегодня вечером дома. То, наконец, дорожный полицейский, остановивший ваш автомобиль за пустячное нарушение, как бы между прочим поинтересовался, для чего вы ездили недавно на остров Кюсю.

И вот наконец вы видите за собой слежку воочию: несколько мужчин и одна женщина то и дело попадаются вам по пути, старательно отводя взгляд в сторону. Стоит вам сесть в такси, как следом пристраивается еще одно такси, и сидящий на заднем сиденье мужчина старательно прячется за спину шофера.

Что ж, для разведчика все это нормально, хотя слежка и не доставляет приятных чувств. У многих народов есть пословица о том, что ожидание счастья приятнее, чем само счастье, а ожидание беды тяжелее самой беды. Что касается слежки, то к ней эта пословица не подходит: и ожидание ее наполняет душу страхом, и сама она рождает чувство отчаяния — ведь ты ни к кому в этой стране не можешь обратиться за помощью, ибо сам нарушаешь ее закон.

Впрочем, для разведчика все это является непременным атрибутом его профессии. Именно поэтому он и получает на родине высокую заработную плату, призванную компенсировать моральный ущерб. Разведчики всех стран относятся к слежке противной стороны как к некоей неприятной специфике профессии, которую каждый из нас выбирает сам.

Но только советские разведчики ощущают за собой двойную слежку: контрразведки противника и своей собственной, родной страны.

Эта неустанная слежка ведется и на родине, и за границей. Никакой моральной компенсации за нее наши разведчики не получают, хотя она осуществляется более грубо и бесцеремонно, чем иностранная. Последствия же ее гораздо более опасны: если для местной контрразведки вы все-таки иностранец и она относится к вам с уважением, то своя не уважает ни на йоту и может сделать с вами все, что угодно, ибо вы перед ней полностью беззащитны.

В чем же причина такого недоверия к советским разведчикам? Да в том, что все они прекрасно понимают бюрократический характер советской разведки, ее цинизм и равнодушие к людям, осознают ту пропасть, которая пролегла между начальниками и подчиненными. Начальство разведки совершенно не доверяет своим подчиненным и ставит перед собой невыполнимую задачу проконтролировать каждый их шаг.

Для слежки за сотрудниками советской разведки руководство КГБ вынуждено содержать еще одну разведку. Она называется управлением «К» и входит в состав всей советской разведки. Формально перед ним поставлена задача насаждать агентуру в иностранных контрразведках — японской, американской, английской и всех прочих. Но это дело весьма трудное да и опасное: контрразведки не любят, когда иностранцы вмешиваются в их дела. И потому КГБ предпочел более легкий путь: выявлять потенциальных шпионов и предателей среди советских разведчиков. Разумеется, никто из потенциальных перебежчиков в стан врага не выдает управлению «К» своих планов, и оно с удовольствием использует для своих целей другой источник: многочисленные слухи и сплетни, циркулирующие внутри советской колонии. Главная его цель в анализе этих слухов состоит в том, чтобы обнаружить какой-нибудь компрометирующий материал на разведчика и с таинственным выражением лица доложить его резиденту.

Абсолютно все советские разведчики знают, что борьба с иностранными спецслужбами является вовсе не главной целью управления «К» и провозглашается им скорее для отвода глаз. Ведь главным отделом этого управления является известный на весь мир 5-й, занимающийся слежкой за сотрудниками резидентур КГБ. В последнее время к нему добавился еще один отдел, 10-й, контролирующий безопасность советских посольств, торгпредств и других учреждений. Да ведь третью часть их штата составляют все те же сотрудники разведки, а остальные служат их агентурой!

Таким образом, в КГБ сложилась вполне парадоксальная ситуация: поскольку каждый сотрудник легальной резидентуры является не только разведчиком, но и еще кем-нибудь, например дипломатом, торговым работником или журналистом, то и управление «К» также разделило свои функции: один из его отделов контролирует разведчика как шпиона, а другой — его же как дипломата, журналиста или торгового работника.

Для слежки за советским разведчиком управление «К» использует полный набор всех оперативных сил и средств, которые в КГБ состоят из трех групп: самих сотрудников КГБ, их агентуры, как советской, так и иностранной, и оперативной техники — приборов подсматривания, подслушивания, отравления и убийства. Таким образом, управление «К» явно нарушает советские законы, поскольку полный набор оперативных сил и средств КГБ можно использовать только против иностранных шпионов, враждебная деятельность которых или доказана, или подлежит доказательству. Применение их к гражданину СССР официально разрешено в том случае, если он занимается шпионажем в пользу иностранного государства. Советские же разведчики являются объектом применения таких средств все до единого, хотя они и не сделали ничего плохого своей стране. В этом факте проявляется старая истина, известная в нашей стране немногим: свобода сотрудников КГБ, в том числе и разведчиков, ущемляется государством в гораздо большей степени, чем всех остальных граждан страны. Кроме того, управление «К» нарушает важный внутриведомственный запрет КГБ: нельзя использовать советскую агентуру для получения информации о личной жизни офицеров КГБ. Об этом запрете торжественно сообщает каждый секретный учебник в чекистской школе, о нем первым делом сообщают слушателям в школах разведки и контрразведки. Он преподносится как неопровержимый признак доверия коммунистической партии к своим чекистам. Офицеры разведки и контрразведки провозглашаются некоей привилегированной кастой, стоящей выше рядовых советских людей, к которым запросто можно подсылать любую агентуру.

И вот, оказывается, ее можно так же легко использовать для слежки за советскими разведчиками! Это открытие ошеломляющим образом действует на некоторых сотрудников резидентуры, особенно молодых. Впрочем, у КГБ на этот случай находится объяснение. Как всегда, оно не очень убедительно и продиктовано перевернутой логикой советских чиновников, но тем не менее оно существует.

Объяснение это таково: агентуру из числа советских граждан заставляет собирать сведения о тебе вовсе не 5-й отдел управления «К», занимающийся слежкой за разведчиками, а 10-й, отвечающий за безопасность советских учреждений за рубежом. 5-й ориентировал бы агентов против тебя как разведчика, и для этого действительно нужно было получить специальное разрешение Председателя КГБ или его заместителя (которым, кстати, является начальник разведки и выдать такое разреше-

ние может очень просто). 10-й же отдел интересу-
ется тобой не как разведчиком, а как журналистом,
дипломатом или представителем иной профессии,
используемой в советских заграничных учреждениях как прикрытие для шпионажа.

Представитель 10-го отдела как бы не договари-
вает осведомителям, работающим в советском посольстве или торгпредстве, что интересующий его
человек является разведчиком, и формулирует свое
задание так:

— Узнайте, о чем говорит со своими домашними журналист Преображенский и не допускает ли при этом антикоммунистических высказываний!..

Но на самом-то деле я интересую его как разведчик, а не как журналист! Более того, не будь я
сотрудником разведки, не стал бы и корреспондентом ТАСС, поскольку занимаемая мною должность
в этом телеграфном агентстве на самом деле принадлежит не ему, а разведке.

Отлично понимают это и агенты, в число которых входят почти все сотрудники советских представительств. Как я уже писал ранее, принадлежность того или иного сотрудника к разведке от них
невозможно скрыть из-за бюрократически-грубых
методов нашей работы, а все они, как правило,
завидуют чекистам, получающим более высокую
зарплату. И тут открывается самое широкое поле
для сплетен, домыслов, непроверенных слухов, а
то и прямой клеветы. Представитель 10-го отдела
в посольстве с улыбкой записывает все эти слухи
и в виде сухих оперативных сообщений перепра-
вляет в Москву.

Однако если пожаловаться на это резиденту, он
ответит назидательным тоном: «Десятый отдел управления «К» собирает сведения обо всех советских

людях за рубежом. Почему же для тебя надо делать исключение?..»

Такова типичная, вывернутая наизнанку и вызывающая возмущение неискушенного человека логика КГБ...

Один из наших разведчиков, работавший в торгпредстве и занимавший квартиру там же, в ведомственном торгпредском доме, рассказывал мне, что постояльцы всех остальных десяти квартир на этаже обязаны были за ним следить. Поскольку они делали это непрофессионально и по-советски поверхностно и формально, то это сразу же становилось очевидно и порой вызывало даже горьковатый смех. Например, стоило моему приятелю выйти из своей квартиры в общий коридор, чтобы выбросить ведро с кухонными отходами в мусоропровод, как двери всех остальных квартир моментально открывались и их обитатели в упор смотрели на него, не таясь даже друг от друга. Чувствовалось, что смысл слежки был им неясен. А может быть, в этом и состояла истинная цель 10-го отдела управления «К» — морально подавить молодого разведчика, показать ему, что он постоянно пребывает под неусыпным наблюдением КГБ.

Представитель 10-го отдела управления «К» имеется в каждом советском посольстве. Он — единственный из сотрудников резидентуры, чья принадлежность к КГБ не скрывается от властей страны пребывания. Официально его посольская должность так и называется — «офицер безопасности», и он имеет право выступать в качестве официального представителя советских спецслужб в контактах с местной полицией и контрразведкой в случае каких-либо чрезвычайных происшествий.

Кроме того, он ведет агентурную работу среди местных советских граждан и имеет еще одну должность — заместителя резидента по вопросам безопасности.

«Но позвольте! — удивится иной осведомленный читатель. — Ведь у резидента уже имеется такой заместитель, представитель управления «К», наряду с заместителями по политической, научно-технической и нелегальной разведкам». Получается, что офицер безопасности становится вторым заместителем резидента по вопросам контроля и слежки за своими согражданами. Это наглядно свидетельствует о том, что на самом деле является самым главным в работе КГБ за границей.

Оба заместителя резидента по безопасности принадлежат к управлению «К» и в два голоса могут убедить местного шефа КГБ в чем угодно. Это очень опасно: ведь если они невзлюбят кого-либо из сотрудников резидентуры, то у него появляется сразу два могущественных врага.

Сотрудники управления «К» держатся в разведке особняком. Все остальные разведчики боятся и презирают их. Даже в коридорах штаб-квартиры разведки в Ясеневе, в ее большой столовой, сотрудников управления «К» легко вычислить в толпе чекистов: их отличает насупленный взгляд и застывшее на лице выражение неприязни и подозрительности. Такую гримасу я встречал еще только у чекистов-стариков, служивших в охране Сталина. Очевидно, она была изначально присуща всем вообще работникам НКВД, в течение тридцати с лишним лет занимавшимся массовыми репрессиями, но по мере общей гуманизации общества была мало-помалу утрачена, сохранившись только у сотрудников управления «К».

Кто же работает в этой службе? Какой же разведчик согласится поступить туда, чтобы подглядывать за своими товарищами по работе, подслушивать их разговоры, доносить на них? Что должно побудить его к этому?..

Изощренно-хитрая кадровая служба разведки подбирает в управление «К» именно тех людей, кому есть за что ненавидеть своих товарищей. Главным критерием служит зависть, негативная психологическая черта, активно используемая коммунистической партией в своей кадровой политике еще со времен Ленина. Зависть ленивого к работящему, бездарного к талантливому, слабого к сильному вызывает у человека чувство ущемленности и пробуждает в нем неукротимую энергию в стремлении возвыситься над одаренными и трудолюбивыми людьми любым способом.

Отдел кадров управления «К» усердно ищет во всех остальных подразделениях разведки тех, у кого не получается вербовочная работа, кому тяжело даются иностранные языки, кто трудно сходится с людьми и потому не имеет товарищей. Очень часто бывает так, что сотруднику разведки, не умеющему грамотно написать служебную бумагу и вообще слабо владеющему русским языком из-за того, что в детстве мало читал, и потому часто подвергающемуся насмешкам со стороны товарищей, вдруг предлагают перейти в управление «К»! Легко представить его ликование.

«Ну уж теперь я вам всем отомщу!» — думает он, радостно потирая руки.

— Это какая-то нелепость! Как можно такого дурака и неуча переводить в управление «К», ведь он там наломает дров! — удивляются молодые разведчики.

— Это вовсе никакая не ошибка, а продуманная кадровая политика! — объясняют им те, кто постарше и поопытней. — У такого человека не возникнет психологического барьера в слежке за вами, и он, не колеблясь, оснастит твою квартиру подслушивающей техникой...

Каждый разведчик, прибывающий на работу в токийскую резидентуру, как, впрочем, и в любую другую, должен в первый же день явиться к заместителю резидента по вопросам безопасности, представителю управления «К».

Явился на такую беседу и я. Мой собеседник, которого я в Токио встретил впервые, оказался на редкость малосимпатичным человеком с бегающими глазками. Это был У., о котором впоследствии много писали японские газеты. Изъяснялся он неграмотно, а на лице у него то и дело появлялась многозначительная улыбка, и всем своим видом он давал понять, что знает о вас нечто такое, что неизвестно и вам самим.

Впрочем, это был всего лишь прием психологического воздействия. Я это понял сразу, ибо в методах контрразведки как-никак разбирался, поскольку окончил в свое время контрразведывательную школу в Минске.

Озабоченно покачивая головой, У. долго рассказывал мне о коварстве отдела общественной безопасности Токийского полицейского управления, которое, мол, сразу начнет собирать обо мне сведения, но я лишь молча кивал, отлично зная, что больше всего будет в этом усердствовать сам У. Именно он, а вовсе не безвестный японский контрразведчик, представлял для меня теперь наибольшую опасность, и поэтому я, по всегдашнему шпионскому правилу, постарался установить с ним психологический контакт. Для этого, как известно, нужно дать человеку понять, что у тебя с ним имеется некая общность.

— Кстати, я ведь тоже контрразведчик! — радостным тоном сообщил я, придав своему лицу добродушное и простецкое выражение. — Я ведь обучался в минской школе! Мы с вами — коллеги!..

По лицу У. пробежала ироническая усмешка. Он хитро посмотрел на меня.

«Нет, дружок, теперь мы с тобой вовсе не коллеги! Именно я буду следить за тобой, а вовсе не наоборот, а в такой ситуации людей трудно назвать коллегами!» — говорил его взгляд.

Но я, словно не замечая этого, продолжал:

— Я мог бы оказать вам помощь в обеспечении безопасности отделения ТАСС в Токио!..

На языке КГБ это означало следующее: «Я готов шпионить за другими корреспондентами ТАСС и сообщать вам о них информацию».

У. откровенно рассмеялся, тотчас разгадав всю глубину моего замысла. Он понял, что я знаю о том, что почти все сотрудники ТАСС в Японии, кроме еще не завербованного журналиста К., давно уже являются агентами КГБ. Именно они набросятся на меня, стоит мне приступить к корреспондентской работе. Именно они будут создавать обо мне сплетни и слухи и потом сами же доносить их офицеру безопасности или самому У. Если я буду сам наблюдать за ними, то это даст мне возможность в какой-то степени контролировать их, упреждать их удары. Для управления «К» это было бы совсем не желательно.

— Нет, в ваших услугах такого рода мы не нуждаемся! — с улыбкой превосходства произнес У. — Для работы с советской агентурой существует управление «К», и мы с этой работой справляемся сами. Вы же займитесь своими прямыми обязанностями: научно-технической разведкой. Вербуйте агентуру среди японцев!

Далее все произошло так, как, очевидно, было заранее предусмотрено У. Едва прибыв в ТАСС и начав делать первые шаги в качестве токийского корреспондента, я сразу же ощутил повышенное внимание к своей персоне сразу двух журналистов, а также их жен. Все они, как я знал, были старыми агентами управления «К» да и по возрасту людьми немолодыми, под шестьдесят. Они не могли простить мне того, что я в столь молодом возрасте, в двадцать семь лет, приехал работать в Токио, в то время как они в эти годы еще и не нюхали роскошной заграничной жизни.

Каждое мое неосторожное слово тотчас же выворачивалось ими наизнанку, добавлялось множеством своих и в таком виде передавалось в КГБ. Например, когда однажды я поинтересовался у одного из них курсом доллара по отношению к иене, он тотчас поехал в посольство сообщать У. о том, что я приехал в Токио не для того, чтобы приносить пользу родине, а лишь ради иностранной валюты.

Потом я поддался на провокационный вопрос другого журналиста. Как-то в мимолетном разговоре со мной он посетовал на низкое качество японских продуктов питания. Я решительно возразил, заметив, что они, наоборот, гораздо лучше советских, в которых очень много химических добавок, никем не контролируемых и даже опасных для здоровья. Разумеется, этот журналист обвинил меня в антисоветских настроениях, сообщив в КГБ, что я критически оцениваю социальную политику советского руководства и преклоняюсь перед достижениями буржуазной Японии.

«Зачем КГБ заниматься такой ерундой, как собирание подобных слухов, заведомо лживых и пустячных по существу?» — спросит иной читатель.

А для того, чтобы поставить разведчика в зависимость от руководства резидентуры. Каждый из нас знает, что на него ведется дело в управлении «К», целиком состоящее из таких вот глупых доносов. Если он будет слишком строптив с начальством, оно может раскрыть эту папку и, например, воспрепятствовать повышению разведчика в должности или получению им награды. В то же время, если сотрудник резидентуры будет лоялен к руководству и станет выполнять все его желания, то об этой папке могут как бы забыть.

Методы работы управления «К» примитивны и грубы и, главное, хорошо известны всем остальным разведчикам. Помню, как один из работников управления «К», с которым у меня, как это ни странно, сложились в Токио приятельские отношения, рассказал мне о таком эпизоде.

Ранее он работал в Сингапуре под прикрытием должности представителя одного из министерств. В первый свой день он наведался в резидентуру.

В Сингапуре она небольшая и вся помещается в одной комнате. Еще издали, проходя по посольскому коридору, он услыхал доносившийся оттуда смех, веселые голоса. Однако стоило ему туда зайти, как смех стих и все разговоры тотчас прекратились. Разведчики просто замолчали, словно набрав в рот воды, и склонились над письменными столами. Никто из них не захотел произнести в присутствии работника управления «К» вообще ни одного слова!..

И тем не менее методы управления «К» срабатывают безотказно. Ведь человек — слабое существо. Он обязательно допускает ошибки, так или иначе проявляются негативные черты его характера. Агентура КГБ тотчас фиксирует их и сообщает в резидентуру.

«Но зачем вообще все это нужно? — спросите вы. — Почему советская разведка до такой степени не доверяет своим сотрудникам?»

А потому, что они слишком часто перебегают на Запад! Почти каждые два-три месяца кто-нибудь из них переходит на сторону разведываемой страны, и ни один еще годовой отчет разведки не обошелся без перечня очередных перебежчиков.

ЯПОНСКИЙ АГЕНТ В СОВЕТСКОЙ РЕЗИДЕНТУРЕ

Побеги советских шпионов в стан капитализма начались еще в двадцатые годы, когда сама советская разведка едва-едва развертывала свою работу за рубежом. Этот факт служит признаком глубокого морального кризиса советского общества, который был постоянным его спутником. Вначале, в сталинские времена, перебежчиков уничтожали специальные бригады разведчиков-нелегалов, разыскивавших их по всему земному шару. В структуре Второго главного разведывательного управления даже существовал специальный отдел «В», получивший свое название от первой буквы слова «Возмездие». Именно в нем работал подполковник Носенко, перебежавший в США в шестидесятые годы. Мало кто знает, кстати, что его отец был министром морского флота и даже похоронен в Кремлевской стене. Разумеется, Носенко, как сына министра, ожидала в СССР прекрасная карьера, но он все равно решил уйти в США. Американцы, однако, ему не поверили и несколько лет держали в тюрьме.

Однако начиная с шестидесятых годов перебежчиков, служивших в советской разведке, стало так много, что отдел «В» пришлось упразднить, потому что он уже не справлялся с работой. Кроме того, о его существовании стало известно за рубежом, а это вредило престижу СССР, разглагольствовавшему на весь мир о своем миролюбии.

Из сотрудников резидентуры КГБ в Токио, бежавших на Запад, широко известен Станислав Левченко, корреспондент журнала «Новое время». Однако он не был первым. В 1953 году из советского посольства в Японии бежал разведчик Растворов. Говорят, что на следующий день один из тогдашних высокопоставленных руководителей Управления национальной обороны, узнав об этом, выбросился из окна: не был ли он агентом советской разведки, завербованным ею в сибирских лагерях, в послевоенном плену?

Кроме того, один из намечавшихся побегов советских разведчиков в Токио не состоялся, о чем мало кто знает. В семидесятых годах японской контрразведке удалось завербовать советского разведчика О., работавшего под прикрытием в торгпредстве. О. пользовался большим уважением товарищей по работе за свое отменное знание японского языка. Рассказывают, что он радовался, встретив в газетном тексте незнакомый иероглиф, настолько он все их знал.

Некоторое время О. сотрудничал с японской полицией и даже провел под ее контролем несколько шпионских встреч с агентом-японцем. Однако он не выдержал психологического напряжения, связанного с такой ролью, и очень скоро признался во всем резиденту.

Встал вопрос о том, что делать дальше. Ясно было, что О. требовалось срочно переправить в Москву, чтобы лишить его возможности изменить свое решение и перейти обратно к японцам. Пока же его заперли в резидентуре КГБ, расположенной в советском торгпредстве, и не выпускали оттуда. А резидент в это время собрал на совещание своих заместителей и узкий круг их подчиненных, осведомленных о прискорбном для советской разведки случае с О.: остальные же сотрудники резидентуры, как это положено в таких случаях, ничего не знали. От них такие события держали в секрете, чтобы слух не достиг ушей японской контрразведки: кто знает, вдруг ей удалось завербовать не только одного О.?..

А тем временем участники совещания у резидента по очереди вносили предложения о том, как лучше и безопаснее тайно вывезти О. из страны.

Среди них были и совсем уж фантастические, напоминавшие о предвоенном периоде и войне, когда в непримиримой борьбе разведок пускались в ход любые средства. Так, кто-то предложил спрятать О. в ящик, проделав в нем дырки для воздуха, и переправить на пароходе в СССР под видом груза. Это предложение было отвергнуто, ведь времена все-таки изменились. Как-никак посчитали все-таки неудобным сажать в ящик немолодого, интеллигентного человека, блестящего знатока японского языка.

В конце концов было принято решение, казавшееся и безопасным, и весьма остроумным: дождаться, когда из Токио будет возвращаться в Москву очередная советская делегация, поручить О. проводить ее в аэропорт и самому остаться в самолете!

Высокопоставленные советские чиновники обожают посещать Японию в составе различных делегаций без всякой видимой пользы для дела: ведь всякому лестно побывать в этой процветающей стране. В Токио как раз находилась одна из таких делегаций, старавшаяся наладить научно-техническое сотрудничество стран-соседей; как известно, такого сотрудничества не существует и до сих пор, как по политическим причинам, так и из-за слишком большой разницы в уровне технологического развития наших стран.

Скоро наступил день ее отъезда в Москву, и на проводы отправилась группа сотрудников торгпредства, целиком состоявшая из чекистов. Среди них находился и О., выпущенный из-под ареста в резидентуре. Для того чтобы у полицейского поста не возникло никаких сомнений относительно цели путешествия О. в аэропорт, ему загодя вручили огромный букет цветов, велев прикрывать им лицо при выезде машины из ворот торгпредства.

Ни у кого, впрочем, все это не вызвало подозрений, поскольку такие проводы были предусмотрены протоколом.

О. посадили на заднее сиденье между двумя его недавними коллегами-разведчиками. Они должны были удержать его в случае, если тот передумает и решит все-таки перейти к японцам, чтобы потом эмигрировать в США, поскольку Япония, как известно, не предоставляет политического убежища...

Но замыслу О. не суждено было осуществиться, поскольку для побега в Америку он оказался слишком стар.

В аэропорту, правда, произошла непредвиденная заминка. Самолету, в котором остался О., в течение полутора часов не давали разрешения на вылет. То ли по чисто техническим причинам, то ли японская контрразведка что-то заподозрила — так до сих пор остается неясным. Потом по этому поводу в Москве состоялось несколько секретных совещаний, но по-прежнему ничего не прояснилось...

В течение всех этих полутора часов заместитель резидента Ф., часто упоминаемый в этой книге, находился в аэропорту, украдкой поглядывая на табло. Его холеное, красивое лицо оставалось непроницаемым, и только капли пота на лбу выдавали волнение...

Наконец самолет взмыл в воздух. Ф. поднялся с дивана и неторопливо направился к телефону-автомату. С трудом произнося слова из-за нервного спазма, он сказал сотруднику управления «К», с утра дежурившему у телефона в посольстве, всего одну фразу:

— Делегация благополучно улетела...

В Москве О., как положено разведчику, сразу же поехал в Ясенево, штаб разведки, но и там тоже был взят под своеобразный арест. Его поместили в отдельную комнату, где предусмотрительно заперли на замок все сейфы, и велели написать подробный отчет о том, как именно его завербовали японцы и какие сведения он успел им передать.

Этот отчет О. писал несколько дней. И все это время с ним неотлучно находился специально приставленный к нему сотрудник разведки, тоже немолодой, из числа старых его приятелей. Он следил за тем, чтобы О. не вмонтировал где-нибудь в стене японский подслушивающий аппарат, и сопровождал его повсюду, даже в туалет. Особенно строго он следил за тем, чтобы О. по пути туда не заглянул в кабинет к своим недавним приятелям и не увидал бы какой-нибудь секретный документ. Домой его, впрочем, отпускали каждый вечер, хотя, строго говоря, могли бы этого и не делать. В недавние времена его просто расстреляли бы.

Через несколько дней состоялось партийное собрание японского отдела научно-технической разведки, где на повестке дня стоял всего лишь один вопрос — предательство О.

Надо сказать, что по традиции, восходящей к ленинским временам, собрания в парторганизациях проходят порой в очень грубой, прямо-таки непристойной форме. Такая процедура призвана показать всем членам партии, что каждый из них являет собой полное ничтожество по сравнению с самой коммунистической партией и тоталитарным Советским государством.

Так произошло и на сей раз — тридцать взрослых мужчин, перебивая друг друга, в голос кричали на О., обзывали его шпионом, предателем, врагом Советской страны. Особенно усердствовали разведчики старшего поколения, прошедшие непримиримую и жестокую сталинскую школу. Обрушивая на О. поток брани, они орали до хрипоты, их физиономии наливались кровью, казалось, еще минута — и их хватит удар. Будь их воля, они тут же, прямо на собрании, задушили бы О. собственными руками.

О., однако, не только не падал в обморок, но даже и не рыдал, что нередко случается на партийных собраниях с правоверными коммунистами. Наоборот, он выслушал обвинения спокойно. Чувствовалось, что он, как все истинные интеллигенты, служащие в разведке, втайне презирает и многих своих коллег, и советскую власть, задушившую всякое свободное проявление мысли.

Решение же партсобрания оказалось на удивление мягким. О. всего-навсего исключили из партии, что влекло за собой автоматическое увольнение из разведки, — и все. В военный трибунал его дело не передали, хотя партийное собрание советской разведки вполне могло принять такое решение.

«Но ведь О. сам признался в сотрудничестве с японской полицией, за что же теперь его привлекать к суду?» — удивился бы иной читатель, воспитанный в гуманных традициях буржуазного права.

С точки зрения тоталитарных советских законов его признание не имеет никакого значения. Признание — это одно, предшествующее ему деяние — совсем другое. В СССР нет презумпции невиновности, и коммунистическое государство никогда и никого не прощает. Не случайно ведь русские эмигранты, жившие в Европе и сражавшиеся во время Второй мировой войны на стороне СССР, против Гитлера, после советской победы все равно были отправлены в наши лагеря и отсидели там по пятнадцать—двадцать лет. Ведь они же эмигрировали в свое время из Советского Союза, проявив к нему нелояльность, а то, что потом они воевали на его стороне, ни на йоту не уменьшило их вины. Полностью неподсудной остается лишь верхушка партийного аппарата. Эти люди могут совершенно свободно совершать любые преступления — убийства, воровство в огромных размерах. Никакого наказания им за это не будет, ибо ни милиция, ни суд не имеют права подступиться к ним.

О. тоже решили не отдавать под суд. Это было сделано для того, чтобы другие советские разведчики, завербованные иностранными контрразведками, так же, как и он, не боялись признаваться в этом.

И действительно, в последующие десять лет два советских разведчика поступили аналогичным образом. Их просто тихо уволили из разведки, не затевая скандала.

О. же, будучи высококлассным японоведом, без труда нашел себе новое поприще и без работы не остался.

Однако кое-кто из высокопоставленных начальников разведки в связи с этой историей все же подвергся наказаниям, которые выразились в том, что их всего лишь не назначили на еще более высокие должности, к которым они пробивались всю жизнь.

И в этом, пожалуй, главный результат дела О.: происшествия такого рода способны неблагоприятно отразиться на карьере начальников. Разумеется, не в меру своей вины, а лишь в той степени, в какой другие начальники и конкуренты смогут воспользоваться неприятностью, случившейся на вверенном тому или иному руководителю участке работы. Как мы уже знаем из предшествующих глав, вся деятельность разведки по вербовке агентуры и добыче информации в значительной мере служит лишь фоном, театральными декорациями, за которыми разыгрывается невидимая миру конкурентная борьба большого начальства.

Так, например, после побега Левченко резидент советской разведки в Токио Г. не получил звания генерала, а потом был и вовсе отстранен от руководящей работы в разведке и переведен, кажется, на преподавательскую работу в разведывательный институт. Вина же его за это происшествие была скорее формальной, он был лишь старшим в резидентуре и нес за него моральную и должностную ответственность.

В то же время истинный виновник побега, заместитель резидента, доведший Левченко своими несправедливыми придирками и издевательскими замечаниями до нервного срыва, побудившего бежать из страны, не только не пострадал, но даже был повышен в должности, став заместителем начальника особого управления при начальнике разведки, самого привилегированного подразделения в ее огромной структуре. Там он получил звание генерала.

III

УСИЛЕНИЕ СЛЕЖКИ ПОСЛЕ ПОБЕГА ЛЕВЧЕНКО

Левченко убежал в Америку без семьи, оставив ее в Москве в полном неведении и недоумении. Можно только предполагать, каким издевательствам со стороны советских властей подверглись его жена и сын-подросток. Впрочем, в отличие от сталинских времен, их хотя бы не расстреляли, и на том спасибо.

Однако вскоре семья решила воссоединиться. Жена Левченко подала заявление на выезд в Израиль. Разумеется, этот щекотливый вопрос был доложен лично Андропову, и он, хотя, говорят, носил в себе изрядную примесь еврейской крови, написал на поданной ему докладной записке строгий приказ: «Не выпускать ни под каким видом!»

Именно после побега Левченко высшие начальники разведки окончательно поняли, что такого рода события могут серьезно повредить их карьере. Выход из этой ситуации они нашли чисто советский, бюрократический: окружить каждого советского разведчика неусыпным контролем так, чтобы сама мысль о переходе в стан противника тотчас же становилась известной органам КГБ.

Разумеется, такая задача заведомо невыполнима. Но не такие ли только цели и ставит перед собой советская бюрократия?..

Как бы то ни было, именно тогда началось усиление роли управления «К», повышение престижа этой позорной службы. Именно после побега Левченко руководителями резидентур стали назначать выходцев из управления «К» — необщительных, мрачных, маниакально подозрительных.

Впрочем, все это началось сразу же после инцидента с Левченко и именно в токийской резидентуре.

Как только головка резидентуры была на всякий случай отозвана в Москву для служебного разбирательства, на освободившееся место главного начальника КГБ в Токио был назначен сотрудник управления «К». Обстановка в резидентуре сразу же сделалась напряженной, ее сотрудники начали опасаться друг друга.

Новоиспеченный резидент вызывал сотрудников одного за другим на беседу, проходившую в отдельной комнате, за запертыми дверьми, без свидетелей. Осипшим от смущения и страха голосом разведчик должен был рассказать о характере своих отношений с Левченко, не были ли они излишне близкими и товарищескими. Отвечая, каждый понимал, что в этот момент решается вся его дальнейшая судьба: ведь если проводившему расследование покажется, что его собеседник был другом Левченко, его тотчас с позором отправят на родину как выявленного потенциального изменника и вся его карьера вмиг оборвется. Более того, Советское государство больше никогда не позволит ему выехать за границу даже в качестве туриста.

Резидент же, задавая все эти каверзные вопросы, наоборот, ликовал от радости: ведь теперь от одного его слова зависели судьбы людей — тех самых коллег-разведчиков, которые еще вчера не оказывали ему никаких знаков почтения и запросто могли пройти мимо не поздоровавшись.

Всякая разведка свободной демократической страны в этой ситуации постаралась бы не допустить паники и в спокойной обстановке, не торопясь, выяснить причины случившегося. Управление «К», наоборот, нагнетало напряженность, полагая, что таким образом удастся поднять престиж в глазах и московского руководства, и здесь, среди дрожащих от страха сотрудников разведки.

В многостраничных телеграммах, ежедневно отправляемых в Москву по шифрованной радиосвязи, всячески муссировалась идея о якобы имевшихся у Левченко сообщниках и о якобы действующей в токийской резидентуре группе агентов ЦРУ. Кто именно входит в нее, правда, никто не знал.

Чтобы бороться с этой бандой, в Токио прибыла целая толпа генералов из управления «К» и первым делом помчалась в «Мицукоси», «Мацудзакая» и другие шикарные магазины. Через несколько дней они улетели, так и не обнаружив злодеев-агентов, щедро одаренные благодарными сотрудниками управления «К» токийской резидентуры.

С этого дня эти несколько человек стали как бы начальниками, приобрели гордую осанку и начали издавать распоряжения, одно нелепей другого. Стремясь держать всех разведчиков под неусыпным контролем, они обязали их каждые три часа звонить в резидентуру и докладывать о своем местопребывании, тем самым снова и снова подтверждая японской контрразведке, прослушивающей посольский телефон, свою принадлежность к шпионской службе. Все беспрекословно выполняли этот приказ, потому что стоило хоть одному из сотрудников резидентуры не позвонить туда в означенный час, как управление «К» со злорадством поднимало скандал, грозивший разведчику серьезными неприятностями.

Потом, чтобы изобрести какой-нибудь новый способ борьбы с побегами, оно запретило разведчикам подниматься в резидентуру на лифте.

Резидентура КГБ, как мы знаем, расположена на десятом этаже советского посольства. Под ней, на девятом, находится резидентура ГРУ, далее идет шифровальный отдел, общий и для КГБ, и для ГРУ, и для посольства с торгпредством. Шифровальная служба в советских заграничных учреждениях едина, потому что она целиком подчинена КГБ.

И только с восьмого этажа начинаются официальные посольские помещения, а на седьмом этаже находится кабинет посла. Лишь до него принято подниматься на лифте рядовым дипломатам. Начальники, правда, иногда позволяют себе доехать до восьмого, чтобы прочитать секретные телеграммы, выносить которые из помещения шифрослужбы запрещено.

Мы же, разведчики, всегда поднимались прямо на десятый. Если рядом в лифте оказывался какой-нибудь дипломат, он делал вид, что не замечает, какую кнопку мы нажимаем. В силу формально-бюрократических методов нашей работы скрыть от других советских чиновников нашу принадлежность к разведке невозможно, они все равно очень легко догадаются об этом.

И вот управление «К» специальным письменным распоряжением, с которым каждый из нас должен был ознакомиться под расписку, предписывало разведчикам выходить из лифта на седьмом этаже и далее подниматься по лестнице пешком. Это делалось для того, чтобы какой-нибудь дипломат не догадался, что мы направляемся в резидентуру. Но им уже давным-давно известно это!

Разумеется, по нашему дурацкому поведению в лифте дипломаты моментально поняли, что на этот счет вышло какое-то специальное распоряжение. Ничего, кроме ехидных насмешек, оно у них не вызвало, мы же испытывали горечь и обиду.

Так боролось с потенциальными перебежчиками управление «К», чуть ли не каждый день устраивая в резидентуре нудные собрания о бдительности, призывая нас тщательно следить друг за другом.

Работники управления «К», разумеется, ничуть не жалели о побеге Левченко, ибо только благодаря ему они стали полными хозяевами. Даже жена нового начальника резидентуры из числа работников управления «К», бывшая до этого простой машинисткой, тоже ощутила себя большой начальницей. Теперь, когда разведчики приносили ей свои донесения, написанные от руки, и просили перепечатать, она кричала на них:

— Я не обязана ломать себе глаза, пишите разборчивее! — хотя до этого безропотно делала все, что ей полагалось по должности. Она стала позволять себе совсем уже недопустимые вещи. Врывалась во время какого-нибудь совещания в кабинет к своему мужу, бросала ему на стол отчет о встрече, написанный кем-нибудь из разведчиков, и в гневе восклицала: — Посмотри, какой дикий почерк! Я не могу работать в таких условиях!..

Все присутствующие смущенно опускали глаза, а новая начальница резидентуры гордо удалялась, дав всем понять, кто здесь теперь главный.

«От побега Левченко управление «К» только выиграло!» — перешептывались между собой вконец запуганные шпионы...

Наивно думать, что вся эта вакханалия глупости и низких страстей, прикрываемая заботой о безопасности страны, происходила только в токийской резидентуре. Не меньший размах она приобрела в Москве.

Там начался лихорадочный поиск тех, кто лично знал Левченко, чтобы навсегда закрыть им путь за границу: ведь предатель, несомненно, сообщит их фамилии американской разведке, хотя по грубым способам нашей работы она и сама очень легко может догадаться об их принадлежности к КГБ.

Этот поиск оказался бессмысленным, потому что всем было хорошо известно, кого именно лично знал Левченко, — своих товарищей по 7-му отделу Первого главного управления КГБ. Этот отдел вел политическую работу против Японии.

Тем не менее каждый из сотрудников отдела писал в объяснительной записке, что именно он, хотя и был лично знаком с Левченко, никогда не говорил с ним о работе. Мол, его смело можно посылать за границу. Как это ни странно, начальство делало вид, что вполне удовлетворено таким объяснением.

Разумеется, побег Левченко был неожиданностью и для меня, тем более что я собирался вот-вот выехать в Японию и уже проходил стажировку в ТАСС, находясь там, как говорят в разведке, «под крышей».

Будучи осведомлен о царящих в КГБ нравах, я знал, что ни в коем случае нельзя признаваться в знакомстве с убежавшим разведчиком. Кроме того, отправляясь каждое утро на работу в разведку, я понимал, что иду отнюдь не к друзьям, и старался контролировать каждое свое слово. Это и помогло мне избегнуть неожиданной ловушки.

В тот день я приехал в КГБ ближе к вечеру, с утра поработав в ТАСС. О побеге Левченко я еще не знал, но сразу заметил какую-то непонятную, нервную обстановку, царившую в коридорах японского отдела научно-технической разведки. Разведчики собирались кучками, о чем-то негромко переговаривались, лихорадочно затягиваясь сигаретами.

— Ты Левченко знал? — вдруг спросил меня один из них, а остальные затаили дыхание в ожидании ответа.

«Разумеется!» — чуть не сказал было я, ибо как начинающему журналисту мне было лестно числить в знакомцах такого известного мастера пера, да к тому же коллегу-разведчика...

«Но ведь он употребил это слово в прошедшем времени: «знал»! Значит, Левченко убежал, ничего иного тут быть не может!» — тотчас пришла мне в голову спасительная мысль.

— Нет, мы не знакомы! — ответил я ровным тоном.

— Значит, поедешь в Японию! — завистливо вздохнули мужчины. — А вот поедем ли туда мы, старые приятели Левченко, теперь неизвестно: ведь он убежал!..

Какие же методы тотального контроля за личной жизнью разведчика за рубежом применяло управление «К» особенно активно после побега Левченко?

Ничего нового в них не было, и на первый план выдвинулось старое и излюбленное средство КГБ — подслушивание частных разговоров в квартирах. Контрразведка с удовольствием прослушивала бы и телефон, но для этого не имелось достаточного числа профессиональных контролеров эфира: ведь нельзя же расширять численность советского посольства до бесконечности. Только в Москве и других крупных городах страны КГБ мог позволить себе содержать несметное количество дежурных по эфиру, которые денно и нощно сидели в секретных комнатах, где, не снимая наушников, терпеливо прослушивали тысячи телефонных бесед, умея выделить в свободном потоке слов то нужное, что может заинтересовать бы КГБ. С такой кропотливой и тяжелой работой может справиться только женщина. Они и составляют кадры контролеров телефонных разговоров на территории СССР. Все эти женщины имеют офицерское звание, — правда, весьма невысокое, — и лишены права выезда за границу, чтобы ненароком не разболтали там о таком неблаговидном деле, поставленном на поток в нашей стране. Особенно прискорбно бывает смотреть на контролерш, знающих японский язык. Они могут совершенствоваться в нем, только слушая частные разговоры сотрудников японского посольства и других японских представительств, но никогда не смогут насладиться живой и правильной японской речью в самой Японии.

Кстати, именно из среды представительниц этой нехорошей профессии Крючков выбрал первую претендентку на генеральский чин. О том, что в КГБ появилась первая женщина-генерал, даже сообщалось в газетах, хотя и не уточнялось, что она руководит службой подслушивания. После путча эта дама куда-то исчезла. Скорее всего, ее уволили за то, что она была выдвиженкой Крючкова.

Такую работу поручить в советском посольстве в Токио некому, к тому же японцы могут зафиксировать подслушивающее устройство в телефонах советских граждан и сообщить об этом в газетах.

Зато с прослушиванием семейных бесед в квартирах с успехом справлялся заместитель резидента по управлению «К» У.

Дверь в кабинет, который занимает управление «К» в резидентуре, всегда распахнута. Видимо, это делается специально, дабы рядовые разведчики видели, что ничем опасным для них эта служба не занимается. Даже разговоры сотрудников между собой ведутся открыто, так, чтобы беседующие были видны из коридора. Впрочем, прислушиваться к этим беседам не принято, и разведчики нарочито ускоряют шаг, проходя мимо комнаты управления «К», показывая тем самым, что происходящее в ней их совершенно не интересует.

Из этого коридора я чуть ли не каждый день наблюдал, как заместитель резидента У., надев наушники, с увлечением слушает какую-то магнитофонную запись. Вначале я полагал, что это запись беседы разведчика с кем-либо из японцев: такой прием используется довольно часто. Приказав разведчику спрятать в карман пиджака маленький японский магнитофон, руководство резидентуры имеет возможность проконтролировать его поведение на шпионской встрече.

Но по своему опыту я знал, что на такой пленке оказывается много посторонних шумов, слышен звон посуды, приветствие официантов «Ирассяимасэ!», наконец, оба собеседника говорят по-японски. И потому, слушая эту запись, приходится напрягаться, морщить лоб.

Лицо же У. не выражало напряженного внимания. Напротив, на нем была блудливая улыбка.

«А вдруг он слушает твою вчерашнюю размолвку с женой?» — шепнул мне на ухо старый приятель. И тут я наконец догадался, в чем дело...

Все советские учреждения за рубежом и служебные квартиры их персонала снабжены аппаратурой прослушивания. Это знают многие сотрудники, хотя и предпочитают об этом не распространяться.

«Почему же? — спросите вы. — Да об этом следует бить в набат...»

Да, это так, но только в том случае, если вы имеете какую-то дополнительную точку опоры, кроме государства, которое следит за вами, контролирует все стороны вашей жизни.

Наше же государство — тоталитарное, оно всевластно над гражданином. Защиты от его карающей руки искать негде, разве что за границей. Поэтому тот, кто разоблачает его противозаконную слежку за любым человеком, как бы не имеет и морального права работать в его посольстве. Иных же путей выезда за границу, кроме как по линии государства, в СССР не существует, а получить иены или доллары взамен ничего не стоящих советских рублей каждому охота.

Итак, каждый советский дипломат знает, что в его квартире может стоять подслушивающий аппарат КГБ. Однако командировка этого дипломата в Японии длится годами, а человек устроен так, что склонен забывать об опасности.

«Ведь если нас прослушивает КГБ, а никаких неприятностей не следует, то, может быть, техника прослушивания просто отключена?» — к такой успокоительной мысли склонно тяготеть наше сердце...

Особенно легко этому поддаются женщины, жены дипломатов и иных советских служащих. В глубине души они не верят в то, что техника подслушивания действительно установлена в их квартире. Трезвый женский ум не допускает того, чтобы взрослые мужчины всерьез занимались таким пустячным делом: ведь каждому ясно, что никакие государственные секреты в домашнем кругу не обсуждаются и никаких враждебных замыслов хозяева квартир не вынашивают. А если бы и вынашивали, то не стали бы говорить о них дома.

В таком с виду здравом суждении проявляется лишь незнание истинных задач КГБ: его интересуют не только какие-либо враждебные действия, а вообще все, любая бытовая слабость, которую можно было бы так или иначе трактовать.

Любое неосторожное слово, оброненное советским дипломатом или его женой, может быть коварно использовано КГБ в его интригах с другими ведомствами, ведущихся в глубокой тайне.

Вот о каком характерном случае рассказал мне один советский разведчик, прежде служивший в нашем посольстве в Пекине.

Послом в Китае в то время был Червоненко, высокопоставленный представитель партийной бюрократии, прославившийся тем, что с треском проваливал любое дело, порученное ему высшим руководством страны. В бытность его послом в Китае началось резкое охлаждение отношений с этой страной. Когда он затем был назначен послом в Чехословакии, там началось широкое общенародное движение против советского господства, и Червоненко прозевал начало этого общественного протеста. Тем не менее после этого его сделали послом во Франции, и отношения с этой страной также испортились, что ознаменовалось массовым выдворением советских разведчиков.

Но высшая партийная бюрократия, по принятым в СССР законам, не несет никакой ответственности за свои прегрешения, целиком взваливая ее на плечи подчиненных. И Червоненко в итоге получил еще более высокое назначение, став заведующим отделом ЦК КПСС по выездам за границу. Такой антиконституционной и противозаконной должности нет более ни в одной стране мира, ибо там, в соответствии с нормами международного права, каждый гражданин может свободно выехать за границу. В нашей же стране он может это сделать только по разрешению ЦК КПСС, причем ни в одном советском законе это правило не зафиксировано.

Так Червоненко сделался вершителем судеб тысяч людей. Любого из них он мог не пустить за границу, разумеется, не объясняя причин, или с позором отозвать на родину. Занимая в КГБ нерядовую должность, я встречался с Червоненко. Это был малообразованный, высокомерный толстяк, разговаривавший нарочито тихо, чтобы собеседник, стремясь расслышать его, угодливо придвигался к нему, сгибаясь в поклоне.

Итак, когда Червоненко был послом в Китае, он каждое утро созывал в своем большом кабинете совещания посольской верхушки. Так принято у нас во всех странах мира.

Однажды он, прервав свою речь, вдруг произнес нечто непонятное:

— Тут товарищи дали мне прослушать пленку. Это просто отвратительно!

Все присутствовавшие испуганно втянули головы в плечи, а один из советников побледнел и схватился за сердце: именно он вчера, ужиная с супругой, сетовал на то, какой неумелый и слабый работник посол, не скупясь при этом на ругательства и оскорбительные прозвища...

Итак, пекинская резидентура КГБ записала приватный разговор советника на пленку и дала ее прослушать послу. С точки зрения европейского права это было недопустимым нарушением прав личности. Да и по советским законам прослушивать жилые помещения граждан можно лишь с санкции прокурора. Однако в советских зарубежных представительствах КГБ всесильно и имеет право не соблюдать законы.

Зачем же КГБ решился на это? В первую очередь, разумеется, ради того, чтобы засвидетельствовать свою лояльность всесильному Червоненко, личному другу Брежнева: ведь в разговоре с ним пекинский посол запросто мог пожаловаться на то, что резидентура ему не помогает, и ее в один день полностью бы заменили. Во-вторых, не исключено, что и советник не устраивал КГБ. Скорее всего, он был слишком строптив и не соглашался стать агентом; а может быть, уже будучи им, начал уклоняться от того, чтобы по делу и без дела доносить на своих товарищей, и КГБ решил примерно наказать его: ведь не случайно посол Червоненко рассказал о секретной пленке не самому советнику наедине, а прямо на собрании, в присутствии всего руководящего состава посольства, который, без сомнения, доведет эту весть до сведения всех дипломатов, торговых работников, журналистов и членов их семей.

Итак, похоже, КГБ этим необычным жестом обнародования запретной звукозаписи достигал сразу двух целей: заручался личной поддержкой могущественного Червоненко и наказывал чем-то провинившегося перед ним советника.

Но все-таки главным объектом его слежки являлись не профессиональные дипломаты, а сотрудники советской разведки, находящиеся под особым контролем. Механизмы звукозаписи в их квартирах работают постоянно.

Ведъ разведчика очень легко уличить в нарушении шпионской дисциплины. Человек — слабое существо, и он волей-неволей допустит какое-нибудь, пусть и косвенное, упоминание о шпионаже, которым только и занимается с утра до ночи.

Или жена спросит его, во сколько вечером он вернется, хотя все советские служащие приходят домой ровно в шесть часов, после окончания рабочего дня в посольстве или торгпредстве. Или сам он случайно обмолвится по офицерской привычке, что сегодня до девяти вечера будет дежурить, хотя дежурства до этого часа бывают только в резидентуре. Или, наконец, дети поинтересуются, будет ли он опять работать в воскресенье, хотя всем известно, что официальные советские учреждения по воскресеньям закрыты.

Все эти мелочи постепенно накапливаются в управлении «К» до тех пор, пока на их основе можно будет составить обстоятельное официальное заключение о нарушении тем или иным разведчиком норм конспирации и отправить его в Москву. А бывает и так, что письмо это в штаб-квартиру не посылают, а дают его прочитать самому разведчику.

Тот, разумеется, краснеет, бледнеет, потом начинает доказывать, что это всего лишь случайные оговорки и японская контрразведка, даже прослушав их, не смогла бы составить себе полной картины его разведывательной деятельности и даже заподозрить в принадлежности к советской разведке, потому что он мог дежурить в парткоме, а в воскресенье быть занят подготовкой доклада на партсобрании.

Но управление «К» ничем не переубедишь, потому что мнение японской контрразведки интересует его в последнюю очередь. Гораздо важнее для него мнение руководства советской разведки. Снисходительно улыбаясь, работники управления «К» проводят с незадачливым сотрудником резидентуры беседу о том, что он, ради исправления своих ошибок, должен теперь стать агентом управления «К» и доносить на своих товарищей по разведке. Осмелился ли кто-нибудь возмутиться по этому поводу, не знаю, зато мне хорошо известно, что среди сотрудников КГБ в Токио, да и не только в Токио, чрезвычайно распространено наушничество друг на друга. Метод при этом используется чисто контрразведывательный, свойственный управлению «К»: глубокомысленное и ложное истолковывание отдельных неосторожных слов, на первый взгляд совершенно нейтральных. К сожалению, этот способ можно назвать и чисто русским по духу, потому что в нашей стране издавна опасались свободного слова. Поэтому интерес к произнесенному кем-либо слову в нашей стране иной, чем в других странах: мы обращаем внимание не только на его смысл, но и на то, где, кем и в какой связи оно было произнесено, что говоривший при этом имел в виду и о чем он умолчал. Причиной этого является многовековое отсутствие свободы слова и тоталитарный характер общественного устройства.

IV

КОНТРОЛЬ СИЛОЙ СТРАХА

Резидентура КГБ в Токио желает быть осведомленной не только в том, чем заняты ее сотрудники. Она хочет знать даже то, о чем они говорят — и в непринужденных беседах друг с другом, и даже дома, с женой и детьми.

Этот интерес считается настолько закономерным, что его даже не особенно маскируют. Помню, как заместитель резидента по научно-технической разведке, беседуя со мной в первый день после приезда в Токио и давая наставления о том, как разведчику надо себя вести, напоследок заявил твердым голосом и глядя на меня в упор:

— И обязательно ходи пить пиво с товарищами!..

Я не придал этому большого значения и в течение нескольких месяцев так ни разу и не последовал этому совету в основном из-за нехватки времени.

И тогда заместитель резидента напомнил мне об этом сам, спросив недовольным голосом, почему я все-таки не посещаю вместе с приятелями-разведчиками пивной бар.

И тогда я понял наконец тайный смысл этого поручения: некоторые из любителей пива потом докладывали содержание бесед руководству. Ведь о чем чаще всего говорят между собой коллеги-разведчики, полагающие, что их никто не подслушивает? Обсуждают ошибки резидента и его заместителей, дружно ругают соглядатаев из управления «К», сплетничают друг о друге, обнажая собственные же слабости: один из них, оказывается, часто ссорится со своей женой, другой злоупотребляет алкоголем, третий экономит на еде, чтобы скопить денег на машину. Вся эта информация как раз и интересует как резидента, так и управление «К»! Считается, что личными недостатками или слабостями разведчиков может воспользоваться японская контрразведка, и поэтому управление «К» сообщает данные о них, как бы заботясь о безопасности самих разведчиков, уберегая их от японской вербовки. Но как раз именно японцы-то никогда и не пользуются личными изъянами сотрудников резидентуры, в то время как наша контрразведка, наоборот, делает это с особенным тщанием.

Итак, мне надо было срочно придумать какой-нибудь веский довод, который освободил бы меня навсегда от этого обременительного и весьма опасного совместного пития пива.

— Видите ли, — сказал я заместителю резидента извиняющимся тоном, — я ведь выступаю под прикрытием корреспондента ТАСС, в то время как большинство наших товарищей работает в торгпредстве. Именно поэтому они и ходят пить пиво в немецкий ресторан «Цубамэ», что недалеко от Готанды. ТАСС же расположен на другом конце города, в Синдзюку. Если я буду приезжать туда ради того, чтобы опорожнить кружку пива, японская контрразведка, без сомнения, догадается, что нас объединяет нечто гораздо более важное: торгпредство и ТАСС по работе никак не связаны, и не могу же я легендировать каждый свой приезд в торгпредство необходимостью интервью!..

Начальнику ничего не оставалось, кроме как согласиться с моей аргументацией, хотя он, разумеется, понял, что я просто избегаю лишних застольных бесед. Как и многие журналисты, я невоздержан на язык, потому что слово служит моей профессией. Мне хватает того, что и в разговорах с коллегами в ТАСС я допускаю неосторожные шутки по поводу нашего государственного устройства, которые моментально становятся известными управлению «К».

Итак, заместитель резидента больше не призывал меня ходить с друзьями-чекистами в ресторан «Цубамэ», но зато очень скоро офицер безопасности пригласил меня в свой кабинет.

— Видишь ли, мы очень недовольны корреспондентом ТАСС Ш., — заявил он, озабоченно покачивая головой и искоса наблюдая за моей реакцией. — Мы больше не доверяем ему. Более того, мы даже хотим поставить у него в кабинете технику подслушивания!..

Далее он объяснил, что прямо сегодня, сейчас, я должен отвезти в ТАСС как бы к себе в гости сотрудника резидентуры, занимающегося шпионской техникой. Осматривая служебные помещения ТАСС, мы заодно зайдем и в кабинет Ш., где специалист прикинет, в какой из углов лучше вмонтировать подслушивающее устройство. Самого Ш. в тот день не было в Токио, он выезжал в другой город.

Эта просьба не понравилась мне. Почему управление «К» решило поручить это мне, а не другому сотруднику разведки, также работавшему в ТАСС и намного превосходившему меня по возрасту. Он был серьезный, неразговорчивый и, на мой взгляд, в большей степени подходил для столь деликатных поручений.

Но делать нечего: специалист по технике уже ждал меня во дворе посольства. Мы сели в машину и понеслись по хайвэю в Синдзюку. Всю дорогу мы молчали: разговаривать на служебные темы в автомобилях запрещено, поскольку и там может стоять подслушивающее устройство, а никакие личные отношения нас не связывали.

Когда мы прибыли в ТАСС, я объяснил старшему корреспонденту Зацепину, что ко мне в гости приехал приятель из посольства и я хотел бы показать ему наши помещения. Зацепин, будучи человеком очень проницательным и опытным, лишь иронически улыбнулся, сразу сообразив, что к нам пожаловал кто-то из КГБ. Зачем — ему не полагалось знать...

Я же сделал вид, что не заметил его улыбки, и повел технического специалиста по коридорам ТАСС, демонстративно широким жестом распахивая двери и громогласно объясняя:

— Здесь у нас офис, здесь помещение для телетайпов, там комната для приема гостей...

Именно так, гостеприимно и ни от кого не таясь, по-моему, и должен был вести себя журналист, принимая в ТАСС гостя из посольства. На душе у меня было неспокойно.

Чтобы не вызывать подозрений у присутствующих, я давал соответствующие по ходу дела пояснения абсолютно спокойно, но так, чтобы находившиеся поблизости сотрудники слышали. Но как только мы дошли до кабинета Ш., я тотчас замолчал, и мы оба, как мыши, тихо скользнули внутрь.

Инженер поспешно оглядывал кабинет, я же стоял у широкого окна, выходящего в сад, дабы убедиться, не увидел ли нас какой-нибудь случайный прохожий. Наибольшую опасность представляли жены корреспондентов и их дети: сами мужья, будучи почти все до одного агентами КГБ, увидав меня в кабинете Ш. вдвоем с незнакомым сотрудником посольства, сразу же заподозрят тайное вмешательство КГБ и предпочтут сделать вид, что ничего не заметили. Жены же начнут судачить и сплетничать, передавая из уст в уста, что им удалось заметить, и скоро этот слух достигнет ушей управления «К», то есть вернется туда, откуда вышел. Дети же просто могут попытаться войти в кабинет и все испортить.

Кстати сказать, аналогичные трудности ожидают и в нашей стране тех сотрудников КГБ, которые вознамерятся поставить технику подслушивания в квартирах советских граждан.

Разумеется, у себя дома КГБ действует более уверенно, спокойно, неторопливо: ведь все здесь находится в его власти! За день до начала операции всех обитателей квартиры под тем или иным предлогом задерживают где-нибудь вдали от дома. Главе семьи обычно дают какое-нибудь срочное задание по работе. Его супругу также оставляют на службе под предлогом какого-нибудь профсоюзного собрания. Если же жена человека, вызывающего по тем или иным причинам подозрение у КГБ, все-таки является домохозяйкой, ее приглашают на срочный гинекологический осмотр в районную поликлинику. Все это проделывается через агентуру

КГБ в медицинских учреждениях. Детей, также используя агентесс-учительниц, внезапно увозят со всем классом в какой-нибудь музей или зоопарк.

Сотрудники КГБ между тем, открыв дверь квартиры заранее подобранными ключами, изготовленными со слепков, также полученных с помощью агентуры, спокойно входят в квартиру и начинают деловито работать, просверливая дырочки в паркете и стенах и запихивая в них подслушивающие аппараты, продалбливая потолки так, чтобы в образовавшееся отверстие мог пройти объектив аппарата ночного видения, установленного в квартире сверху...

Но жизнь полна неожиданностей, ибо неисповедимы пути Господни! Бывает так, что в гости к молодым супругам неожиданно приезжает бабушка из деревни и, открыв дверь своим ключом, застает группу хорошо одетых, импозантных мужчин, совсем не похожих на грабителей, хозяйничающих в квартире, передвигая шкафы и стулья, — и все это без единого звука, в нервной спешке... Легко представить себе изумление деревенской старухи!

На случай такого рода неожиданных происшествий во дворе дежурит сотрудник КГБ в милицейской форме. По условному сигналу, поданному из потайной рации, хранящейся в кармане пальто старшего группы, он как бы случайно заходит в квартиру и успокаивает старуху. Внимательно наблюдая за ее реакцией, он или убеждает ее в том, что это милиция готовит засаду для преступников, живущих в соседней квартире, или, наоборот, начинает запугивать бабку, призывая ее молчать и ни словом не обмолвиться внукам.

Когда я учился в школе контрразведки в Минске, опытные преподаватели рассказывали нам, что довольно часто бывает и такая ситуация, когда в квартире прячется любовник жены или любовница мужа. Оперативная группа КГБ входит в дом, и происходит немая сцена. При Сталине этих людей просто пристреливали на месте, и интересоваться их судьбой запрещалось. Да и сейчас, думаю, в дальней провинции нашей страны такого нежданного свидетеля могут запросто выкинуть из окна. Но, как правило, их в принудительном порядке тут же перевербовывают, и они становятся агентами КГБ.

Впрочем, все эти сложности можно предусмотреть. Гораздо опаснее анекдотические ситуации, предвидеть которые не в состоянии самый изощренный разведчик. Например, как рассказывали мне опытные оперативники, однажды из квартиры, в которую они вошли, стремглав выбежал котенок. После этого всякие действия по маскировке вторжения теряли смысл: хозяину сразу же станет ясно, что в его отсутствие кто-то побывал у него в квартире, — не мог же маленький котенок сам открыть дверь!

И десяток солидных мужчин, офицеров среднего ранга, бросились во двор ловить котенка, но он, как назло, словно сквозь землю провалился.

Наконец они схватили какого-то другого котенка и водворили в квартиру. Вечером хозяин, вернувшись со службы, тотчас распознал подмену и возмущенно крикнул, обращаясь к потолку, где, по его мнению, находилась техника (а так оно и было на самом деле): «Эх вы, советские неумехи! Мало того что подслушивающие аппараты как следует установить не умеете, так еще и кота подменили!..»

Сотрудники КГБ прослушали гневный монолог, и, как потом признавались сами, им стало стыдно...

Вообще же для таких ситуаций в КГБ установлено твердое правило: не вступая ни в какие объяснения, уходить, поскольку никакая агентура не имеет права удерживать кого-либо из супругов на работе силой. И несмотря ни на срочное производственное задание, ни на собрание профсоюзов, муж или жена могут вернуться домой вовремя. Более того, попытка под тем или иным предлогом задержать человека на работе может вызвать подозрение, и он тем более поспешит домой.

Каково же бывает их удивление, когда они застают у себя в спальне или на кухне прилично одетого мужчину, стоящего на стремянке и торопливо замазывающего что-то белой жидкостью на потолке...

И они просто лишаются дара речи, когда тот начинает быстро собирать инструменты, аккуратно вытирает пятна на полу специально припасенной для этого тряпочкой и складывает стремянку до таких мелких звеньев, что она умещается даже в портфеле (КГБ специально изготовляет такие лесенки), и, не сказав ни слова, уходит. Почему-то всех в этих ситуациях поражает то, что алебастр для маскировки отверстий на потолке, сквозь которые в квартиру просовывают подсматривающие аппараты, бывает налит в детский резиновый мячик. Такая тара считается в КГБ наиболее удобной.

Вообще же техника для экстремальных ситуаций, изготовляемая в КГБ с особым тщанием, далеко не всегда бывает надежной, как и любая другая советская техника. Помню, как однажды мой отец, генерал КГБ, принес домой пластмассовую коричневую коробочку размером с ладонь — аппарат для отпугивания комаров. Он предназначался для сотрудников службы наружного наблюдения, сыщиков, которые сидят на деревьях, наблюдая за своими жертвами, или прячутся в лесу. Там особенно досаждают комары, и данный аппарат был создан по их просьбе. На нашей даче в то лето комары тоже очень буйствовали, потому и появился этот аппарат. Не теряя времени, мы привезли его туда, нажали на кнопку — и ни один комар на него не отреагировал!

Для того чтобы без помех поставить кому-либо в квартиру технику, необходимо учитывать и такое чисто советское препятствие, как старухи, сидящие целыми днями на лавочках у подъезда и не оставляющие своим вниманием ни одного входящего в него. Ведь в нашей стране до последнего времени не было частных домов, как в Японии, где проживает одна семья, у нас принято ютиться в многоквартирных громадах. Впрочем, получить жилье даже в них считается большим счастьем...

Разумеется, эти старухи не оставят без внимания незнакомых мужчин и могут вызвать милицию, приняв чекистов за грабителей, что не так страшно, потому что милиционерам-то не составит труда объяснить, кто они на самом деле. Гораздо менее желательно, когда старухи начинают выяснять, в какую квартиру вы направляетесь, вслух произносить ее номер... Поэтому чекисты, идущие на такое сомнительное дело, стараются не привлекать внимания старух, незаметно проскальзывая в подъезд по одному.

Но самую большую опасность представляют все-таки не они, а любопытные дети и подростки. Они обладают каким-то особым чутьем на все таинственное, сомнительное, скандальное и запретное. Уж эти юные соглядатаи не оставят своим вниманием группу мужчин, проявляющих непонятную суету в подъезде. Они сразу сообразят, что это не бандиты, а запугать их поддельным милицейским удостоверением, в отличие от старух, нельзя. Не спасешься от них и бегством, потому что их ноги весьма проворны, да и выглядеть это будет глупо. Зато они могут выследить, в какую квартиру вы направляетесь, и машину, которая поджидает вас за углом. Когда вы будете поспешно в нее садиться, мальчишкам ничего не стоит закричать: «Глядите, КГБ поехало!..»

Это заставит вас испуганно втянуть голову в плечи и поставит под угрозу срыва всю тщательно подготовленную операцию. Поэтому во всех учебниках оперативного мастерства сотрудников КГБ и служебных инструкциях особо подчеркивается, что следует опасаться внимания подростков...

Все это припомнилось мне, когда я стоял в кабинете Ш. и наблюдал за тем, как инженер резидентуры готовится вмонтировать туда технику.

Вел же этот инженер себя весьма странно, еще более усугубляя мои подозрения, зародившиеся во время странного разговора с офицером безопасности. Он с рассеянным видом оглядывал углы комнаты, стучал костяшкой пальца по поверхности стола, брал в кулак провода телефона и раскачивал их в воздухе, словно к чему-то примериваясь.

Каждый его жест словно должен был убедить меня в том, что я не разбираюсь в технике, и поэтому передо мной можно имитировать любую техническую работу.

Да, я действительно не имею инженерного образования. Но я журналист и писатель, к тому же немало лет прослуживший в разведке. Все эти профессии донельзя обострили мою интуицию, приучили вслушиваться в чувства и мысли собеседника, как бы настроиться на их волну. Опыт шпионажа, приобретенный в Японии, где люди нарочито избегают внешнего проявления чувств, побудил меня особенно тщательно следить за выражением лица своего собеседника, за малейшим напряжением каждой его мышцы. Многим русским интеллигентам, кстати, это не нравится. Они замечали, как во время беседы я изучаю не столько выражение глаз, что в Японии, как известно, не принято, сколько движения мышц рта, подбородка и щек. Именно они, как ни странно, хранят самую важную информацию и чуть заметным подрагиванием выдают любую ложь.

Короче говоря, во всех жестах и эмоциональном состоянии инженера я ощутил недоброжелательность и настороженность не по отношению к Ш., а ко мне. Ш. же его, похоже, вовсе не интересовал.

Я вспомнил, что в КГБ применяется и такой прием: тому или иному человеку преподносят подарки, приглашают в ресторан, всячески давая понять, как КГБ его уважает и ценит, а потом предлагают оказать помощь в прослушивании квартиры соседа. Ему объясняют, что в знак особого доверия со стороны органов безопасности в его комнате установят всего лишь громоздкий аккумулятор, все провода и микрофоны которого уйдут в квартиру соседа. Польщенный вниманием столь опасного учреждения, человек соглашается, и вскоре ему приносят аккумулятор, а за выполнение ответственного задания КГБ вручает ему некую сумму. Ему и невдомек, что технику подслушивания установили таким образом вовсе не соседу, а ему самому!.. Но согласитесь, что, не имея профессиональной подготовки офицера КГБ и не окончив школ разведки и контрразведки, совсем не легко догадаться об этом.

Для меня же это явилось азбучной истиной, тем более что моя квартира, которую я занимал в помещении ТАСС, находилась как раз над кабинетом Ш.

Никаких сомнений у меня уже не оставалось, но мои моральные унижения на этом не кончились. Мне предстояло выполнить еще одно задание офицера безопасности, направленное как бы против Ш., но на самом деле против меня.

На столе у хозяина кабинета лежала стопка визитных карточек его японских знакомых, которую я должен был незаметно взять, отвезти в резидентуру, отдать там другому работнику управления «К», который их скопирует на ксероксе, и в тот же день вернуть на прежнее место и в том же порядке, в каком они там лежали.

Я положил карточки в конверт, спрятал их в карман и отправился с инженером резидентуры в посольство, где мы холодно распрощались...

Вся эта комедия с карточками была затеяна ради того, чтобы усыпить мою бдительность, убедить меня в том, что офицера безопасности интересую вовсе не я, а Ш. Но для чего тогда потребовался приезд в ТАСС технического специалиста резидентуры?..

Видимо, для того же. Если я снова его увижу в ТАСС, причем неподалеку от своей квартиры, я сразу же должен буду решить, что он ставит технику подслушивания пресловутому Ш., а не мне.

В общем, настроение мое испортилось. Я ощутил чувство страха. Особенно оно усугубилось тогда, когда буквально через день после визита инженера один из корреспондентов-разведчиков вдруг пригласил меня к себе в гости.

Причем без всякого повода, а просто так, подошел вдруг ко мне в резидентурском коридоре и бесцветным голосом произнес:

— Приходите к нам всей семьей вечером, а? Вы давно у нас не были...

Лицо же его при этом было вовсе не жизнерадостным, а, наоборот, хмурым.

«Значит, на вечер нас хотят удалить из квартиры, чтобы поставить технику!» — решил я.

Среди сотрудников резидентуры у меня было несколько друзей, с которыми я сблизился еще в Москве, когда совсем молодым лейтенантом пришел в штаб-квартиру разведки. Они были на несколько лет старше и оказывали мне покровительство, давали полезные советы. Такие отношения между старшим и младшим сохраняются обычно долго.

— Чем объясняется вся эта неожиданно возникшая суета вокруг меня? — спросил я у одного из приятелей.

— Тем, что ты живешь слишком далеко от посольства или торгпредства, где все твои домашние разговоры не составило бы труда подслушать, и управление «К» было бы более или менее спокойно. Живя же в Синдзюку, в ТАСС, ты остаешься вне контроля: не могут же агенты управления «К» из числа корреспондентов ТАСС ночевать в твоей квартире?.. Поэтому внешняя контрразведка обращает на тебя особенное внимание. Тебе следует быть осторожным.

Уж к этому-то я привык. Никогда в разговорах с товарищами по работе я не допускал ни одного неосторожного слова, разве что случайно или в пылу спора. Я позволял раскрепоститься своему языку, лишь когда беседовал с иностранцами — японцами, американцами, англичанами: уж эти-то люди наверняка ничего не сообщат обо мне в Управление «К»!

И все равно однажды стал жертвой то ли своей ошибки, то ли злостного оговора — до сих пор не пойму...

В тот день я заехал в посольство на несколько минут и поднялся в резидентуру лишь для того, чтобы взять в кассе денег для вечерней встречи с китайским ученым, стажировавшимся в Японии и весьма успешно переводимым мною в разряд агентов советской разведки. Вновь и вновь я прокручивал в уме сценарий предстоящей беседы, продумывая, как лучше задать, вроде бы случайно, щекотливые вопросы о способах слежки китайской контрразведки за стажерами из своей страны.

В общей комнате резидентуры царило оживление. В этот день одна из японских газет, кажется «Иомиури», опубликовала статью, в которой без обиняков сообщалось, в каких советских учреждениях в Токио имеются должности сотрудников научно-технической разведки.

Ни одна должность конкретно не была названа за исключением моей.

И только обо мне было сказано с большей или меньшей точностью: «Корреспондент информационного агентства». Название его также упомянуто не было, хотя всем известно, что в нашей стране такое агентство всего одно — ТАСС. Впрочем, в его токийском отделении я был не единственным сотрудником КГБ, хотя в управлении «Т» работал я один и все в резидентуре отлично знали это! Статья в японской газете, слегка напугав весь оперативный состав группы промышленного шпионажа, нанесла прямой удар по мне! Мое положение теперь становилось двусмысленным: с точки зрения управления «К» получалось, что моя принадлежность к разведке известна японцам и, стало быть, я не могу больше тут служить. Все прекрасно понимали, что японцы отлично осведомлены обо всех нас, но управление «К» теперь имеет формальное основание заявить, что я засвечен. А на профессиональном жаргоне советской разведки это означает, что разведчика уже нельзя дальше использовать, как нельзя использовать фотопленку, на которую попал свет...

Поэтому, как только я появился в резидентуре, коллеги начали шутливо поздравлять, послышался осторожный смех.

— Ну, как тебе понравилась статья? — спросил кто-то.

Я неловко отшутился, потому что подробные разговоры на эту тему в резидентуре весьма опасны: управление «К» обязательно истолкует все ваши доводы в свою пользу.

Я поспешил пройти к кассе, и вдруг из-за спины послышался громкий, раскатившийся по всему коридору голос моего давнего московского приятеля:

— Теперь, наверное, будешь менять профессию?..

Это, конечно, тоже было произнесено шутливым тоном. Говоривший имел в виду, что после такой публикации я сложу с себя офицерское звание и другие шпионские атрибуты и займусь исключительно журналистикой.

Что я должен был ответить на это бестактное для шпиона и весьма двусмысленное заявление? Сделать сердитое лицо и встать в позу, мол, что вы позволяете себе говорить об офицере советской разведки! Как, мол, вы могли допустить мысль, что я откажусь от почетной работы, которую доверила мне коммунистическая партия?..

Все заявления подобного рода были в такой ситуации неуместны, поскольку говоривший был моим хорошим знакомым. В Москве, возвращаясь с работы в штаб-квартире разведки, мы частенько заворачивали ко мне домой и подолгу вели философские беседы за пивом, а то и распивая порой целую бутылку водки, закусывая приготовленным мной бифштексом...

Итак, демонстративное возмущение выглядело бы довольно глупо в глазах друга да и всех присутствовавших при этом офицеров резидентуры. Промолчать — значило бы согласиться с тем, что он сказал. Я все же предпочел дружбу и, пробормотав что-то заведомо неопределенное, ушел.

В посольском дворе, садясь в машину, я ощутил смутное беспокойство, поняв, что поступил не так, как то требовалось для сохранения собственного престижа в глазах управления «К». Но исправлять что-либо было уже поздно, и я, занятый повседневной шпионской суетой, очень скоро забыл об этом неприятном эпизоде.

Но он сам напомнил мне о себе...

Однажды заместитель резидента по научно-технической разведке — тот самый, советовавший мне ходить в ресторан с друзьями пить пиво, — вдруг в беседе со мной сделал строгое лицо и неожиданно предложил:

— А что, если тебе поехать в Москву в отпуск не в августе, как обычно, а пораньше, в мае. Прямо через неделю!..

Я почувствовал, как кровь отхлынула у меня от лица. Это означало, что меня отзывают в Москву навсегда и моя карьера рухнет. Но ведь я не сделал ничего плохого!..

Я попытался разными хитрыми вопросами выведать у заместителя резидента причины столь странного решения, но он холодно молчал.

Делать нечего: я собрал вещи и вскоре уже сидел с семьей в самолете «Аэрофлота», держащем курс на Москву. Настроение было скверным. Можно было, конечно, последовать примеру Левченко и попросить политического убежища в США ввиду явной опасности, грозящей мне на родине, но там у меня оставалось много родственников, и в их числе отец — генерал КГБ, брат. В случае моего побега их жизнь бы превратилась в кошмар. КГБ буквально растоптал бы и отца и брата в бессильной злобе, выместив на них всю свою злость... В то же время я все-таки надеялся, что даже сейчас мне не дадут окончательно потонуть высокие покровители моего отца — ведь коррумпированность советского общества была мне уже весьма хорошо известна.

Что же касается самой возможности побега в Америку, то мы с женой обсуждали ее в самом начале работы в Японии и решили бежать только в том случае, если в СССР снова начнутся массовые репрессии, как при Сталине, и нам, как и всем тогдашним разведчикам, будет грозить смерть. Сейчас же репрессий, кажется, не было...

В штаб-квартире разведки меня встретили так, словно ничего не произошло, и лишь начальник японского отдела Ф. да кое-кто из сотрудников контрразведки настороженно поглядывали на меня как бы со стороны, оценивая мою психологическую готовность к продолжению службы в разведке.

Я закончил отчеты и через месяц собрался улетать в Токио. Никто этому, кажется, не препятствовал. Интересно — почему?

И вот, наконец, меня вызвал на беседу заместитель начальника всей разведки генерал А., приятель моего отца. Перед началом беседы он попросил, чтобы я никому о ней не рассказывал.

— Из управления «К» поступили сведения, что ты собрался менять профессию. Несколько человек слышали, как ты говорил об этом в резидентуре... — сухо, суровым тоном произнес он, испытующе глядя мне в глаза.

«Нет, я ничего подобного не говорил! Наоборот, я промолчал, а произнес эту фразу З., мой московский приятель!..» — хотел было закричать я во весь голос, но, разумеется, промолчал: такое прямое отпирательство в разведке не принято. Я лишь объяснил генералу, что эти слова были случайной оговоркой, а имел я в виду совсем другое: наоборот, хотел бы сменить профессию журналиста и стать дипломатом, поскольку для работы в разведке такое прикрытие более безопасно. (Так наша разведка сама принуждает своих шпионов ко лжи.)

— Примерно так мы и объяснили управлению «К», которое заподозрило тебя в трусости, — кивнул генерал. — Тебе разрешено возвратиться в Токио, но учти: этот случай зафиксирован в твоем досье в управлении «К», которое ведется там на каждого ·сотрудника разведки, даже на меня. Второй такой ошибки тебе уже не простят!..

Но я ведь не совершил вообще никакой ошибки! Я молчал!..

Разумеется, если бы мой отец не был приятелем генерала А., тот также не простил бы мне этого недоразумения, с легким сердцем послав в Токио вместо меня другого офицера разведки.

Назавтра я уже летел в Токио. В полном смятении чувств, моя душа то ликовала от радости, то замирала от страха.

Добравшись до Синдзюку, я вышел на балкон отделения ТАСС и ощутил приступ страшной тоски. Желанный блеск токийского солнца вдруг показался мне ослепительно ярким.

Я тотчас лег на диван и, немного придя в себя, поехал в посольство, к врачу. Пожилая женщина-врач была на редкость порядочным человеком и, кроме того, отличным кардиологом.

Она диагностировала гипертонический криз. С тех пор эта болезнь то и дело давала о себе знать на протяжении всех лет, что я служил в разведке. Но стоило мне уйти оттуда, болезни как не бывало.

Напряженная обстановка в резидентуре, пронизанная подозрительностью, отсутствием четких критериев добра и зла, делает жизнь разведчика невыносимой.

Зловещий образ управления «К» так резко контрастирует с корректной манерой японской контрразведки, что вызывает к ней чуть ли не симпатию, хотя именно она официально считается тут нашим главным врагом.

Да, японцы следят за нами, подставляют нам агентуру, прослушивают наши телефонные разговоры, проводят тайные обыски в квартирах — но они хотя бы уважают нас как профессионалов, как достойного противника. Даже хватая нас за руку, арестовывая и задерживая, они ведут себя весьма уважительно и ни на минуту не забывают, что имеют дело с офицером разведывательной службы огромной державы.

Свои же начальники и натравливаемое ими на нас управление «К» не ставят нас ни во что, усматривая в нас лишь средство для своих манипуляций. Сделать же с нами они могут все, что угодно, даже физически уничтожить. Именно поэтому советские разведчики опасаются своих начальников и коллег больше, чем иностранной разведки.

Глава 10

ШПИОНАЖ БЕЗ ПРИКРЫТИЯ

Разведчик — опасная профессия. Особенно когда о том, что ты разведчик, знают все вокруг. Все, включая японскую контрразведку...

Причиной этого служит кондовый бюрократизм нашей разведки, ее неповоротливость. Вместо выдворенных и расшифрованных разведчиков приезжают новые и сразу же обнаруживают свою принадлежность к шпионажу, потому что разведчик-торгпред ни с кем не ведет деловых переговоров, разведчик-журналист ничего не пишет, а дипломата-разведчика целыми днями не бывает в посольстве...

И это происходит в Японии, где за любым иностранцем наблюдает множество глаз, а уж за разведчиком и подавно! Так, шпионаж в Японии становится принесением себя в жертву. Не от разведчика зависит, когда его схватят с поличным...

I

У каждого разведчика, особенно молодого, радостно екает сердце, когда начальник отдела, покровительственно хлопая его по плечу, говорит с доброй улыбкой, словно о некоем сюрпризе:

— Ну, скоро выводим тебя под «крышу»!..

«Крышей» на нашем языке называется одно из престижных учреждений, имеющих представительства за границей. Там разведчик, прежде чем выехать за рубеж, должен послужить некоторое время под видом сотрудника этого самого учреждения, чтобы товарищи приняли его за своего. Никаких усилий работа под «крышей» не требует. Она состоит в том, чтобы хотя бы полдня отсиживать за письменным столом, горделиво поглядывая по сторонам. Уезжая за рубеж, разведчик на несколько лет избавляется от бесконечных нудных совещаний, дежурств по отделу и лыжных кроссов.

Ничего не скажешь — приятная вещь «крыша». Она — словно заслуженный отдых перед напряженной и длительной заграничной командировкой, ради которой все и поступают в разведку.

Одно плохо: под «крышей» разведчик тотчас начинает замечать на себе завистливые или косые взгляды новых друзей, становится объектом их пристального, недоброжелательного внимания. Поэтому и я чувствовал себя неспокойно, открывая солнечным сентябрьским утром тяжелую дверь огромного здания в центре Москвы, известного не только стране, но и всему миру. Фронтон его украшают четыре огромные буквы: ТАСС.

В окошке дежурного меня ждал пропуск к заместителю начальника управления кадров, о котором все знали, что на самом деле он представляет разведку. Он оформлял на работу в ТАСС ее офицеров. Это был тучный старик, давно вышедший на пенсию, но остававшийся внештатным сотрудником КГБ.

С профессиональной недоброжелательностью кадровик взглянул на меня, когда я осторожно скрипнул дверью, и кивнул на стул, стоявший поодаль. Минуту он хмуро смотрел прямо перед собою, а потом взял трубку телефона. Таков был стиль поведения сотрудников сталинского НКВД, у которых не должно быть времени на лишние слова и разговоры.

— Зайди! — коротко бросил он в трубку и, повернувшись ко мне, объяснил: — Это я вызвал заведующего редакцией Азии! Сейчас придет, куда он денется!..

И действительно, через пару минут в кабинет вошел довольно молодой мужчина и с испугом посмотрел на меня.

— Этот человек, — внушительным тоном сказал старик, — будет у тебя работать. А потом поедет в Японию. Никаких лишних вопросов ему не задавай. Понял?

Заведующий редакцией тоже хотел твердо произнести «понял», но вместо этого раздвинул губы в широкой улыбке и залился нервным смехом. Он начал быстро поглаживать себя по щекам, стремясь погасить его, но это было тщетно. Кадровик же сделал вид, что ничего не заметил, и сказал потеплевшим голосом:

— Иди, отведи его на свое рабочее место!..

Выйдя в полутемный коридор, заведующий редакцией Азии сразу успокоился и сконфуженно замолчал. Так, не говоря друг другу ни слова, мы прошествовали до двери, над которой висела картонная табличка: «Азия». Начальник открыл дверь и сделал приглашающий жест.

В комнате за письменными столами сидело около двадцати молодых мужчин, и все они обернулись на звук открываемой двери. С ужасом я узнал множество своих однокурсников по Институту стран Азии и Африки, с которыми, как положено, порвал все связи несколько лет назад, поступая в разведку.

— А, это ты? — с деланным удивлением, но спокойно, сказали они и тотчас углубились в работу, словно мы виделись всего лишь на прошлой неделе. По их напряженным затылкам я понял, что каждый думал о том, не несет ли мое появление лично ему какую-нибудь угрозу.

Разумеется, все знали, где я на самом деле работал. Ведь в разведку поступали очень многие выпускники нашего института, и о каждом партком выносил секретнейшее решение, которое на следующий день становилось общеизвестным. Я же расположился за свободным столом и с деловым видом зашелестел бумагами, словно служил здесь всю жизнь и отлучился лишь на минуту. На самом же деле я чувствовал себя весьма неуютно. Как давно я не бывал ни в каком другом учреждении, кроме КГБ!

Будучи зачисленными туда, новобранцы сразу же исчезали на несколько лет. Первый год уходил на учебу в разведшколе, последующие два-три — на освоение работы в Центре. Она состояла в написании огромного количества оперативных писем, инструкций, планов и заключений. Они же — преимущественно в виде ответов — в изобилии поступали из зарубежных резидентур. Оставалось только удивляться, когда же разведчики занимаются самой оперативной работой.

На весь этот период мы замораживали все существовавшие до службы в разведке знакомства и дружеские связи. Никому из старых друзей не звонили, не ходили в гости, так, что многие из них были уверены, что мы либо куда-то уехали, либо вдруг раздружились с ними. Нам же ничего не оставалось, кроме как поддерживать это мнение, не отвечая на дружеские звонки, ставшие вдруг опасными.

Одна часть приятелей оказалась осведомителями КГБ, и каждая дружеская пирушка теперь могла окончиться для нас агентурным сообщением о каком-нибудь неосторожном или аполитичном высказывании. Другие сами находились в разработке КГБ, будучи замечены в несанкционированных знакомствах с иностранцами или диссидентами. Даже встретившись с ними случайно на улице, ты как бы становился сообщником по антисоветской деятельности. А ведь КГБ придирчиво проверяло нас перед выездом за границу!

И вот через несколько лет мы неожиданно возникали, причем сразу чуть ли не под боком у старых товарищей — в Министерстве иностранных дел, в «Интуристе», «Аэрофлоте», внешнеторговых организациях. Разумеется, за спиной мы слышали лишь осторожные смешки, пренебрежительный шепот. Обернувшись, видели лицемерные улыбки. Но можно ли заниматься шпионажем в таких условиях?..

Едва дождавшись обеденного перерыва, я поспешил к кадровику, единственному человеку в ТАСС, с кем я мог говорить открыто.

— Чего так рано пришел? — удивился он. — Что-нибудь случилось?..

— Да нет, ничего. Но только, кажется, они обо мне все знают!..

— Ты им удостоверение КГБ показывал? — оживился старик.

— Да они и без удостоверения в курсе дела! Шила в мешке не утаишь. Ведь в редакции Азии почти все — мои однокурсники! Они все знают!

— Что значит «знают»? — язвительным тоном переспросил кадровик. — У нас в КГБ и слова такого нет: «знают»! У нас говорят четко: «знают в смысле знают» или «знают в смысле догадыва-

367

ся». Вот я, например, точно знаю, кто ты, потому что секретные бумаги из управления кадров разведки о тебе получил. А вот заведующий редакцией, с которым я тебя утром познакомил, уже ничего не знает. Он лишь догадывается, что ты из разведки, потому что я ему намекнул. Ну а рядовые сотрудники и намека не получали. Поэтому ни о чем они не знают! Так что можешь не беспокоиться!.. Главное, чтоб помалкивали. А думают пусть все, что хотят, главное, чтобы не болтали!.. Эх, интеллигенция! — откинулся он в кресле со вздохом. — Умные люди, а не понимают, что должны быть благодарны разведке! Ведь если бы ТАСС не использовался в наших целях, у них самих не было бы так много выездов за границу. Сидели бы все в Москве, писали бы свои сообщения на основе материалов иностранных агентств, а за рубеж изредка выезжало бы только начальство. Эх, вернись сейчас сталинские времена, они бы и пикнуть не посмели! Бывало, едешь в поезде Москва—Владивосток, забудешь форменную фуражку НКВД в вагоне-ресторане, потом зайдешь за ней через две недели — все так же лежит на столике. Ее даже потрогать боятся!..

Из кабинета я вышел успокоенным. Я понял, что и у других разведчиков таинственный ореол развеивался в первый день пребывания под «крышей». Но поверить в это было все-таки трудно, зная, сколь нешуточной была конспирация, соблюдаемая в штаб-квартире разведки.

Например, даже слово «агент», наиболее часто фигурирующее в наших служебных письмах, считалось неудобным произносить вслух, и вместо него говорили «помощник». «Вербовка» тоже рассматривалась как слишком откровенное выражение. На нее только намекали, да и то всего одной буквой «в», непроизвольно понижая голос.

Нельзя было прямо указывать в разговорах с товарищами или на собраниях даже страну, куда едешь в командировку. Принято было обходиться иносказанием. США называли «страной главного противника», Англию — «одной из стран НАТО, главным союзником США», а наиболее близкую мне Японию — «одной из империалистических стран Дальнего Востока». Последнее наименование было особенно прозрачным, потому что только эта страна и была единственным империалистом на Дальнем Востоке. Строго говоря, имелась там и еще одна подпевала мирового империализма, Южная Корея, но советских представительств в ней не было, и разведчиков легальных резидентур в Сеул никогда не посылали.

Да что говорить: само слово «разведка» находилось под запретом, и ее уклончиво именовали «службой». Ну а уж самым главным секретом считалось то, что мы принадлежим к КГБ. Это одиозное сокращение из трех букв, известное всему миру, боялись произносить вслух, заменяя безликим «ведомство».

«Выступает начальник службы ведомства!» — восклицал секретарь парткома, и огромный зал взрывался аплодисментами при виде маленькой фигурки, с достоинством двигавшейся к трибуне.

«На кого же рассчитана эта система грозных недомолвок? — удивлялся я. — Неужели только на уборщицу, случайно заглянувшую в зал?»

Этот птичий язык предназначался агентам иностранных разведок, затесавшимся в нашу среду. Он был призван ввести их в заблуждение, скрыть от них существо разговора, обрывок которого случайно может достигнуть их ушей. При этом, правда, забывалось, что этими шпионами были не лазутчики из-за границы, свободно владеющие русским языком, а свои же друзья-чекисты, по разным причинам сотрудничающие с врагом. Они разбирались в профессиональных условностях не хуже остальных, и никаких неудобств подобные недомолвки им не создавали.

Столь же невыполнимую цель преследовал и выход разведчика под «крышу», чтобы работать среди чужих. Полагали, что он так органично впишется в коллектив сотрудников, что ни они, ни тем более вражеская разведка никогда не поймут, кто он на самом деле. Работа по зашифровке оперативной деятельности считалась настолько важной, что ею занимался целый отдел, так и называвшийся: «группа зашифровки». По замыслу генералов его сотрудники должны были обладать изощренным умом и, как писатели-фантасты, придумывать такие хитроумные легенды-биографии разведчикам, что иностранная контрразведка и подступиться к ним не отважится. Но назначали в эту группу обычных, вполне заурядных кадровиков, отнюдь не отличавшихся блеском ума.

— Справку для ЖЭКа приготовил? — хмуро спрашивали они у чекиста, пришедшего оформляться в загранкомандировку.

— Какую справку? — удивлялся тот, если выезжал за рубеж впервые.

— Да с места работы! — досадливо объясняли кадровики (сами они никогда за границу не ездили). — Или тебе выдать справку из КГБ? Это мы можем! Но сможешь ли ты с нею зашифроваться? Что, если ЦРУ через свою агентуру в Москве станет проверять тебя через ЖЭК?..

— Но что же делать? — сдавался молодой разведчик.

— На, выбирай! — смилостивившись, усмехались кадровики и высыпали на стол груду карточек. Запаянные в пластик, это были образцы фальшивых удостоверений с несуществующих мест работы. Названия были подобраны так, чтобы показаться смутно знакомыми: завод «Металлург», НИИ «Корунд» или Институт проблем управления информацией. Учреждений с очень похожими названиями было в Москве очень много.

Каждый разведчик подбирал себе учреждение в соответствии с первой, гражданской, специальностью. Потом, когда он подаст документы на визу во враждебную нам страну, а та через свою агентуру в Москве будет проверять, не служит ли он в разведке, такая справка с мнимого места работы должна была помочь чекисту выйти сухим из воды. Потому что даже если агент ЦРУ хитрым образом проникнет в ЖЭК и вытребует справку с места работы подозрительного жильца, он увидит нейтральную запись и сразу же успокоится. Конечно, все понимали, насколько глупа и умозрительна эта схема, но помалкивали, желая все же выехать за границу.

А ведь такая справка совсем не была пустячной бумажкой. На каждой из них был указан номер телефона, по которому можно было позвонить и удостовериться в том, действительно ли интересующий американскую разведку человек работает там, по месту выдачи. Телефон с этим номером стоял на Лубянке. В оперативно-техническом управлении КГБ там целыми днями дежурила сотрудница, которая на все звонки должна была отвечать:

— Да, этот человек у нас действительно работает. Но его сейчас нет на месте...

После этого чекистка звонила в управление кадров разведки и сообщала об имевшем место звонке...

— Ну а с военкоматом как у тебя дела? — продолжали допытываться сотрудники группы зашифровки.

— Да никак! — простодушно отвечал иной молодой разведчик. — Какие у меня вообще могут быть с ним дела, если я капитан разведки? Тут и есть мой военкомат!

— А вот и нет! — язвительно замечали кадровики. — А если ЦРУ будет проверять тебя через военкомат и выяснит, что ты там не состоишь на учете?..

«Но почему именно через военкомат? Разве ЦРУ не может поинтересоваться у моих товарищей по ТАСС, и те единогласно подтвердят, что я работаю в КГБ?» — хотел было возразить кандидат на поездку за рубеж, но благоразумно промолчал.

— Вот видишь! Сам понимаешь, что дал промашку! — оживлялись кадровики. — Надо тебе срочно встать на учет в военкомате!

Похоже, сотрудники группы зашифровки считали, что иностранные шпионы — такие же скучные люди, как они, и предпочитают шляться по самым неинтересным местам вроде ЖЭКов и военкоматов. Кадровики действительно судили по себе, потому что сами никогда оперативной работой не занимались. И действительно, если назначить на их должность разведчика, он, того и гляди, что-нибудь напутает. Что же касается вопросов военного учета, то работники службы зашифровки знали, что там часто происходят осечки.

Они порождались тем, что воинский статус разведчиков не был урегулирован в масштабах страны. Хотя в КГБ звания присваивались исправно, за пределами разведки о них никто ничего не знал. Порой офицеры КГБ, достигшие высокого звания полковника, продолжали числиться в военкоматах лейтенантами запаса. Это несоответствие, правда, их нисколько не огорчало.

Но военно-учетные столы имелись во всех наших учреждениях, где находились под «крышей» сотни офицеров разведки. На воинский учет они не вставали, чтобы не попадать в глупое положение перед письмоводительницей, объясняя ей, почему ты еще лейтенант, а не майор, или наоборот. Все это могло вызвать нежелательные пересуды, легко достигающие ушей КГБ. Поэтому офицеры-«подкрышники» как бы не замечали военно-учетных столов, а министерское начальство смотрело на это сквозь пальцы, зная, что чекисты и без того состоят на военной службе.

Однако и военное ведомство тоже иногда ставило палки в колеса, затевая обмен военных билетов или их перерегистрацию с переименованием военно-учетных специальностей. Все это тоже делалось для того, чтобы запутать врага, все тех же несчастных американцев, но порождало еще большую неразбериху среди своих. В результате итоговой проверки, проведенной Министерством обороны, оказывалось, что значительная часть работников гражданских министерств игнорирует воинский учет, и все они, между прочим, сотрудники КГБ! Следовало грозное письмо в адрес управления кадров разведки.

Сотрудники группы зашифровки, получив незаслуженный нагоняй, начинали принимать меры. Досадливо крякая, они натягивали пальто, спускались на лифте во дворик и собирались у подъезда молчаливой толпою.

Вскоре подкатывала черная «Волга». Кособоко ступая, хмурые, в нахлобученных чуть ли не на глаза шляпах, совершенно не похожие на разведчиков, они усаживались в автомобиль и ехали в центр, на Арбат, где находится Министерство обороны.

Переговоры с военными оказывались несложными, и вскоре кадровики двух главных министерств страны дружелюбно пожимали друг другу руки.

Умиротворенные сотрудники группы зашифровки возвращались в разведку. На их суровых лицах блуждала сдержанная улыбка. Поднявшись в кабинет, они по очереди вызывали проштрафившихся разведчиков.

— Ты же боец невидимого фронта, понимаешь! Должен заботиться о своей зашифровке перед противником! — добродушно выговаривали они каждому, широким жестом швыряя на стол его же липовый билет офицера запаса, в котором теперь красовался какой-нибудь новый штампик.

Униженно кланяясь, разведчик бережно брал билет и надежно прятал в нагрудный карман пиджака, хотя он и был ему совершенно не нужен: не будет же он его в самом деле предъявлять сотрудникам ЦРУ! Но и портить отношения с группой зашифровки тоже было опасно: возьмут да и придерутся к какой-нибудь справке в личном деле, и оформление за границу, и без того занимающее порой несколько лет, может затянуться еще больше.

Чаще же, впрочем, бывает по-другому. Начальник группы зашифровки примирительно кивает и ставит подпись в выездном деле, говоря так:

— Все бумаги у разведчика в порядке. Он полностью зашифрован перед противником. Может ехать!..

Но странно, что вся эта многотрудная бюрократическая суета не вызывала никакого отклика у иностранных спецслужб, на которые, собственно, была и рассчитана! Буржуазная контрразведка исходила из того, что КГБ у себя в стране может сфабриковать любую бумажку, и потому совершенно ими не интересовалась. О принадлежности нашего гражданина к разведке она судила исключительно по делам, и уж тут вся его шпионская сущность беззащитно выплывала наружу...

II

Первое открытие, которое делал разведчик, впервые прибыв за рубеж, удивляло его до глубины души. Оказывалось, что и здесь, в далекой стране, о нем откуда-то уже знают.

Стоило ему выехать за ворота посольства, торгпредства или ТАСС, как сзади тотчас пристраивалась машина демонстративной слежки. Если он шел пешком, то и контрразведчики, одетые в одинаковые светло-серые штатские костюмы, немедленно высаживались из машины и с каменными лицами шествовали рядом. В какой-то момент они вдруг заводили двусмысленную и нарочито громкую беседу, явно желая привлечь внимание прохожих, из которой явствовало, что полицейским отлично известно то, что перед ними чекист.

— Да, ваш предшественник тоже был разведчиком! — говорили они, сочувственно кивая. — Ничего, в Японии шпионить легко, ведь у нас нет закона о борьбе со шпионажем. Может быть, вы кого-нибудь из нас завербуете, а?

Молодой разведчик не знал, как реагировать на это, и покрывался красными пятнами. Губы его дрожали.

Коллеги по «крыше», так же, как и в Москве, провожали тебя косыми взглядами. Войдя впервые в офис токийского отделения ТАСС, я обомлел, увидав те же самые лица, что и в редакции Азии полтора года назад. В этом, впрочем, ничего удивительного не было: мои бывшие однокурсники работали здесь корреспондентами ТАСС, только, в отличие от меня, настоящими.

На языке КГБ такие люди называются «чистыми».

— Он «чистый» или наш? — спрашивают разведчики друг у друга о незнакомом соотечественнике.

Впрочем, «чистыми» эти люди являются лишь относительно, потому что почти все они давно завербованы нами же в качестве агентов-осведомителей. Исключение составляют лишь сыновья партийных работников, которые вербовке не подлежат.

Быть осведомителем психологически тяжело: ведь ни один из них точно не знает, кто еще из его товарищей стучит в КГБ. Агент — категория тайная. Каждого из них вербуют поодиночке, и даже офицеры КГБ не имеют права знать других агентов, кроме тех, которые находятся у них на связи.

На следующий день после приезда в Токио я, как положено, посетил резидентуру разведки, расположенную на верхнем этаже нашего посольства. По ее полутемным коридорам сновало так много разведчиков, что мне стало не по себе. Именно тогда я воочию убедился в том, какая большая роль в нашей стране отводится шпионажу.

Там я пробыл недолго, побеседовав сначала с заместителем резидента по научно-технической разведке, ставшим моим непосредственным начальником, а потом удостоившись приема и у самого резидента. Он с милостивой улыбкой пожелал мне успехов в работе. Окрыленный, я вышел в посольский двор, сел в автомобиль с тассовским шофером-японцем и поехал домой. Контрразведка за мною не увязалась, зная о том, что каждый новый сотрудник любого нашего учреждения непременно должен представиться в посольстве. Это было, кажется, единственное, без всяких последствий для меня, посещение резидентуры.

Скоро я зачастил туда, практически появляясь там каждый день. Строго говоря, острой необходимости в этом не было, поскольку все многочисленные оперативные письма, отчеты и планы можно было сочинить за один присест, а не растягивать на несколько посещений. Но начальство резидентуры недвусмысленно намекало на то, что оно должно лицезреть разведчика каждый день, дабы убедиться, что он никуда не сбежал. Поэтому на работу по линии ТАСС у меня, как и у других разведчиков, времени не оставалось. Утром, быстро пролистав несколько газет и написав крошечную заметку, я, провожаемый косыми взглядами журналистов, выбегал из офиса, садился в машину и мчался в посольство, где сотрудники японской контрразведки у входа встречали меня такими же косыми взглядами.

Въезжая в распахнувшиеся ворота, я испытывал легкий страх, ибо мои каждодневные посещения посольства никакой журналистской необходимостью не диктовались, а стало быть, я проявлял себя как разведчик. Но чувство тревоги сразу же испарялось, едва я попадал в шумную чекистскую атмосферу резидентуры. Точь-в-точь как в Москве, в Ясеневе. Мало того что кругом было много знакомых лиц, но разведчики еще и чувствовали себя совершенно свободно, как дома. Они писали бесконечные бумаги, громко обсуждали написанное, хохотали, рассказывали анекдоты, курили, а в обеденный перерыв ходили компаниями в ближайшие недорогие закусочные. То, что за ними тотчас увязывалась демонстративная слежка, их нисколько не волновало, ибо стало давно привычным. Они как бы забывали, что находятся под постоянным контролем, и всем своим поведением демонстрировали принадлежность к разведке. Это было тем более странно, что под вечер они разъезжались по домам, чтобы с наступлением темноты расползтись по всему Токио на тайные встречи с агентурой. Получалось, что днем они нарочито расшифровывали себя, а вечером опять шифровали.

Таков был порядок в нашей разведке, установившийся во всех странах мира. Жаловаться на его нелепость было бессмысленно, ибо начальство могло без лишних слов отправить тебя на родину. Японская контрразведка, правда, тоже могла это сделать, но для нее это было гораздо труднее. Каждое выдворение иностранного разведчика согласовывалось на уровне премьера, под него выбирался выигрышный политический момент. В общем, японцы были для нас гораздо менее опасны, чем начальники, и мы волей-неволей вступали с ними в молчаливую и двусмысленную игру, проиграть в которой могли только мы. В лучшем случае можно было рассчитывать на ничью, когда контрразведка даст тебе доработать до конца командировки и выпустит в Москву без скандала. На этот вариант все и надеялись.

Японские полицейские только диву давались, когда мы, бледные от многочасовой писанины, толпой выходили из посольства глубокой ночью. В посольстве уже нигде не горел свет, и только в резидентуре окон не было, ярко горели лампочки и на всю мощь гремело радио, заглушавшее наши разговоры. Стараясь не встречаться с полицейскими взглядом, мы молча рассаживались по машинам и уезжали домой.

Говорят, первое время японская контрразведка серьезно опасалась, что в ночной тиши мы вынашиваем коварные планы против Японии. Но потом они наконец догадались или узнали от перебежчиков, что мы всего лишь готовимся к отправке дипломатической почты, которая уходила в Москву каждые две недели. Ведь правила нашей разведки предписывают, чтобы сотрудник резидентуры писал подробнейший отчет буквально о каждом своем шаге, ибо иначе он никак не мог доказать, что работал, а не бездельничал. Кроме того, каждый обязан был вести дневник, где должно быть расписано буквально по часам, чем он занимался каждый конкретный день. В итоге получалось, что больше всего времени разведчик уделял написанию бумаг в резидентуре. Но писать об этом в дневнике запрещалось, иначе московское начальство решит, что частое пребывание там может привести к расшифровке чекиста. Часы, проведенные в посольстве, нужно было указывать как потраченные на изучение токийских улиц в оперативных целях или подбор проверочных маршрутов.

Похоже, ночь была излюбленным временем для руководителей разведки, если они хотели сделать что-нибудь в обстановке особо глубокой тайны. Поэтому, когда в Токио с очередным инспекционным визитом приехал начальник 7-го отдела разведки, курировавший всю разведывательную работу КГБ в Японии, он назначил временем секретного совещания именно полночь. Для того чтобы обмануть японских шпиков, было решено совещаться не в посольстве, а в торгпредстве, где тоже есть несколько тайных комнаток КГБ. Все мы скрепя сердце покорились такому плану, не проронив ни звука.

Но у входа в торгпредство тоже ведь стоит полицейская будка. И когда к полуночи туда стала подтягиваться вереница автомобилей, полицейские переполошились и стали звонить по телефону, не забывая тщательно записывать номер каждой машины.

— Тебя записали со смехом! — сообщил приятель, ехавший вслед за мной, и тоже многозначительно засмеялся, подражая полицейским. Мне же от глупого бессилия хотелось плакать.

Наконец к воротам торгпредства солидно подкатил огромный «мерседес». Рядом с шофером сидел резидент КГБ, а на заднем сиденье — важный московский начальник. Следом затормозила и машина японской контрразведки, ехавшая за ними. Ворота торгпредства тотчас угодливо растворились нажатием невидимой кнопки, и «мерседес» въехал во двор. Контрразведчики же, отсалютовав товарищам в будке ярким светом фар, ретировались в ближайший переулок.

В резидентуре уже был накрыт стол человек на двадцать. На нем желтело несколько бутылок московской лимонной водки. На тарелках было разложено суси, заказанное в ближайшем ресторане за счет КГБ.

— Добрый вечер, друзья! — приветствовал присутствующих начальник 7-го отдела, и мы ответили ему сдержанными, еле слышными аплодисментами, подчеркивающими таинственность нашей встречи. — Как хорошо, что мы можем уединиться и свободно поговорить здесь, где нас никто не видит и не слышит. И не знает! — добавил генерал, оглядывая собравшихся за столом с доброй улыбкой.

«Неужели он не заметил машины контрразведки?» — удивленно размышлял я, пытаясь отгадать это по начальническому лицу. Да, похоже, и впрямь не заметил...

III

На каждом шагу убеждались мы в том, что нас как раз знают. Порой отрезвление наступало тогда, когда его никто не ждал, как это произошло, например, однажды на партсобрании советских журналистов в посольском парткоме.

Говорить там было особенно не о чем, и мы, выслушав положенное число скучных выступлений, собрались было расходиться, как вдруг корреспондент газеты «Труд», прежде работавший в ЦК и отличавшийся склочным характером, возгласил с деланным пафосом:

— Доколе мы, советские корреспонденты, будем находить в своих почтовых ящиках пакеты с антисоветской литературой!..

Тут же выяснилось, что такие пакеты получали и все другие корреспонденты, хотя об этом помалкивали. Все они с удесятеренным гневом обрушились на американских империалистов и их японских пособников, которые смеют оскорблять патриотические чувства советских людей, опуская им в почтовые ящики творения таких отщепенцев, как Сахаров, Солженицын и ряд других.

Мы с другом-разведчиком обменялись недоуменными взглядами, ибо никаких антисоветских материалов не получали. Не получали их, как выяснилось через полчаса, и другие разведчики, работающие под журналистским прикрытием. Это означало, что из списка адресатов нас вычеркнула чья-то рука, и принадлежала она не кому-нибудь, а японской контрразведке. Ведь даже если эти материалы посылали американцы, они все равно должны были согласовать свои действия с местными спецслужбами. А те направляли огонь идеологической диверсии исключительно на настоящих, «чистых» журналистов, предпочитая не тратить силы на разведчиков, которых считали совсем безнадежными коммунистами. Увы, это было совсем не так! Наоборот, именно среди сотрудников КГБ особенно часто встречались скрытые диссиденты и противники социалистического строя, о чем свидетельствовали нескончаемые побеги наших разведчиков на Запад. «Чистые» же сотрудники советских представительств, наоборот, вступали на этот рискованный путь гораздо реже.

Американские, французские, английские и иные западные спецслужбы давно раскусили ненадежность советских разведчиков, поняли их идеологическую уступчивость и вербовали не без успеха. Они умудрялись делать это даже здесь, в Токио.

И только сами японцы думали по-другому. Они тоже порой вербовали советских разведчиков, но действовали при этом решительно и жестко, без сантиментов, как и положено обращаться с врагом. Так поступают охотники, набрасывая сеть на злобно рыкающего тигра, чьи желтые глаза всегда горят ненавистью.

О том, что все наши разведчики таковы, упорно внушали японцам в полицейских школах. Там преподавали асы жандармерии «кэмпэйтай», пытавшие, может быть, самого Рихарда Зорге.

Действительно, в те времена все советские разведчики были таковыми — несгибаемыми, беззаветно преданными коммунизму, готовыми на все. НКВД подвергало их суровой проверке. Многие до этого возглавляли гулаговские концлагеря, лично расстреливали врагов народа. Но во времена Брежнева они переродились, а японцы, при всей их тонкой наблюдательности, похоже, не заметили этого. В диссидентских высказываниях многих разведчиков, которые они позволяли себе дома, в их любви выпить и закусить, в стремлении побольше накупить всякого добра на дешевых распродажах и в иных проявлениях общечеловеческой слабости японцы усматривали только дьявольскую хитрость, призванную ввести в заблуждение контрразведку. Виной этому — консерватизм восточной системы образования, особенно военного. Мнение учителя там принимается без оговорок и критической оценке не подлежит.

Впрочем, и собственное руководство порой ставило нас в такие глупые ситуации, что контрразведке и в самом деле было трудно понять, каковы мы на самом деле.

Чего стоит, например, срочный вызов разведчика в резидентуру. Кажется, все специально обставляется так, чтобы до смерти напугать японцев, прослушивающих телефон. Ведь вызывает вас вооруженный охранник, офицер войск КГБ, умеющий разговаривать только командным голосом, который на Западе, прямо скажем, не принят. И то, что на другом конце провода взял трубку телетайпист-японец, открыто сотрудничающий с контрразведкой, дежурного не волнует: приказ передал — и точка. Несколько раз я брал трубку сам, и даже моя майорская грудь сжималась от страшных казарменных интонаций: «Срочно прибыть в посольство!» Представляю, как содрогался при этом бедный японец, никогда в жизни не слыхавший столь дикой команды.

Набирают этих офицеров из боевых частей, где те привыкли обращаться с солдатами очень строго. Посольство они тоже воспринимают как некий небольшой гарнизон, где все подчинено резиденту, и даже иногда называют его по привычке товарищем генералом, но сконфуженно осекаются, встретив свирепый взгляд и сообразив, что сейчас находятся все-таки за границей. Если бы охранники знали наши звания, то наверняка, забывшись, прибавляли бы их к фамилиям, и вызов кого-нибудь через японскую секретаршу звучал бы так: «Передать майору такому-то: срочно прибыть к генералу в посольство!..»

Но когда того же разведчика вызывали в посольство уже в качестве журналиста или торгового работника, то в трубке раздавался мелодичный голос секретарши советника по культуре или бархатно-корректный дежурного дипломата. Так же культурно приглашали и остальных, «чистых». Поэтому контрразведка четко усвоила: если в трубке клокочет свирепый голос, значит, разведчика требуют по его подлинным шпионским делам.

«Ну а почему бы не попросить того же дежурного дипломата позвонить в ТАСС, когда это нужно разведке?» — спросите вы. Да потому, что резидентов КГБ обычно связывают с послами, их секретарями и помощниками такие сложные отношения, что проще плюнуть на них и приказать подчиненному-охраннику набрать нужный номер.

Особенно тревожили эти звонки поздней ночью. Бывало, мчишься по пустынным токийским улицам, а в голове одна мысль: не случилось ли чего в Москве дома? Но причиной вызова всегда оказывалась секретная телеграмма, пришедшая из Москвы. Содержание ее никого не интересовало: главным фактором срочности вызова был уровень начальника, ее подписавшего. Чем выше он был — тем больший переполох возникал в резидентуре, тем с большей нервозностью искали разведчика, обзванивая его друзей и знакомых.

Сама же телеграмма чаще всего не представляла особой важности и содержала общие указания: улучшить, активизировать и, обязательно, усилить меры конспирации, безопасности и зашифровки оперативной деятельности при вербовке иностранного агента. Если вербовка была многообещающей и находилась на контроле у начальника разведки, то многие его заместители и помощники спешили отметиться такой телеграммой. Ведь она непременно будет подшита в дело, а когда его станет листать сам начальник разведки или даже Председатель КГБ, утверждая вербовку, он увидит мудрую телеграмму и, может быть, представит к награде!..

Но японская контрразведка истолковывала это по-своему: чем больше ночных телеграмм приходит разведчику, тем больший ущерб он может нанести Японии путем вербовки какой-нибудь важной птицы. И за ним тотчас усиливали тайную слежку.

В странах же, считавшихся дружественными, начальники вели себя и вовсе как дома. Когда Брежнев прилетал с визитом в братскую Индию, то его личной охраны из Девятого управления КГБ порой не хватало, настолько много собиралось народу для встречи. Тогда всем разведчикам из нашей резидентуры в Дели независимо от того, под какими прикрытиями они работали — журналистов, дипломатов или, может быть, проректора института русского языка, — давали переносную рацию, пистолет и приказывали присоединиться к охране. Так и сидели в машинах по трое: индийский офицер-контрразведчик, широкоплечий охранник из Москвы и наш дипломат-шпион, сгорающий от стыда.

А Индия, между прочим, старая вотчина английской разведки, и высылают оттуда наших разведчиков довольно часто, хоть и без шума. Поэтому, когда Брежнев уезжал, к горе-охранникам подходили офицеры Сикрет интеллидженс сервис и покровительственно хлопали по плечу:

— Ну-с, товарищ телохранитель! Надеюсь, теперь-то вы не будете отрицать свою принадлежность к КГБ? Итак, переходите на нашу сторону!..

Некоторые из разведчиков, поразмышляв, действительно последовали совету англичан, зная, что те не отстанут и вполне могут испортить карьеру. Другие, настроенные патриотично, немедленно шли к резиденту и докладывали о вербовочном подходе. В ответ они слышали неизменно-язвительное:

— Ну, и где же ты прокололся, дружок? Откуда англичане узнали, что ты наш сотрудник? Может быть, ты сам им об этом рассказал, а?..

Совершенно обескураженный чекист лепетал что-то в свое оправдание, весьма тщательно обходя, впрочем, недавний приезд Брежнева и свое участие в охране. Говорить об этом было нельзя, это нарушало профессиональную этику. А если бы даже бедняга-шпион и припомнил то скользкое обстоятельство, резидент возразил бы ему так же, как когда-то и мне старый кадровик в ТАСС, причем весьма раздраженным тоном: «Но ведь ты же индийцам-полицейским свое удостоверение КГБ не показывал? Откуда тогда они могут знать, что ты чекист? Значит, они ни о чем и не догадались! Мало ли какое поручение тебе может дать посольство?..»

Однако настоящим дипломатам и журналистам посольство никогда не поручало ничего подобного, хоть отдаленно смахивающего на шпионаж...

Впрочем, и в Японии нам тоже приходилось иногда скрепя сердце, кляня и глупость начальников, и собственную беспринципность, надевать очень опасную, предательски расшифровывающую нас офицерскую портупею. Происходило это во время дежурств по резидентуре, которые выпадали каждому примерно раз в месяц.

Их цель легко объяснима: напомнить разведчикам, разъевшимся на сладких буржуазных харчах, кто они на самом деле и кто над ними начальник. Обязанности дежурного офицера были точь-в-точь как в штаб-квартире разведки в Ясеневе, хотя условия здесь, в Токио, были все же иными.

Дежурный приезжал в резидентуру к часу, запасшись домашними бутербродами с невиданным в Москве белым американским сыром или терпкой немецкой ветчиной: ведь ему предстояло находиться здесь до девяти вечера. Спиртное никто не рисковал с собой брать, зная нравы, царящие в КГБ. И все же если разведчик, неожиданно назначенный на прием к резиденту или даже обязанный прийти на плановое дежурство, оказывался крепко выпившим, то он честно предупреждал об этом товарищей, в том числе и работников управления «К», внутренней контрразведки. Все они, следуя офицерской этике, делали все возможное, чтобы подвыпивший товарищ не засветился перед начальником. Тот же скромно сидел в дальней комнате резидентуры, под самой крышей, где круглые сутки шуршали магнитофоны подслушивания эфира, настроенные на полицейскую волну...

Ровно в час дежурный офицер усаживался в кресло секретарши резидентуры, занятой, по соображениям экономии валютных средств, только до обеда, и погружался в написание бесконечных отчетов и справок о своей оперативной работе, которые, как и всякий другой разведчик, до этого не успел написать.

Однако обязанности дежурного состояли не в этом. Он должен был следить за тем, чтобы товарищи, например, расписывались в журнале получения хранящихся в сейфе своих собственных папок с секретными документами. Такой учет был необходим для того, чтобы не вздумалось кому-нибудь отнести их в американское посольство. Но ведь не обязательно же нести туда всю папку! Практика разведки показывает, что, если ее сотруднику нужно вынести за пределы резидентуры какую-нибудь секретную бумажку, он это непременно сделает, употребив для этого профессиональные навыки.

Кроме того, дежурный обязан был обеспечить неприкосновенность ксерокопировального аппарата, чтобы никто не мог снять копии с тех или иных секретных шифротелеграмм. Ведь все они перехватывались контрразведкой, которая, к своему сожалению, не могла разгадать шифр. Располагая образцом расшифрованного текста, на котором вплоть до секунды указано время получения, сотрудник контрразведки без труда нашел бы ключ ко всему шифру. Да и любой сотрудник резидентуры, если он японский агент, мог, спустившись этажом ниже, где имелось несколько ксерокопировальных аппаратов, в случае надобности без труда и ничем не рискуя переснять эту шифротелеграмму. Уверяю вас, что ни одна из жен дипломатов, служивших ксерокопировальщицами, не усмотрела бы в этом ничего необычного.

Когда дежурство выпадало сотрудникам нашей внутренней контрразведки, они умудрялись за считанные часы раскапывать множество мелких нарушений в секретном делопроизводстве. Оказывалось, что некоторые разведчики не только небрежно расписываются в журнале получения папок с секретными документами, но и пренебрегают еще одним, более важным правилом — не записывают в журнал номера машин демонстративной слежки, которые дежурили напротив посольских ворот и устремлялись за выехавшим из них разведчиком иногда целой стаей, хотя порой с нарочитым равнодушием позволяли ему кататься сколько угодно. Логику в этом усмотреть было трудно, но если бы каждый разведчик честно помечал в журнале номера всех машин слежки, то получилось бы, что наш чекист плотно обложен японцами и его надо срочно убирать из страны. Но ведь слежка-то была демонстративной, с целью устрашения! Машин же тайной службы наружного наблюдения вообще мало кто видел. Поэтому разведчики давно привыкли к демонстративной слежке и потому забывали сообщить о ней в резидентурском журнале, за что получали грозный нагоняй от собственной контрразведки.

Что ж, в этом состояла ее основная работа: против своих. Мы же, подлинные разведчики, без приставки «контр», работали вне стен посольства, среди жителей Токио. Мелкие упущения товарищей по разведке нас не интересовали, и к дежурству мы относились спустя рукава. Да и то сказать: сегодня ты уличишь коллегу в каком-нибудь нарушении, а завтра он, заступив на дежурство, отомстит тебе с чекистской изобретательностью. Короче говоря, никому пользы наше дежурство не приносило — как, к счастью, и вреда, — если бы не одно обстоятельство: в обеденный перерыв мы позорно расшифровывали себя перед японской контрразведкой.

А происходило это так. Когда посольство словно вымирало на два часа и только десяток чекистов, засевших в резидентуре, неустанно скрипел перьями, к дежурному крадущейся походкой подходил старший шифровальщик и робко предлагал:

— У тебя же обеденный перерыв! Давай свозим наших жен в магазины!..

Этим он, конечно, нарушал офицерскую этику, ибо знал, что у тех, кто находится на дежурстве, никаких обеденных перерывов не бывает. Но дежурный не противился, а, тяжело вздохнув, плелся к лифту. Не обострять же ради такой ерунды отношения с самим резидентом, без чьего разрешения шифровальщик не посмел бы обратиться с таким предложением к дежурному по резидентуре хотя бы потому, что сам был младше по званию. Кстати, такова специфика шифровальной службы: хотя ее сотрудники и проводили всю жизнь за границей, до солидных чинов не дослуживались. Получить капитана для них было почти то же, что для нас полковника.

Работа шифровальщиков предполагала множество всяких ограничений. Ни в одной стране, например, они не могли работать дважды, а срок их командировки ограничивался двумя годами. Кроме того, свобода их была значительно ограничена по сравнению с другими советскими гражданами. Он не имел, например, права выйти из посольства вместе с женой. Жены шифровальщиков тоже не имели права выходить из посольства без сопровождения коллеги из КГБ, а еще лучше — двух. Уж они точно не дали бы жене шифровальщика убежать! Для этой цели и использовался дежурный по резидентуре.

Заведя японский автомобиль, я подкатил к подъезду жилого корпуса и распахнул дверцы. Три женщины тотчас вышли во двор, не заставив себя ждать. Давно привыкшие к чекистским условностям своей жизни за годы многочисленных заграничных командировок, одетые в легкие летние платья, женщины вольготно расположились на заднем сиденье, продолжая начатый разговор. На меня они не обращали ни малейшего внимания, хотя я был уже и майором, и корреспондентом ТАСС в Токио, и даже писателем. Старший шифровальщик втиснулся на сиденье рядом со мной и настороженно оглядел замки задних дверок, проверив, заперты ли они изнутри. После этого он взглядом указал мне на кнопку, блокирующую все запоры в машине, и я послушно ее нажал. Теперь жены были как в мышеловке, и шифровальщик с удовлетворением откинулся на спинку сиденья.

— Ну, поехали! — улыбнулся он, искательно взглянув на меня. В его взгляде отразились все противоречивые чувства, обуревавшие его в этот миг: что он ниже меня по званию, но в то же время — личный шифровальщик резидента; что меня японцы могут выдворить из страны в любой момент, а его нет; что я имею право ходить куда хочу, а он не имеет.

Я выехал из посольства и тотчас свернул в переулок налево, который был не шире квартирного коридора. Потом пересек важную магистраль — тоже довольно узкую — и остановился. Дальше ехать было не надо. Именно здесь начинался довольно дешевый, оживленный торговый район Дзюбан, куда можно было дойти пешком от посольства за пять минут. Но жены шифровальщиков пеший путь никогда не избирали, предпочитая пользоваться машиной. Официально это объяснялось тем, что им тяжело нести сумки с провизией, но истинная причина состояла, конечно, в запрете. Если женщины попробуют убежать, на автомобиле их будет легче догнать.

Надо ли говорить о том, что за нами тотчас увязались целых две машины японской контрразведки! Они затормозили поодаль. Когда жены шифровальщиков, весело щебеча, пошли по магазинам, взявшись под руки и не обращая никакого внимания на главного шифровальщика, шествующего за ними, полицейские вышли из автомобилей и окружили меня плотным кольцом. Одетые в одинаковые летние голубые костюмы, они молчали. Я читал в их глазах восхищение и ужас. И еще безмолвное: «Ты молодец!»

Мне же было невыразимо стыдно ощущать себя журналистом и писателем, автором уже двух книг, зовущих к справедливости и добру, и одновременно охранником КГБ, следящим за тем, чтобы шифровальщицкие жены не убежали. А еще в эти секунды я понял, что зашифровка — это игра, в которой странным образом участвуют и японцы. Если бы не это партнерство, вся деятельность нашей разведки была бы мигом пресечена.

IV

Главным администратором нашего токийского отделения ТАСС был пожилой японец, господин Мацумото. После войны он просидел несколько лет в наших лагерях для военнопленных, освоил русский язык, изведал советские порядки и стал для нас как бы своим. Но и для японской контрразведки он тоже был не чужой.

Как человек военный и к тому же бывший фронтовик, он с большим уважением относился к бойцам невидимого фронта. В конце каждого месяца он робко приоткрывал скрипучую дверь в общую комнату тассовских журналистов, где все мы дружно тарахтели пишущими машинками, и поочередно выманивал в коридор нас троих, разведчиков, действовавших под крышей ТАСС, и вручал каждому тоненькую пачку счетов со словами:

— Передай там своим! Пусть оплатят...

Это были автомобильные счета — за бензин, ремонт, парковку, страховку. Хозяева станций обслуживания ничтоже сумняшеся посылали их в ТАСС, чьими корреспондентами мы числились в этой стране. Откуда простым механикам было знать, что наши автомобили числятся за гаражом резидентуры КГБ в Токио! Это знал только завхоз Мацумото, деликатно и без лишнего шума предъявлявший счета к оплате.

С упавшим сердцем мы принимали квитанции и отвозили в посольство, в бухгалтерию резидентуры. Там солидная дама-бухгалтер, супруга одного из начальников, без всякого удивления отсчитывала нам иены: очевидно, она полагала, что и на другом конце финансовой лестницы сидит такая же строгая женщина-чекист, жена кого-то из нас, а вовсе не японский подданный Мацумото. Ему мы и возвращали пачки банкнотов, так же, как и он, отведя глаза в сторону, делая вид, словно все это происходит не с нами.

Правила зашифровки разведчиков почему-то не распространялись на их машины, официально принадлежавшие КГБ. Более того, нередко молодым разведчикам передавались по наследству автомобили расшифрованных разведчиков, а то и прямо высланных за шпионаж. Похоже, машина была слишком дорогой вещью для того, чтобы ее менять слишком часто. Дешевле было заменить самого разведчика.

Машин всегда не хватало, и поэтому начальник гаража КГБ, он же личный шофер резидента, расхаживал по узким коридорам резидентуры королем, хотя был в Москве простым сыщиком, занимавшимся слежкой на улицах. Слежкой ведало Седьмое управление КГБ, считавшееся у нас самым непрестижным. Объектами его работы становились наши граждане, подозреваемые в шпионаже или антисоветских настроениях, и их иностранные друзья. В личный контакт ни с кем из них сыщики не вступали, за исключением тех случаев, когда надо было кого-нибудь задавить машиной, столкнуть под поезд, избить, прикинувшись безвестными хулиганами, или просто испортить настроение, осведомившись в вагоне метро: «Эй, шпион, на следующей выходишь?..»

В распоряжении каждой бригады наружного наблюдения имелась машина, замаскированная под такси. Номера к ней слегка крепились поворотом отвертки, чтобы можно было легко менять их на каждом углу: запас жестяных табличек, несших в себе тайный знак принадлежности к КГБ, загромождал порой весь багажник.

Была в автомобиле и рация, по которой следовало изъясняться условными фразами.

«Коробочка, подбери монтеров!» — следовала команда из Центра, и машина срывалась с места, чтобы забрать сыщиков, расставленных по постам.

Именно так и представлял себе оперативный шофер нашу работу в Токио. Он понятия не имел о том, что главное в разведке не напор, а дружеское общение. Для этого необходимо, чтобы ваш будущий агент хотя бы на начальном этапе знакомства не знал, что вы из КГБ. Если полиция, расшифровав вас по автомобилю, угрожающим тоном объяснит японцу, кто вы на самом деле, вся работа пойдет насмарку. Объяснить бы все это шоферу резидентуры! Но никто не решался взять на себя эту опасную миссию, ибо не мог предугадать, как тот преподнесет суть беседы благодушно настроенному резиденту по пути в универмаг «Мицукоси».

Зашифровке шофер вообще не придавал значения. Он исходил из казарменного принципа: молодым сбывать что похуже.

Так он и мне сплавил старый темно-зеленый «фольксваген». Я тоже побоялся спорить с личным шофером резидента и, кое-как примостившись за низкий руль, с трудом выехал из подземного гаража на посольский двор по спиралевидному коридору.

Наступил вечер, и жены дипломатов вышли погулять меж двух старинных сосен, сбереженных японскими строителями нового здания посольства, хотя наши бы непременно их снесли. Рядом неторопливо расхаживали мужья, успевшие сменить костюмы на просторные рубашки и широкие полотняные брюки.

Лавируя в их толпе, я тотчас поймал на себе настороженные взгляды мужчин, выдававшие их принадлежность к агентуре, женщины же просто взирали на меня с неприязнью, но и с надеждой, что лично их минует гнев КГБ...

Через несколько дней я выяснил, что прежним хозяином «фольксвагена» был офицер контрразведки, вербовавший осведомителей среди сотрудников посольства. Этого еще не хватало! К моим реальным прегрешениям перед японской полицией добавлялось еще и то, чего я совершенно не заслужил: работа по нашим людям! Но и от автомобиля я отказаться не мог: мало ли какие манипуляции с машинным парком замышлял резидент! Ведь «фольксваген» был передан мне с его санкции, и уж он-то отлично знал, кто на нем раньше ездил.

И я решился на отчаянный шаг. Въезжая в тесный тассовский двор, ударил машину об угол каменной ограды, так, что дверца съежилась и отлетела. А старые машины в этой стране не ремонтируют.

Разумеется, на следующий день я сообщил об этом в резидентуру как о весьма настораживающем происшествии. В кратком докладе, всего на пару страниц, в качестве причины этой поломки я высказал предположение, что рулевое управление автомобиля могло быть подпорчено механиком всех посольских машин господином Кавасаки, который всем был известен как агент японской полиции. Действительно, каждый ли автослесарь в Японии свободно владеет русским языком? Думаю, что только один Кавасаки на всю страну. В резидентуре многие начальники, укоризненно покачивая головой, высказывали предположение о том, что Кавасаки ставит «жучки» в наши машины и даже осмеливается внедрять в них ограничители скорости — тем разведчикам, которые имеют обыкновение убегать от слежки. Однако контракта со странным механиком никто не прервал. Ведь он был заключен на несколько лет вперед, а если сообщить Москве, что в механике мы раскрыли агента, то она ответит по своему обыкновению: «А где же вы были раньше?..»

К тому же все разведчики, пользовавшиеся услугами механика-русиста, могут стать засвеченными, а это в планы руководства разведки не входило. Короче говоря, мне выделили новую машину, не отягощенную ничьими грехами.

Подыгрывание японцев нашей разведке порой совершенно необъяснимо и, видимо, заключается в специфике восточного характера. Вот о каком удивительном случае рассказал мне один мой товарищ, работавший в представительстве «Интуриста».

Как и все прочие разведчики, за свой рабочий стол в «Интуристе» он никогда не садился, и тот всегда пустовал. Служащие «Интуриста» делали вид, что к этому странному обстоятельству привыкли. Половину же этих служащих составляли японцы, для которых постоянное отсутствие на работе одного из главных начальников выглядело дико.

Но как-то раз мой приятель все-таки приехал на работу и замешкался в прихожей, снимая плащ. В офисе зазвонил телефон, трубку взяла секретарша-японка, и разведчик услышал свою фамилию.

— Господина Петрова нет на месте. Он на переговорах! — сообщала секретарша кому-то из соплеменников, хотя прекрасно знала, что никаких переговоров в этот час в «Интуристе» не намечалось, а сам Петров с раннего утра занимался разведческими делами.

— Тут я подхватил плащ да и был таков! Еще целых два дня я не появлялся на работе, чтобы не смущать секретаршу! — усмехался Петров, сконфуженно хлопая себя по макушке. — Ведь ей, как японке, было неприятно, что в конторе, где она служит, есть иностранные шпионы, и она изо всех сил старалась это скрыть, чтобы поддержать престиж фирмы. Для японцев преданность учреждению, в котором они служат, важнее всего на свете!..

Впрочем, когда японской контрразведке нужно было избавиться от какого-нибудь разведчика, она деликатно до́водила до сведения КГБ о своей осведомленности по поводу истинного рода деятельности этого человека. О том, что она знает и всех остальных, контрразведка умалчивала.

Для этого использовалась многочисленная агентура из числа японцев, завербованная не разведкой, а контрразведкой КГБ, соперницей и завистницей первой. В Москве агентами нашей контрразведки могут быть японские дипломаты, журналисты, представители крупных фирм. В провинции агентура помельче — японские рыбаки, хозяева мелких кооперативов, занятых приграничной торговлей. Они полностью зависят от благосклонности управления КГБ по Приморскому краю, которое в любой момент может аннулировать им визу или, объявив шпионами, запретить нашим внешнеторговым организациям иметь с ними дело. Поэтому вербуются такие агенты очень легко, но и не порывают связей с собственной контрразведкой, верноподданнически докладывая ей о том, что им говорили в КГБ.

Были такие агенты и среди местных торговцев советской печатной продукцией. Дело распространения главного идеологического товара, книг, находилось в КГБ под особым контролем, и почти все представители книготорговых организаций за рубежом были офицерами политической разведки.

Таким был и мой приятель Б. Разумеется, он знал, кто из торговцев книгами осведомитель нашей контрразведки, и держал ухо востро. Никаких шпионских дел с ними Б., конечно, не вел.

Довольно часто один из них выезжал в Москву за очередной партией книг, встречаясь там и с работниками 2-го главка. Им он поставлял сведения о советской колонии в Токио. В один из дней из 2-го главка в 1-й, в разведку, пришло сообщение особой важности о том, что Б. расшифрован. Некий сверхсекретный японский суперагент сообщил контрразведке, что Б. — советский разведчик!

— Тоже мне открытие сделали, идиоты! — смеясь, возмущался Б., вернувшись все-таки в Токио. — Да о том, что я из КГБ, все наше торгпредство знает, включая старшего дворника Хими-сан, главного резидента японской контрразведки!..

Этот Хими служил в нашем торгпредстве чуть ли не с самого первого дня после восстановления дипломатических отношений в 1956 году. Сотрудники торгпредства за эти десятилетия привыкли к нему, почитали за своего и даже нарекли Химиком.

— Химик, давай лопаты и метлы! — командовал парторг, спускаясь в дворницкую в день коммунистического субботника.

Химик выносил метлы во двор и с поклонами вручал митингующим. Никого из них не удивляло, что дворник свободно говорит по-русски. Зарплату ему выдавали исправно, зато полугодовые бонусы — положенные каждому японцу наградные деньги в пять-шесть окладов — торгпредовцы делили между собой. Но Химик не обижался: похоже, он получал жалованье еще в одном месте. Из своей дворницкой он постоянно звонил куда-то по телефону, и, когда к нему заходил торгпредский служащий, владеющий японским языком, Химик тотчас откладывал трубку, почтительно кланялся и более не произносил ни слова. На другом конце провода тоже терпеливо ждали...

Получив из контрразведки сигнал о расшифровке Б., разведка сразу все поняла и вступилась за честь мундира. В таких случаях она всегда выгораживала своих работников, и во 2-й главк был послан лаконичный ответ о том, что донос ложный...

Если наш разведчик продолжал раздражать японцев по-прежнему, они переходили к более жестким мерам, выставляя за ним усиленную демонстративную слежку, которая всем видом своим и хмурыми взглядами давала понять: или сворачивай активность, или уезжай. Но этот прием, как правило, не срабатывал: мы воспринимали это как очередную профилактическую меру, плановое усиление бдительности, которое через пару недель сойдет на нет. Ведь такой прием практиковался и у нас в КГБ!

И тогда следовало самое страшное: разоблачительная кампания в газетах, арест разведчика или его выдворение из страны. Все это бывало для нас как гром среди ясного неба: ведь о возможности такого исхода запрещалось говорить вслух. Это расценивалось как отсутствие должного патриотизма и очень напоминало весну 1941 года, когда тех советских граждан, кто допускал возможность войны с Германией, НКВД брал на учет и именовал «пораженцами». С началом войны «пораженцев» не только не простили, но, наоборот, всех арестовали и отправили в лагеря.

Примерно так же относилось начальство в резидентурах к тем из нас, кто спрашивал, как следует себя вести в случае ареста вражеской контрразведкой. Этот вопрос почему-то вызывал злобу.

«Так неужели в разведке не велась разъяснительная работа по этому вполне злободневному поводу?» — спросите вы.

Конечно велась, но только в одностороннем порядке и дозированно. Вещало начальство, а подчиненным полагалось внимать, и стоило разведчику задать какой-нибудь вопрос, как начальство начинало хмуриться и подозрительно поглядывать на непонятливого подчиненного и строить предположения о том, что этот самый подчиненный, скорее всего, однажды уже был арестован контрразведкой, но затем выпущен в обмен на предательство и сейчас вырабатывает линию поведения. А такие случаи и в самом деле бывали.

Я тоже задал однажды такой вопрос, начальник просто-таки изменился в лице и стал бормотать что-то о родине, которая, мол, меня никогда не выдаст, и о трусости, которая нашему разведчику не к лицу. А через неделю меня отозвали в Москву, якобы в отпуск, но все решили, что это не так: ведь даже заместитель резидента по научно-технической разведке не счел возможным со мной попрощаться.

В тяжелом настроении я ехал на встречу с родной страной, перебирая в памяти все возможные прегрешения, но об упомянутом выше разговоре даже не вспоминал, считая, что задавать начальству интересующий тебя вопрос естественно. Оказалось же, что причиной вызова послужил именно этот злополучный вопрос. Начальник тут же поведал о своих подозрениях резиденту, а тот шифрованной телеграммой сообщил в Москву, докладывая, что я «занервничал». Там было решено вызвать меня, провести проверочные беседы и по их итогам решить, стоит ли пускать назад в Токио.

Беседы, к счастью, оказались несложными.

— Вы занервничали? — спрашивали московские начальники, глядя на меня в упор.

— Нет! — твердо отвечал я, подтверждая это веселой улыбкой.

Поскольку каждый досрочный отзыв разведчика из-за границы требует от начальства письменных объяснений перед еще более высоким руководством и свидетельствует о кадровых промашках, было решено отпустить меня восвояси. Окрыленный, возвратился я в Токио, ставший мне за эти годы родным и близким. А когда через год меня и в самом деле задержала японская контрразведка, то о недавнем вызове в Москву никто и не вспоминал...

Впрочем, захваты и аресты наших разведчиков в Японии все же редки. Обычно местные власти в резкой форме приказывают уехать, а на следующий день поднимают в газетах шум: «О, ужас! Шпиону удалось бежать!..»

В газетах появлялись фотографии разведчика, взятые, как правило, из его регистрационного дела в японском министерстве иностранных дел. Документальные же кадры шпионской деятельности обнародовались крайне редко, чтобы не давать нашей разведке повода для самоусовершенствования.

Ей, впрочем, было не до того. Начальники сидели в резидентуре с мрачными и перекошенными лицами и в ужасе ждали новых разоблачений. От просьбы дать интервью они с раздражением отмахивались. Иногда, впрочем, наоборот, собирали в посольском клубе особо доверенных наших журналистов и инструктировали их:

— Объясните иностранцам, что никакого шпионажа, конечно, нет и не может быть. Это грубая провокация. Особо подчеркните, что в посольстве нет никакой паники...

Разведчик же летел в самолете в Москву, не помня себя от страха.

«Что со мной теперь будет? Кем объявят меня — преступником или героем?..»

Это зависело исключительно от начальства. Оно тщательно, не торопясь, вырабатывало свою точку зрения, исходя из того, что к работе разведчика вообще отношения не имело: общую картину деятельности резидентуры, личные связи начальника отдела и отношение к нему руководителя разведки: желает он его возвысить или свалить. Так очень часто бедный чекист оказывался жертвой случайных обстоятельств. Но все задавали ему один и тот же вопрос:

— Где же ты прокололся, дружок? Откуда японцы узнали, что ты разведчик?..

Краснея, неудачник-шпион бормотал что-то неясное, стараясь разгадать замыслы руководства. Ни слова не говорил он о глупых дежурствах в резидентуре, о полуночных собраниях под наблюдением контрразведки, о ненадежной машине, перешедшей к нему от скомпрометированного предшественника. Вместо этого он упирал на коварство японских спецслужб, слабость агентуры и собственные недоработки. Не трогал он лишь начальство. Оно же после небольшого разбирательства определяло судьбу разведчика, объявляя его или вконец расшифрованным, подходящим лишь для работы в архиве, или, наоборот, абсолютно невиновным, пригодным для дальнейшей работы за рубежом. Многостраничный документ, подготавливаемый по итогам проверки, так и назывался: «Заключение о степени расшифровки разведчика». У японцев подобное заключение лишь вызвало бы смех. Похоже, так иногда и бывало...

V

Когда у нашего разведчика истекал очередной год работы в Японии, он без конца задавался вопросом: продлит ему на сей раз полиция визу или нет? Хотя формально ее выдает консульский отдел министерства иностранных дел, все знали, что этим занимаются спецслужбы. Церемония выдачи визы становится для разведчика критическим этапом, сулящим либо еще год увлекательной шпионской работы, либо бесславный ее конец. Поэтому с тяжелым сердцем он садился за руль автомобиля и ехал к заветному небоскребу, в котором среди множества разных контор приютились офисы по выдаче виз.

Для обычных иностранцев продление визы не представляет никакой сложности. Заполнив анкету, они передают ее в соответствующее окошко вместе с паспортом и немедленно получают штамп. Мы же тщательно продумываем вопросы анкеты, пишем ответы аккуратными иероглифами или по-английски и с замиранием сердца подходим к определенному окошку.

Чиновник в ярко-синем мундире перелистывает паспорт, на минуту отлучается в соседнюю комнату, где, видимо, имеется картотека шпионов, и просит заехать через неделю. И начинается неделя мучительных терзаний. А когда через неделю обращаемся к тому же чиновнику, он встречает вас с лукавой улыбкой.

— Вашу визу решили не продлевать! — сообщает он. — А если у вас есть вопросы, позвоните в отдел общественной безопасности полковнику Танаке вот по этому телефону!..

«О нет, только не это!» — бормочете вы и, взяв паспорт, чуть ли не бегом направляетесь к выходу...

«Ведь дело еще можно замять! — судорожно размышлял разведчик. — Если быстро уехать в Москву, сделав вид, что командировка закончилась по плану, и тихо переждать, если к тому же в японских газетах не появится разоблачительных публикаций, тогда через несколько лет можно снова подать документы на визу, и тот же полковник Танака, саркастически рассмеявшись, прикажет:

— Выдать!..»

Но бывает и по-другому.

— Ах, это вы? — рассмеялся чиновник, перелистав однажды мой паспорт, и тут же поставил в нем штамп о продлении визы, не дожидаясь истечения положенного недельного срока. Обрадованный, я поспешил в торгпредство, чтобы похвастаться перед товарищами по резидентуре.

— Смотри никому не проболтайся об этом! — предостерегающе поднял палец заместитель резидента.

— Никому из японцев? — на всякий случай уточнил я.

— При чем здесь японцы?! — вспылил он. — Ведь не они подписывают заключение о степени твоей расшифровки! Это делают наши генералы...

На них же вся эта сложнейшая суета совершенно не распространялась. Они запросто ездили по всему миру, совершая инспекционные объезды резидентур. Очень часто местная пресса реагировала на их визиты язвительными статьями, в которых резала правду-матку, но эти публикации, губительные для рядового разведчика, на карьере генералов абсолютно не отражались, и те запрашивали очередные визы в иностранных посольствах. Считалось, что генералам расшифровка не страшна, поскольку они не занимаются оперативной работой. Но истинная причина состояла в другом: руководители разведки были уверены, что их коллеги в другой, пусть и враждебной, стране должны относиться к ним более лояльно, чем к рядовым чекистам, проявляя некую международную солидарность руководящих работников. Когда же этого не происходило, наши генералы обижались до глубины души.

Помню, какой вой поднялся в руководстве советской разведки, когда американцы отказали во въездной визе одному из заместителей Крючкова, возглавлявшему промышленный шпионаж, генералу Л. Эта информация была тотчас засекречена от рядовых чекистов. А его распаленные гневом помощники советовали принять ответные меры, и только из-за очередного шпионского скандала эта история отошла на второй план. Генерал же Л., разумеется, выезжал за границу еще множество раз, и никто не ставил вопрос о его расшифровке перед противником.

Только изредка, когда опасность нешуточной расшифровки вставала перед генералами слишком явно, они начинали быстро принимать меры по собственному спасению. После того как из Токио бежал советский разведчик Станислав Левченко, все его коллеги затаились в страхе, втянув головы в плечи, а у одного из них даже случился сердечный приступ. Ведь теперь всех, по правилам КГБ, должны были признать расшифрованными и закрыть им выезд за границу. Для разведчика это — конец карьеры. И только начальник Левченко, будущий генерал В., более всех причастный к его побегу, ходил по высоким кабинетам и задорно предлагал:

— А пошлите-ка меня на неделю в Таиланд! Увидите, ничего со мной не случится! Козни Левченко мне не повредят!..

Просьба В. была уважена. Он быстро съездил в Бангкок, и с ним действительно ничего не случилось, как не случилось бы этого и ни с кем из его младших коллег, известных Левченко по совместной работе в резидентуре. Да вот загвоздка: их никто и не думал посылать в Таиланд, а если бы они посмели заикнуться об этом, как В., это было бы воспринято с неодобрением и укором — как стремление любой ценой вырваться за границу, а может быть, и убежать туда вслед за Левченко. Некоторых из них, правда, все же стали выпускать через несколько лет за рубеж, но иные застряли в Москве навечно.

В. же продолжал ездить в заграничные командировки как ни в чем не бывало. Разоблачительные и злые статьи Левченко в журналах, разошедшиеся по всему миру, генералу нисколько не повредили.

Глава 11

ПРОЩАЙ, ЛУБЯНКА!

I
ЭТО СЛУЧИЛОСЬ...

«Такого мои родители не переживут!» Это было первое, о чем я подумал, когда поздней ночью 15 июля 1985 года в парке Сэндзоку под проливным дождем из зарослей кустарника вышла группа мужчин в светлых плащах и направила на меня луч прожектора. Где-то рядом застрекотала видеокамера. Их появление оказалось полной неожиданностью для меня, потому что я-то ждал завербованного мною китайского агента по фамилии Кан.

— Мы желаем побеседовать о господине Кане. Прошу проехать с нами в полицейский участок! — сказал один из них довольно холодным тоном.

Эх, если бы я знал, что именно сегодня после длительного периода отчуждения в советско-китайских отношениях в Москву с официальным визитом прибывает высокопоставленный представитель китайского правительства, заместитель премьера Госсовета Юй Цюли! Тогда бы я сразу сообразил, что японская контрразведка вполне может воспользоваться моей встречей с Каном, чтобы заявить на весь мир: «Советский Союз с

408

одной стороны дружит с Китаем, а с другой — вербует у нас в Японии китайских ученых!» Тогда очередной контакт с агентом можно было бы и пропустить. Не случилось бы ничего страшного, если бы он, прождав меня положенный час, ушел бы восвояси, в студенческую общагу, сожалея, может быть, об утраченной возможности наесться до отвала в роскошнейшем ресторане. Но через пару дней я отловил бы его на улице и, в порядке компенсации, повел бы в сверхдорогой ресторан, где официанты в черных фраках тотчас устремляются к вам и разве что не бухаются перед вами на колени.

Однако о визите Юй Цюли в Москву я и понятия не имел, хотя и был корреспондентом ТАСС, обязанным находиться в курсе событий. Но на самом-то деле я никаким корреспондентом ТАСС не был! И у меня не было времени вникать во всю эту информационную шумиху, к которой разведка отношения не имела. Похоже, не знало об этом и руководство токийской резидентуры КГБ, хотя в ее штате имелся сотрудник, отслеживающий всю информацию о Китае, содержащуюся как в японских газетах, так и в информационных сообщениях, добытых нами, разведчиками. На их основе он составлял ежедневно несколько шифротелеграмм в ЦК КПСС.

Он был отличным китаистом и подолгу рассказывал мне, как работал в Пекине в годы культурной революции в советском посольстве. Однажды беснующаяся толпа хунвэйбинов окружила его машину и не давала ей двинуться с места в течение чуть ли не целых суток. С ним вместе в машине находилось несколько его коллег. Все они мужественно переносили эту попытку. Достоинство советских дипломатов не позволяло им просить хунвэйбинов хотя бы на несколько минут выпустить их из машины. За все это они получили ордена «Знак Почета».

Разумеется, этот человек знал о предстоящем визите Юй Цюли в Москву и даже наверняка просил моих коллег, работающих по линии политической разведки, собрать отклики на него в японском МИД среди журналистов и в первую очередь среди наших агентов — парламентариев и иных крупных политических деятелей.

Беда была в том, что он и сам принадлежал к линии политической разведки. В соответствии с принципом конспирации, регламентирующим деятельность разведки, всякий обмен информацией внутри ее запрещен. Не только между крупными линиями разведки, но и внутри каждого отдела, управления и, наконец, в каждом кабинете, где сидят двое-трое разведчиков. Я, например, и понятия не имел, чем занимаются мои напарники из разведки по ТАСС, а спросив, сразу записал бы себя в агенты американской или японской разведок.

Поэтому моему старшему коллеге, с которым у меня сложились хорошие личные отношения, и в голову не пришло посвятить меня в подробности предстоящего визита Юй Цюли в Москву: дружба дружбой, а служба службой...

К тому времени я почти уже не бывал в ТАСС, потому что оброс множеством китайских агентов. Их у меня было около двадцати, среди них — пять кандидатов на вербовку. О каждом приходилось писать уйму бумаг, и на это уходило несколько часов ежедневно. Заведующий отделением ТАСС перестал со мной разговаривать. Товарищи по ТАСС тоже махнули на меня рукой, я на них — тоже, потому что никакими товарищами они мне никогда не были, а скорее кандидатами на вербовку. Я сознательно сделал этот выбор, намереваясь во что бы то ни стало прослыть одним из лучших вербовщиков китайцев во всей советской разведке. Год назад, когда я находился в отпуске в Москве, мне было поручено сделать доклад о работе против Китая на конференции, которая состоялась в огромном актовом зале в Ясеневе. Открывал конференцию сам Крючков. Затем выступили ответственные сотрудники ведущих отделов разведки, поделившиеся с сидящей в зале тысячью чекистов своим опытом втягивания китайцев в сотрудничество с нашей разведкой. Среди них был и я, представлявший один все управление «Т» — научно-техническую разведку. Я был невероятно горд этим!..

Полицейские не хватали меня за руки, не заталкивали в машину, как это нередко делают наши контрразведчики в КГБ, арестовывая американских шпионов. Прикрывшись от проливного дождя прозрачными зонтиками, они стояли рядком в полутора метрах от меня и ждали ответа на вопрос: согласен ли я поехать в полицию?

Меня это удивило.

«Как же так, дорогие японские чекисты? — мысленно вопрошал я. — Неужели вы не знаете, что советский разведчик, попав в плен, не имеет права произнести хоть одно слово! Тем более, что вы снимаете его. А среди вас самих вполне может быть человек, завербованный нашей резидентурой. И разве есть гарантия, что кассета не попадет в руки управления «К»? Что оно скажет, если я произнесу «да, согласен!»? Но даже если я скажу «нет!», это тоже будет означать некий контакт с врагом. А помните, как у нас поступали с такими контактерами в годы войны? И сейчас, между прочим, ничего по сравнению с тем временем не изменилось!.. Вы же работаете против КГБ! Почему же не изучили наших правил?!»

Тем временем за моей спиной прошуршал шинами автомобиль и остановился. Вообще-то в парковую зону въезжать нельзя, но для полицейских автомобилей принято делать исключение. Впрочем, автомобиль не имел никаких знаков принадлежности к полиции. Это была «тойота» среднего класса, которые во множестве движутся по узким японским улицам, ничем особенно не отличаясь друг от друга, кроме ярких, а порой и причудливых расцветок. Этот же автомобиль был темно-синий, с трудом различимый в ночной тьме.

Когда распахнулась задняя дверца, я нырнул внутрь, словно спасаясь от дождя. Не драться же мне с двадцатью полицейскими в самом деле? Это ведь только в ЦРУ поощряется, когда американский разведчик боксирует с превосходящими силами чекистов, а потом с подбитым глазом, в разорванном пиджаке гордо позирует перед камерами в надежде, что начальство это оценит. У нас же в КГБ все наоборот: генералы не любят скандалов. Ведь задержание разведчика уже само по себе огромная неприятность, а тут еще и драка. Неизвестно, к каким осложнениям она может привести.

Когда после окончания Института стран Азии и Африки я поступал на службу в разведку, меня не хотели принимать из-за плохого зрения. Но поскольку мой отец был заместителем командующего пограничными войсками КГБ, я автоматически входил в число членов семей высшей комитетской элиты. И поэтому вопрос о моих очках должен был решаться только на уровне руководства КГБ. Тем более, что сам Андропов, которому служба наружного наблюдения докладывала о положении в семьях всех генералов КГБ начиная с заместителей начальников главков, сказал обо мне так: «Этот культурный, воспитанный мальчик отличается от других детей руководства КГБ. Мы его имеем в виду...»

Медицинское заключение о моей близорукости легло на стол заместителя Председателя КГБ по кадрам генерал-полковника Пирожкова. Сам он, подобно большинству высших руководителей КГБ, включая Андропова, никогда в жизни оперативной работой не занимался, а был секретарем одного из провинциальных обкомов КПСС. Представление о работе разведки он черпал из кинофильмов. «Что же он будет делать там, в Японии, если ему очки разобьют?! Как он сможет защищать интересы своей Родины?!» — воскликнул Пирожков, гневно отшвырнув бумажку с заключением окулиста.

В разведку я все-таки попал. Приятели моего отца в управлении кадров КГБ обманули Пирожкова, проведя меня через минскую школу контрразведки, для поступления в которую его санкция не требовалась, даже если эти абитуриенты и были сыновьями генералов КГБ.

«Если уж высший руководитель КГБ не знает, что наши разведчики за границей не дерутся, то что же говорить о более низких звеньях?! Вот он, истинный уровень руководства КГБ!» — смекнул я. И вот теперь, впервые и единственный раз за время моей не такой уж долгой пятнадцатилетней карьеры в разведке, мне представился случай подраться. Разумеется, я им не воспользовался. На следующий день в своем отчете, адресованном ни много ни мало Председателю КГБ Чебрикову, я написал, что полицейские силой затолкали меня в машину...

Строго говоря, так оно и было.

Двое полицейских уселись по бокам, деликатно сдвинув меня на середину сиденья. Впервые в жизни я оказался зажатым между мускулистыми блюстителями порядка, хотя в кино конечно же много раз видел эту сцену. Если бы я был шпионом из кинофильма, вроде легендарного Штирлица, то, наморщив лоб, сейчас размышлял бы о том, как получилось, что меня захватила полиция. Виноват ли в этом я сам, не заметив, как попал на одной из десятков предшествующих ресторанных бесед с Каном под наружное наблюдение? Или Кан обратился к японскую полицию и чистосердечно все рассказал? Или его вынудило сделать это министерство государственной безопасности Китая? Или оно само попросило японцев организовать мой захват, а бедного интеллигентного Кана, хлебнувшего немало горя во время культурной революции, поставило к стенке за двурушничество? Или перед этим оно еще и подвергло его изощренным китайским пыткам?..

Но я был реальным разведчиком, не из кинофильма, более-менее подробно знал шпионскую кухню КГБ, и потому все эти вопросы меня больше не интересовали.

Они остались в прошлой жизни, так неожиданно и несправедливо прервавшейся. Жизнь эта была прекрасной, и не только с материальной точки зрения, с каждым днем я все глубже познавал Японию. Как много для меня значили прогулки по улочкам Токио, несущим на себе печать прежних эпох; общение с известными писателями, певцами, музыкантами; с крупными политиками, имена которых у всех на слуху, хотя интервью с ними не доставляли мне удовольствия из-за свойственного им цинизма. Оказывалось, что сами политики ничего

414

не знают или не помнят, мои вопросы немедленно переадресовывались помощнику, сидящему рядом. При этом они с удовольствием принимали деньги от советской разведки на свою предвыборную кампанию.

Жизнь моя, во многом интересная и привлекательная, была в то же время греховной, полной лжи, искушения и обмана. Когда я звонил тому или иному японцу и говорил, что хотел бы взять у него интервью, я тем самым создавал ему возможность через пару лет быть арестованным за шпионаж. Косные, непригодные к исполнению правила КГБ вынуждали меня обманывать и начальников, и товарищей, и вообще всех людей, с которыми я общался. Ведь даже одни только слова «я — корреспондент ТАСС» были ложью. Поэтому я понимал, что Господь наказует меня не без вины. Обижало только одно: почему это произошло так стремительно? И почему выбор пал именно на меня? Ведь я, кажется, был единственным из советских корреспондентов в Японии той поры, который не подвергал ее лицемерному бичеванию, как требовал Отдел пропаганды ЦК КПСС. В ТАСС я избрал своей темой культуру и рассказывал в основном о премьерах Большого театра, о японском хоре русской песни, о новых японских фильмах, сугубо художественных, не политических. Другие же мои коллеги-журналисты, среди которых было немало разведчиков, поносили в своих статьях Японию на чем свет стоит, что, впрочем, ни в коей мере не мешало им выполнять шпионские задания. Потом, уже уйдя из КГБ, я узнал от приезжающих в Москву японцев, что они с особой опаской относятся к иностранным исследователям, слишком глубоко вникающим в японскую жизнь, считая их шпионами.

Те же журналисты-разведчики, что бичевали Японию со всей яростью партийного слова, сами сужали круг общения в этой стране, а значит, возможность причинения ей ущерба...

...Было темно. Из парка мы выехали на узкую, ярко освещенную улицу и пристроились в хвост вереницы машин — движение им затруднял дождь, почти тропический, обильный и теплый, обрушивавшийся мощным потоком на боковые стекла.

И тем не менее полицейский, сидевший справа от меня, углядел, что шофер, с трудом маневрировавший рядом с нами, заехал одним колесом на тротуар, и строго постучал ему в стекло костяшками пальцев. Шофер той машины, несмотря на дождь и на то, что не мог слышать этого стука, сразу сообразил, что эта машина полицейская, и испуганно отвел взгляд.

В Японии контрразведка принадлежит полицейскому ведомству, и многие контрразведчики не забыли, как боролись с бандитами, хулиганами и нарушителями дорожных правил до того, как за примерное поведение и служебное рвение их направили в школу контрразведки.

Ей отводится несколько комнат в каждом полицейском участке Японии. В районном же полицейском управлении, куда меня привезли, контрразведке принадлежит весь верхний этаж. Она занимается не только иностранными шпионами, но и ультралевыми террористами. Официально она именуется «Отдел общественной безопасности Токийского полицейского управления».

У входа здесь, как и всюду у полицейских зданий, стоял человек в штатском, опираясь на высокий, по плечо, деревянный посох. Японские полицейские крайне ограничены законом в применении оружия (в наших, российских, условиях они бы работать не смогли) и потому вынуждены прибегать к подручным средствам. Палка в руках полицейского — тоже оружие. Недаром в Японии так высоко развит спорт бодзюцу — искусство фехтования палкой, победителями на всеяпонских соревнованиях по которому неизменно выступают офицеры полиции. Палкой можно помочь разъехаться двум автомобилям, застрявшим в узком переулке, если просунуть ее между их притертыми друг к другу боками. Той же палкой можно выбить пистолет из рук чокнутого ультралевого террориста, помешанного на теориях Бакунина и Троцкого, которые до сих пор пользуются популярностью среди некоторой части японской молодежи.

Бодзюцу — древний вид спорта, вроде каратэ или джиу-джитсу (дзю-дзюцу, если говорить правильно). Все они культивировались в рядах самураев, средневекового воинского сословия Японии, ее дворянства. То, что бодзюцу популярно в полиции по сей день, не случайно: ведь полиция генетически восходит к самурайскому сословию, как и армия, а также и мафия, известная во всем мире под названием якудза. Начало ей тоже положили самураи, правда, не добропорядочные, а бродячие, обнищавшие, или деклассированные, как говорили у нас в годы советской власти. Но все равно духовные связи, общая психология, воспитание и система ценностей у всех самураев, даже у бродяг, были одинаковыми, и может быть, именно поэтому мафия и полиция в нынешней Японии так мирно сосуществуют друг с другом.

Почему-то момент, когда мы вышли из машины и поднялись на четвертый этаж, не запечатлелся в моей памяти. Должно быть, потому, что никто не подталкивал меня в спину и не кричал: «Позор шпионам из КГБ!» А еще потому, что мне и раньше неоднократно приходилось бывать в полиции, и очередной приход в нее не вызвал у меня никакого шока.

Прежде меня вызывали туда из-за мелких нарушений правил уличного движения. Один раз я был даже лишен шоферских прав на два месяца, и для того, чтобы их вернуть, должен был пройти унизительную учебу в Школе нерадивого автолюбителя.

— В какой группе вам предпочтительнее заниматься — в английской или японской? У нас есть два варианта школ! — объяснила, заполняя анкету, девушка-полицейский в темно-синем мундире, похожем на военно-морской.

— Конечно же на японском! — воскликнул я, предвкушая возможность получить уникальный журналистский материал.

Я не ошибся. Учеба в школе оказалась легче легкого, а вдобавок я смог убедиться в том, что японцы ни во что не ставят технику, хотя она так неправдоподобно высоко развита в их стране. Главное внимание они уделяют человеку, его духовному миру, и поэтому лекции, которые нам читали добродушные пожилые полицейские, повторяли одно и то же:

— Главное в вождении автомобиля — это вовсе не знание правил и внутреннего его устройства. Это — добросердие, то есть готовность уступить всем дорогу, помочь слабому, даже если это не предусмотрено правилами, извиниться перед человеком, на которого наехал...

И действительно — полиция, прибывшая на место дорожно-транспортного происшествия, первым делом спрашивает у жертв, если они в состоянии говорить: «Перед вами извинились?!»

И положительный, и отрицательный ответы имеют принципиально важное значение для судебного разбирательства. Тот водитель, который пренебрег извинением, наверняка получит более долгий тюремный срок.

Я дважды попадал в аварии, и всегда по своей вине. Первый раз, в середине семидесятых годов, когда, будучи студентом, я стажировался в университете Токай и ехал на велосипеде по горной дороге, меня сбил автомобиль. У моего старенького велосипеда отказали тормоза, но и автомобиль ехал медленно, осторожно, и потому удар оказался совсем не сильным. Впрочем, дорогую замшевую куртку автомобиль мне все же основательно испортил, ведь я угодил под него словно нарочно!

— Все ли у вас нормально? — осведомился водитель с оттенком некоторой неприязни. Выйдя из машины, он помог поставить велосипед на колеса, еще раз внимательно оглядел меня и только после этого укатил, хотя виноват во всем был именно я.

Второй раз это случилось почти через десять лет, когда у нас в токийском отделении ТАСС ввели ночные дежурства. Нормальные журналисты после них отсыпались целый день, мы же, разведчики, шастали, как обычно, по городу.

Одуревший от бессонной ночи и мечтавший только о том, чтобы как можно скорее нырнуть в постель, я остановился в одном из узких переулков и, не посмотрев назад, распахнул дверцу. Вмиг дверца была оторвана ехавшей сзади машиной, а моя рука — испачкана в черном машинном масле. Почему — я не успел сообразить.

Пожилой шофер, вылезший из машины, испуганно поглядел на меня. Ведь перед ним сидел уже не студент, а солидный мужчина, к тому же иностранец, который вполне может затаскать его по судам. Он начал униженно кланяться, повторяя:

— Извините, извините...

— Нет, нет, это я виноват! — отвечал я традиционной японской фразой, что явно удивило шофера. Тем не менее он проворно достал из-под сиденья белоснежную матерчатую салфетку, вытер ею мне руку, а потом, еще раз восемь поклонившись, с облегчением укатил. Я же решительно поставил перед руководством резидентуры вопрос о том, чтобы нас, разведчиков, от ночных дежурств в ТАСС освободили. И, как ни странно, это произошло. Очевидно, начальство КГБ опасалось новых аварий, о которых в Москве полагалось докладывать высшему руководству разведки, и решило, что проще уломать заведующего отделением ТАСС в Токио...

По окончании Школы нерадивого водителя предстояло сдавать выпускной экзамен. Каждый получал лист, содержащий пятьдесят вопросов, с двумя возможными вариантами ответа. Неправильный нужно было зачеркнуть. Первый вопрос был такой: «Что важнее для водителя — знание правил или добросердие?»

Но в контрразведке добросердия не было...

На четвертом этаже, куда меня привели, было абсолютно то же самое, что и на первом: большая комната с зеленоватыми, как во всех официальных учреждениях Японии, стенами была уставлена казенной, но в то же время красивой, изящной мебелью: стульями и креслами из блестящих алюминиевых трубок с синими дерматиновыми сиденьями и спинками. В углу возвышался серовато-зеленый стол, похожий на учительский, и вообще все помещение очень напоминало школьный класс.

За этот стол сели трое из моих сопровождающих — по-видимому начальство, остальные расселись по стульям, некоторые же остались стоять у двери. Не потому, разумеется, что стерегли меня: просто их чин пока не позволял им сидеть в присутствии старших.

Несколько минут начальники громко совещались, абсолютно не смущаясь моим присутствием. Потом дверь открылась, и вошли четверо полицейских в особых водонепроницаемых костюмах, которых никогда прежде я не видел. Это были просторные штаны и куртки из прозрачного пластика, надевавшиеся поверх пиджаков и брюк. Ни слова не говоря, они, облегченно вздыхая, сняли дождевую амуницию, свалили ее на пол, где тотчас образовалась лужа, и тоже разместились поодаль, среди равных по званию. Очевидно, они находились в засаде среди кустов, под дождем, на тот случай, если я попытаюсь бежать.

На какую-то долю секунды мне показалось, что я словно нахожусь среди своих коллег, чекистов, и все мы ждем, когда наши младшие коллеги из Седьмого управления, одетые в милицейскую форму, поймают под дождем американского шпиона и приведут его сюда, в просторную, светлую комнату, где мы будем вести с ним вежливые беседы.

Наконец начальники, закончив обмен мнениями, обратились ко мне:

— Мы должны вас обыскать. Встаньте, пожалуйста!..

— Требую пригласить советского консула! — твердым голосом заявил я, тем более что опять застрекотала видеокамера. Эта фраза — единственная, которую имеет право произнести советский разведчик, оказавшись в плену.

Но как же мне не хотелось, чтобы здесь появился консул! Ведь почти все они — чекисты и служат в управлении «К»! Не исключено, что под видом консула припрется сам заместитель резидента по внешней контрразведке У., который выше меня по чину и оттого начальство ему доверяет больше. А он постарается истолковать любое мое слово или действие в негативном свете. Главная задача этой категории людей — выявить и разоблачить, а не поддержать и помочь. КГБ — это не благотворительная организация!

— Советский консул здесь абсолютно не требуется! — решительно возразил старший из японцев. — Мы же вас не арестовываем. Сейчас поговорим полчаса, а потом отпустим!

Я вздохнул с облегчением, но виду, конечно, не подал.

— Итак, мы должны вас обыскать. Встаньте, пожалуйста! — повторил главный полицейский, на что я, как и положено разведчику под видеокамерой, никак не отреагировал. Тогда пожилой японец, сидевший рядом, повторил эти слова на ломаном русском языке.

— А вам я советую получше овладеть русским языком! — произнес я по-японски, и все вокруг, включая переводчика, дружно рассмеялись. Казалось, еще секунда, и все мы обнимемся: ведь мы — офицеры спецслужб. Да, сейчас мы находимся по разные стороны баррикады, но так ли уж это важно?

Но тут двое полицейских подошли ко мне и подняли за локти. Я, разумеется, не стал противиться и встал сам, но для зрителей видеофильма это выглядело так, будто они меня подняли насильно.

Нехотя ощупав карманы брюк, они вынули из правого бумажник, а из левого большой медный ключ от ворот токийского отделения ТАСС. Я собирался вернуться поздно и потому прихватил его с собой. Откуда мне было знать, что не возвращусь туда больше никогда...

— Ну и что же это за ключ? — хитро прищурившись, спросил главный полицейский, стараясь меня подловить. Если бы я ответил, что это — ключ от ворот в мой офис, в чем нет ничего предосудительного, он через несколько минут обязательно сказал бы мне так: «На вопрос о ключе вы ответили. Тогда почему вы не можете ответить на остальные?..»

— Даже на вопрос о ключе я отвечать отказываюсь!..

И они опять все дружно рассмеялись.

— Тогда ознакомьтесь с предписанием суда! — официальным тоном заявил полицейский, и один из его подчиненных вручил мне фирменный листок с красной печатью.

В нем говорилось, что я оказывал некоторое давление на гражданина КНР Кана и поэтому подлежу задержанию с целью изъятия записных книжек и прочих уликовых материалов.

— У вас имеются при себе записные книжки? — спросил главный полицейский довольно-таки смущенным тоном, ибо знал, что никакой разведчик никогда не отправится на шпионскую встречу с записными книжками. При нем может оказаться только новый блокнот, на случай если потребуется что-нибудь записать.

Я презрительно хмыкнул, и все присутствующие опять дружно рассмеялись. Но один уликовый материал у меня все-таки был: радиоприемник с очень тонкой настройкой, которая рядовому радиослушателю не нужна. Он был куплен в обычном токийском магазине радиотоваров и потому не мог быть принят судом как доказательство шпионской деятельности, тем более что в Японии вообще нет закона о шпионаже. Зато для пропагандистской кампании в газетах годился вполне. И еще у меня имелся карманный магнитофон, на который КГБ требует записывать беседы с наиболее важной агентурой, хотя в Москве их переводить некому, и крошечные кассеты лежат месяцами, а порой и годами, в картонных коробках для секретных материалов, задвинутых в глубь железных сейфов, с глаз долой, чтобы в положенный срок быть уничтоженными по акту. То есть, проще говоря, запись стирают, а сами кассеты сотрудники разведки уносят домой.

— Обвинение против вас было шатким! Вам нужно было нанять адвоката и обратиться в суд! — говорили мне потом японцы уже в Москве.

Разумеется, все это можно было бы сделать сейчас, но не в то суровое советское время. Тогда, в 1985 году, горбачевская перестройка еще только начиналась, и было неизвестно, чем она должна была завершиться, может быть, даже и репрессиями. Сама идея вступать в контакт с японским судопроизводством считалась предательством родины. Разведчик, которого арестовали через полгода после меня, предлагал руководству резидентуры подать в суд на неправомерные действия полиции, но на него смотрели как на прокаженного. В Москве об этом факте рассказывали с ужасом. Начальники всерьез подумывали о том, чтобы объявить этого разведчика сумасшедшим.

Если бы то, что произошло со мною в далеком теперь уже 1985 году, случилось в наши дни, я бы, конечно, принял все меры, предусмотренные законом для защиты личности от произвола властей. Но это стало возможным только после крушения тоталитарного коммунистического режима в СССР. Однако после этого отпала и необходимость служить в разведке! Я никогда не пошел бы туда в наши дни. Зачем?! Ведь выехать в Японию, работать там по своей японоведческой специальности сейчас можно и помимо КГБ. Но в мое время, в семидесятые годы, это было невозможно. Ради возможности выезжать в страну, изучению которой ты посвятил жизнь, надежнее всего было стать агентом КГБ или его сотрудником, офицером.

Но положение агента шаткое. Ну, сообщил он своему куратору из КГБ какую-нибудь информацию — будь то об интригах, скажем, в некоем министерстве, или о том, что его приятель в Москве берет взятки, а дальше что? Сам же он теряется в догадках: поможет ему это или, наоборот, навредит. Да и ощущение постоянной зависимости, к тому же тайной, о которой нельзя сказать даже жене, унижает мужчину.

Совсем другое дело быть офицером разведки! Уже не его вербует КГБ, а он сам от имени КГБ вербует кого захочет. Теперь не сам он пишет доносы (хотя и это вполне возможно), но, наоборот, ему присылают доносы на других, и он самолично решает, как с ними поступить. От того, в каком тоне разведчик доложит о них начальству, зависит участь и доносчика, и объекта доноса. Любому из своих недругов сотрудник КГБ может перекрыть выезд за границу, причем тот сам будет принужден оправдываться в этом до конца жизни. Разведка была самым престижным, самым высокооплачиваемым местом работы в СССР, идеальным для молодого мужчины. В наши же дни, наоборот, никаких привилегий она не сулит.

Да и сама деятельность ее находится под большим вопросом. Слишком длинный за ней тянется шлейф скандалов...

— А теперь поговорим о вашем радиоприемнике! —, вступил в беседу молодой полицейский в штатском лет тридцати с небольшим, мой ровесник. — Но разговаривать будем не сегодня и не здесь, а завтра, в Токийском полицейском управлении, — продолжал он. — Сейчас же вы свободны!.. Но и приемник, и магнитофон мы у вас конфискуем! — иронически заметил он и, подойдя ко мне, протянул заранее заготовленную бумажку размером с ладонь.

Убедившись в том, что речь в ней идет только о приемнике и магнитофоне, а вовсе не о том, что я соглашаюсь стать агентом японской разведки, я ее подписал. Плевать я хотел на эту технику! Но в то же время меня удивило то, что полицейские не пытались меня завербовать. Они, без сомнения, знали, что отец мой генерал, да и сам я могу служить солидным источником информации. Должно быть, у них и без меня имелось достаточно осведомителей и в токийской резидентуре КГБ, и в штаб-квартире разведки в Ясеневе. Вводить нового означало бы лишний риск.

II

ОТЧУЖДЕНИЕ

— Ну как, вы завтра придете к нам? — осведомился полицейский лейтенант, провожавший меня до двери. Видеокамеру убрали, потому что официальная часть кончилась.

— Увы, я должен буду прямо сейчас доложить обо всем в посольство. Думаю, что мне не разрешат, — сказал я.

— Да-а? — удивился полицейский, но ничего более не добавил. Младшие в Японии не имеют права на собственное суждение.

Темная улица была пуста. Дождь кончился, и, поджидая такси, я попытался осмыслить случившееся. Согласитесь, это было весьма непросто.

За четыре месяца до этого, в феврале, меня вызвали в командировку в Москве. Тем самым руководство КГБ, само того не ведая, как бы официально уведомило отдел общественной безопасности Токийского полицейского управления о моем истинном статусе. Ведь рядовые корреспонденты ТАСС в командировку в Москву не ездят, разве что умрет кто-то из родителей, но тогда об этом объявляется во всеуслышание. А для решения каких-нибудь журналистских проблем вызывают заведующего отделением. К тому же я отнюдь не являюсь мало-мальски значительной фигурой в ТАСС, наоборот, меня постоянно порицают за частое отсутствие в офисе. И вдруг — командировка в Москву...

Но я все равно радовался, ибо знал, из-за чего меня вызывают. На Кана, разработка которого длилась уже около двух лет, наконец лично обратил внимание начальник разведки Крючков и приказал сделать из него суперагента, о котором можно было бы, не стыдясь, докладывать лично Председателю КГБ Чебрикову. Это означало поток орденов на всю огромную пирамиду начальников, грозно возвышавшуюся надо мною, да и для меня самого, может быть, самую скромную

427

медальку. Впрочем, в КГБ нередко бывает так, что после какого-нибудь удачного мероприятия все награды достаются начальникам, а о непосредственных исполнителях забывают. Но в моем случае это не пройдет. Я найду способ тактично напомнить о себе. Ведь я кручусь в кагэбэшной среде с детства!..

Загвоздка была только в том, что Кан отнюдь не был суперагентом, как и я — суперразведчиком. Последних я никогда в жизни не видел. Они просто не смогли бы выжить в косной, бюрократической системе КГБ.

Однако командировку в Москву я воспринял с торжеством. Она означала не только возможность приятных бесед с большими начальниками, которые в обычных обстоятельствах никогда бы не стали со мной общаться, но и отсутствие всякого страха за свое будущее. Именно он, леденящий и подлый, отравляет каждый отпуск в Москве, куда все мы должны ездить в обязательном порядке. Но ветераны КГБ, уцелевшие в репрессиях, наоборот, завидуют нам.

— У вас, молодых, — говорят они, — все равно есть хоть какая-то ясность! А вот ведь как бывало: приедешь в 1947 году из Берлина или Вены в отпуск, даже и спрашивать не смеешь о дальнейшей своей судьбе! И лишь через месяц начальник отдела, глядишь, буркнет: «Ладно, так и быть, завтра выезжаешь снова в Берлин!» А билета нет, а вещи не собраны, жена в панике! Вот и объясняешь ей: «Получил, мол, срочное сверхзадание от товарища Берии, даю тебе два часа на сборы!» А ничего срочного-то и нет, одна показуха!..

Да, командировка окончательно расшифровала меня перед японской контрразведкой, хотя за пять лет, проведенных в Японии, это ведомство и так изучило меня досконально. Можно ли, скажите, в течение пяти лет вести неправильный, с точки зрения советского загранработника, образ жизни и при этом уповать на то, что этого никто не заметит?

Что касается Токийского полицейского управления, то тут мне терять было нечего. У КГБ же мне хотелось взять некоторый реванш.

Дело в том, что три года назад меня уже один раз вызвали в командировку. Она пришлась ровно на дни похорон Брежнева, так что даже японская контрразведка не обратила на нее внимания, решив, что я — один из дальних родственников Генерального секретаря, которые разбросаны на высоких должностях в советских посольствах по всему миру.

Но причина моего вызова была связана отнюдь не с Брежневым, хотя косвенно вполне умещалась в моральные рамки его огромной, бестолковой и загнивающей империи. Я проговорился одному из наших стажеров университета Токай, которых я продолжал опекать, ибо сам не так уж давно принадлежал к их кругу, что являюсь разведчиком. В этом не было ничего странного, поскольку отец этого студента был заместителем начальника советской разведки. Оба мы были сыновьями высокопоставленных генералов КГБ, что создавало психологическую общность. Проблема была лишь в том, что этот студент, может быть, с гордостью поведал своему приятелю о том, что пользуется покровительством корреспондента ТАСС Преображенского, который к тому же является разведчиком. А этот студент-приятель оказался агентом КГБ, которых тогда было немало в студенческой среде.

К тому же он дружил с другим корреспондентом, полковником ГРУ, а незадолго перед этим во-

енная разведка потерпела сокрушительное пораже-
ние от КГБ, отобравшего у нее несколько должностей в токийском представительстве «Аэрофлота»...

Похоже, что в Москву пошли два доноса: один
от студента, а другой — от полковника ГРУ, который был в то же время и агентом КГБ. Короче говоря, мой пустячный вопрос рассматривал партком разведки, вынесший решение вызвать меня в
Москву.

Там начальник японского отдела Ф. неофициально дал мне прочитать письмо управления «К»,
на котором некий начальник написал следующее:
«Подшить в выездное дело Преображенского. Каждый последующий его выезд за границу решать с
учетом данного письма».

— Наша задача сейчас — утереть нос управлению «К». Пиши записку о том, что ничего подобного не было! — мягко и настороженно улыбаясь,
сказал Ф.

Записка составила тридцать две страницы. Она
была абсолютно лишена какой-либо логики, зато
полностью соответствовала манере мышления начальников КГБ. Основной постулат ее был таков:
«Этого не могло быть, потому что не могло быть
никогда». Попутно, через каждые две строчки, я
ненавязчиво напоминал о том, что ГРУ вредит КГБ
где только может.

Разумеется, по правилам КГБ на несколько дней,
требуемых для сочинения этой записки, меня поместили, хотя и не заперли, в отдельном кабинете,
а коллегам запретили со мной общаться. Но они,
конечно, общались, хотя и не все.

Наконец я вручил готовую брошюру Ф. Он тотчас же вызвал всех своих подчиненных среднего
звена, начальников отделений, и в их присутствии
углубился в чтение. При этом для полного удоволь-

ствия он закурил американскую сигару. Такие сигары явно были ему не по карману, да и купить их в Москве тогда было невозможно, потому подчиненные разведчики присылали их Ф. дипломатической почтой со всех концов земли.

С наслаждением вдыхая сигарный дым, Ф. взял линейку, затем — яркий японский фломастер, который в Москве тоже не купить, и с многозначительным видом подчеркнул пару строчек. Начальники почтительно замерли, и я тоже. Уж так сильно хотелось вернуться мне в Токио, где оставалась моя семья.

Ф. мог с таким же успехом подчеркнуть любую пару строчек в моей записке, поскольку в ней на все лады варьировалась одна и та же мысль. Но этот его жест означал, что он будет меня защищать перед Крючковым.

Так и случилось.

— Бумага находится на столе у Крючкова. Не выходи ни на секунду из комнаты! — велел Ф., и при этом его холеное лицо покрылось красными пятнами.

Каждые полчаса Ф. звонил секретарше Крючкова, и она почему-то не кричала в трубку, как это обычно делают советские секретарши: «Чего вы звоните каждые полчаса? Вам что, делать нечего?!»

Наоборот, она каждый раз мелодичным голосом сообщала что-нибудь такое, чего рядовым чекистам знать не положено. Например:

— Владимир Александрович в Кремле... В Центральном Комитете у товарища Лукьянова... Обедает... Заехал в поликлинику на процедуры... Встречается с вьетнамскими друзьями... Его вызвал товарищ Чебриков... Находится на пути в Ясенево!..

При этих словах Ф. всплеснул руками и прокричал, благо никого вокруг не было:

— Ну, Константин, молись!..

Через полчаса на столе у Ф. оглушительно зазвонил белый телефон с золотым изображением государственного герба и надписью: *Крючков*.

Ф. покраснел, потом мгновенно сделался бледным как полотно и, выскочив из кабинета, понесся по длинному коридору, благо в столь поздний час никто из подчиненных не мог его видеть...

...Итак, я снова в Москве, но на этот раз — в роли победителя. Меня вызывает все тот же Крючков, который в прошлый раз защитил меня от несправедливого (а в сущности, вполне заслуженного) доноса.

Торжествующе улыбаясь, Ф. сказал:

— Нам предстоит обучить Кана шифрам и радиосвязи, чтобы не стыдно было доложить об этом товарищу Чебрикову. Буквально завтра тебе предстоит самому научиться шифрам, а потом передать это искусство Кану...

Следующим утром я с утра был уже на Лубянке, где находился штаб Восьмого главного управления (ныне входит в ФАПСИ), занимавшегося шифрами. Оно было суперсекретным, и потому прапорщики-охранники долго тискали в руках мой загранпаспорт, испещренный печатями виз, а потом вдруг заявили:

— Приятно познакомиться с крупным советским разведчиком!..

— Да никакой я не крупный, — возразил я, — работаю только в Японии. И неизвестно, поеду ли еще в какую-нибудь другую страну!..

С прапорщиками можно было не церемониться в высказываниях. Подтекстов они не понимали, а со старшим по званию, тем более разведчиком, побоялись связываться и уж тем более не посмели бы обвинить его в пораженческих настроениях.

Работник 8-го главка, ожидавший меня в крошечной комнатке, положил передо мною огромный лист, заполненный буквами немецкого алфавита. Это наводило на мысль о том, что шифр, которому меня должны были обучить, создавался еще во время войны.

— А вам известно, что я работаю в Японии, причем по китайцам?.. И немецкого языка ни я, ни мой китаец не знаем? — спросил я.

— Конечно известно! — спокойно ответил шифровальщик. — К тому же я сам несколько раз бывал в Китае, и знаю, что китайцы не моются, а в жару лишь два раза в день обтираются горячим полотенцем!..

На это мне нечего было возразить, и я приготовился слушать.

В этом шифре сначала нужно было запомнить условные знаки, обозначающие буквы немецкого алфавита, среди которых были и точка, и апостроф, и специфический немецкий знак препинания «умляут». Потом их нужно было множество раз менять квадратно-гнездовым методом, отчего у меня помутилось в глазах, мой мозг гуманитария, привыкший мыслить образами, отказывался воспринимать эту премудрость.

Только теперь я понял, почему все шифровальщики в наших посольствах такие унылые. Да потому, что шифры — это очень скучное дело и заниматься ими может только человек, бесконечно влюбленный в их механические хитросплетения.

Но больше всего меня обескураживал этот «умляут». Сможет ли его усвоить китайский агент?..

Я представил себе, как сижу с Каном на скамеечке в храмовом парке и, расправляя на коленях листок бумаги, говорю: «Вот это, господин Кан, «умляут»!..

А он смотрит на меня черными непроницаемыми глазами, силясь понять, что со мной случилось.

Ycomanskogo

— Нет, Кан с шифрами не справится, потому что не знает ~~немецкого языка~~! — твердо заявил я Ф. при очередной встрече, скромно умолчав, что в первую очередь не справлюсь с этим я сам.

Ф. удивленно поднял брови, хотя до этого прочитал множество моих донесений, в которых я сообщал, что Кан не силен в иностранных языках. Да, японским он овладел благодаря большому сходству с китайским. И по-русски изъясняется свободно, но только потому, что учил этот язык в детстве. Английский же представляет для него неодолимую трудность.

Все письменные переводы с английского языка, которые Кану давали в институте, он с наивной бесцеремонностью перепоручал мне. Я же сдавал их в бюро переводов по сто долларов за штуку, и все были довольны — и сам Кан, и я, и, конечно, разведка, ежемесячно получавшая по дипломатической почте несколько переводческих счетов, подтверждающих, что Кан позволяет себе сачковать за деньги советской разведки, и, значит, полностью находится в наших руках. Почему же Ф. не сообщил всего этого 8-му главку?..

Ну а от сеансов радиосвязи я отказаться не мог. КГБ, что ни говори, все-таки военная организация.

— Радиосигналы будут посылаться в виде наборов, причем обязательно по-русски! Потому что между всеми разведками мира существует негласный уговор — посылать радиосигналы агентуре только на своем родном языке! — объяснил Ф., тонко улыбаясь.

Но почему этого нельзя было сделать с шифрами? В очередной раз я убедился в том, что КГБ — крайне неповоротливая, гигантская организация, в которой правая рука не знает, что делает левая.

К тому же было неясно, что именно Кан будет передавать из Китая. Химические формулы? Ведь доступа к секретной информации он не имел. Наши генералы надеялись, что по приезде в Китай он попросту сгинет, как и другие прежде завербованные нами его соотечественники, и все проблемы решатся сами собой. Однако в памяти у Крючкова останется след о плодотворной деятельности...

Вернувшись в Токио и купив радиоприемник особо тонкой настройки, я стал размышлять, где нам с Каном провести первый учебный радиосеанс. Может быть, в пещере?

В Токио, как ни странно, есть одна, но для шпионских мероприятий она не подходит, ибо просматривается со всех сторон. Это — стоянка древнего человека, обнаруженная японскими археологами в двадцатые годы.

Над ней возвели храм древней языческой японской религии — синтоизма. Его бетонная крыша, закамуфлированная под бревна, покоится на четырех бетонных столбах, напоминающих могучие стволы деревьев. Под ней необычно выглядит соломенный вигвам, черная дыра входа... Каждый может нырнуть туда, чтобы на мгновение соприкоснуться с душою предков, но никто этого не делает: скучно... К тому же с течением веков стоянка древнего человека оказалась на перекрестье дорог, по которым нескончаемым потоком движутся автомобили. Поставь на обочине полицейскую машину и снимай наш с Каном радиосеанс на пленку! Мы, разумеется, этого не заметим... Нет, лучше мы проведем радиосеанс в парке другого храма, буддийского, где кусты разрослись погуще!..

На очередной встрече с Каном я достал из пакета радиоприемник.

— Сейчас вы услышите переданные по радио наборы цифр на русском языке. Постарайтесь записать их, а потом посмотрим, что у вас получилось! — сказал я Кану нарочито будничным тоном.

Китаец послушно раскрыл блокнот, который я ему дал, и вооружился карандашом.

«Хорошо же я подготовил тебя как агента. Лишних вопросов не задаешь!» — подумал я с невольным самодовольством.

Скоро сквозь треск помех прорвался механический мужской голос, методично диктовавший снова и снова одно и то же: «Один-три-пять-семь. Два-восемь-семь-четыре».

Это был записанный на пленку звук компьютера, и с дикцией у него было не все ладно. Мягкого знака он не выговаривал. Русский язык не был родным для Кана, и потому при цифрах «пять» или «семь» он обращал на меня удивленный взор. Я подсказывал, ибо был кровно заинтересован в успехе.

Мы сидели на парковой скамейке рядом, буквально плечом к плечу, и я с волнением следил, как листок блокнота заполнялся цифрами. Я ощущал отвратительный запах немытых волос Кана, но терпел, ибо знал, что в разведке приходится терпеть и не такое.

Довольный, я отвез запись в резидентуру и отправил ее с дипломатической почтой в Москву. Но оказалось, что наш сеанс все-таки был замечен. Он служил реальной уликой шпионской деятельности. Позже из газет я узнал, что именно в этот день, узнав о радиосеансе, японская полиция решила меня брать уже на следующей встрече с Каном...

На следующий день, после всех перипетий с задержанием, полицейские отпустили меня, приказав назавтра явиться в Токийское полицейское управление. Выйдя из участка, я долго пребывал в раздумье...

Дорога, пролегавшая мимо полицейской управы, была пустынной. Должно быть, из-за дождя такси не сновали сегодня, как обычно, по улицам взад-вперед. Останавливать же частные машины здесь не принято.

Я всерьез забеспокоился. Очередная встреча с Каном, назначенная на сегодня, должна была к этому времени закончиться, и в резидентуре ждали условного сигнала о том, что все прошло благополучно. Теперь, в свете совсем других обстоятельств, я должен был явиться в резидентуру лично. Если я замешкаюсь, там подумают, что я судорожно решал, стоит ли мне вообще идти туда и не лучше ли искать политического убежища в американском посольстве. Но, к счастью, подъехало свободное такси с призывно горящим красным огоньком.

Мое решение оказалось правильным. Несмотря на то что в дальнейшем я подвергся поношению и позору, во всех кадровых документах неизменно значилось: «Оперработник сразу, не раздумывая, прибыл в резидентуру». В обстановке массовых побегов и морального крушения КГБ эта строчка служила подтверждением моего истинного патриотизма. Уверен, ни в одной другой разведке мира, кроме нашей, никому и в голову не придет провозглашать в качестве похвалы сам факт явки разведчика в свою резидентуру, а скажем, не в американское посольство.

С тоской смотрел я на темные, но такие милые спящие токийские улицы из окна такси, уверенный в том, что вижу их последний раз.

В резидентуре весьма удивились моему приходу. Тяжелую железную дверь открыл заспанный шифровальщик и хриплым голосом сообщил, что начальство разошлось по домам. Но, к счастью, оно жило неподалеку — специально для таких случаев. Очень скоро пришел встревоженный заместитель резидента по научно-технической разведке. Он совсем недавно приехал в Токио, и ему вовсе не хотелось начинать свою командировку с провала его теперешнего подчиненного. Но он мог использовать его и для продвижения по служебной лестнице, проявив решительность и жесткость в ликвидации последствий. Но не станет же он входить в конфликт с японской полицией! Это слишком опасно. Оставался только один объект — я...

Через минуту прибежал и заместитель по политической разведке, заменявший отбывшего в отпуск на родину резидента. По внутреннему посольскому телефону он позвонил советнику-посланнику Чижову, замещавшему посла, также уехавшего отдыхать. Японцы специально выбрали момент, когда все высшие руководители советской колонии отсутствовали в Токио, освободив их тем самым от критики властей. Разумеется, те оценили это и потом, уже после моего отъезда, отзывались об этом скандале вяло, нехотя, стараясь как можно скорее о нем забыть.

Усевшись за стол, оба заместителя первым делом вызвали шифровальщика, велели подать бутылку прекрасного армянского коньяка из особого фонда и принялись наперебой утешать меня. Однако их утешения были сродни тем, что врач-психиатр расточает в беседе с их неизлечимо больными пациентами.

— Выпей, тебе нужно снять стресс! Ты еще так пригодишься разведке! — говорили они, наливая мне полный стакан терпко пахнущего напитка. — Конечно, речь о твоем немедленном отъезде в Москву не идет! — увещевали они меня. — Поработаешь месяца три в резидентуре в качестве переводчика или составителя информационных телеграмм, а потом, когда все уляжется, тихонько уедешь, чтобы через пару лет снова влиться в коллектив нашей резидентуры!..

Но я чувствовал, что они врут. И действительно: через полчаса в резидентуре появился запыхавшийся сотрудник «Аэрофлота», мой коллега по научно-технической разведке.

— Вызывали? — почтительно осведомился он у заместителя резидента, стараясь при этом не смотреть на меня. Это удавалось ему довольно плохо, поскольку, кроме нас троих, в просторной рабочей комнате резидентуры никого не было. Очевидно, он решил, что меня срочно отсылают в Москву за какую-нибудь провинность.

А тем временем в нашу квартиру в ТАСС прибыл офицер безопасности.

— Собирайтесь! — велел он жене и выразительно посмотрел на потолок. — Вещей брать не нужно...

— А мы еще вернемся сюда? — с тайной надеждой спросила жена, укутывая спящего младенца. Как и всякая жена разведчика, в принципе она была готова к подобной ситуации, но не могла предположить, что это произойдет так неожиданно.

— Вы не вернетесь сюда никогда! — сухо отозвался чекист и повел жену во двор, где уже стояла наготове машина.

Через час мы сидели в посольской квартире для почетных гостей, ошеломленно глядя друг на друга. Все кончилось! Но произнести это вслух мы не могли, зная, что квартира прослушивается. Поэтому вышли на балкон и там долго шептались.

Совсем рядом высилась, сверкая огнями, токийская телебашня, знаменитая на весь мир «Токё тава». Казалось, протяни руку, и ухватишь рубиновую капельку на вершине. Но нет — дорогу к ней преграждает высокая каменная стена советского посольства. Отныне мы не имеем права выходить. Нас просто не выпустят охранники, а сама попытка выбраться за ворота будет истолкована как намерение убежать к американцам. С сожалением и тоской смотрели мы на спящий город, с которым связано так много воспоминаний, и прощались с ним навсегда.

За несколько минут до этого я завершил написание многостраничной телеграммы, адресованной теперь уже не начальнику разведки Крючкову, а самому Председателю КГБ Чебрикову. Сейчас два заместителя резидента, укрывшись в кабинете, химичили над ней, кое-что изменяя и вымучивая собственный комментарий.

Когда советский разведчик попадает в лапы врага хотя бы на минуту, это считается чрезвычайным происшествием в масштабах всего КГБ. Я же пробыл в полиции целый час! Это было уже нечто из ряда вон выходящее.

В течение этого времени я был абсолютно не под контролем КГБ и, по мнению начальства, мог натворить все, что угодно! Но разве в обычные дни разведчик находится под контролем круглосуточно? А как же бесконечные отлучки в город, встречи с агентурой, походы в магазин, наконец? Что, его всегда сопровождают сотрудники службы наружного наблюдения, как в Москве?

Так-то оно так, но все равно агентура из числа ближайших друзей раз в неделю информирует о нем офицера безопасности посольства. Сам разведчик постоянно общается с коллегами и начальниками, и, наконец, в его квартире может стоять техника подслушивания, установленная КГБ. Да, все это пустая формальность, и руководство КГБ это отлично понимает. И тем не менее управление «К» несет ответственность за разведчика, хотя на деле, конечно, никак за него не отвечает. Но оно регулярно посылает в Москву сводки о его деятельности, на которых в Москве можно начертать ту или иную резолюцию, или поставить знак вопроса, или вызвать сотрудника в кабинет для серьезного разговора. А кто отвечал за меня в течение того злосчастного часа? Никто! Я был словно в замкнутом пространстве между небом и землей и потому отчетливо сознавал, что резидентура ни за что не разрешит мне завтра идти в полицию, пусть даже и в сопровождении офицера безопасности: а вдруг я за ночь одумаюсь и попрошу политического убежища?..

Стоило мне задремать, как перед глазами снова и снова повторялась злополучная сцена в парке. Луч прожектора ослеплял меня, и я просыпался...

Меня беспокоило и другое. Я знал, что КГБ первым делом отправляется на квартиру разведчика, убежавшего за границу или, как я, попавшего в беду, и переворачивает в ней все вверх дном, в надежде найти какой-нибудь компромат. И очень часто находит! У Станислава Левченко, бежавшего в США, обнаружили распятие, о чем упоминалось выше. У другого разведчика — секретные документы резидентуры. Как выяснилось во время служебного расследования, он брал их на дом лишь для того, чтобы поработать в спокойной обстановке, а не в шумной атмосфере резидентуры.

У меня, конечно, ничего подобного не было. Я никогда не оставлял ничего компрометирующего именно на такой вот случай. Но на моем письменном столе, а также на полу, на диване и стульях лежали рукописи статей или заготовки для будущих книг. Текст которых, как и положено, подвергался моей собственной доработке и потому был испещрен чернильными поправками. Я живо представлял себе укоризненное замечание кого-нибудь из коллег: мол, мы, понимаешь, не желая сил, работаем на благо родины, а он изощряется в литературном творчестве, вместо того чтобы заниматься делом!

Начальство в Москве поступает в таких случаях очень сурово. Но это все ничего. А вот что меня беспокоило всерьез, так это новенькая тетрадь на столе, на первой странице которой я вчера написал такие слова: «Дай, Господи, благополучного начала книги сей!» — и нарисовал крест.

Это было посерьезнее вчерашнего моего захвата полицией. Историю с японской полицией, может, еще удастся как-нибудь дезавуировать, а идеологическое преступление — никогда.

— И это пишет советский разведчик?! — слышались мне гневные голоса начальников.

Но, к счастью, не так давно в ТАСС приехал новый напарник-чекист, с которым мы подружились, что в разведке бывает очень редко. Его-то я и ждал с самого утра, с деланным спокойствием прохаживаясь по посольскому двору. Как обычно, его обитатели почтительно здоровались со мной, не желая портить отношения с сотрудником КГБ.

«Ничего! — думал я. — Посмотрим, как вы будете здороваться завтра, прочитав газеты! Небось станете шарахаться, как от прокаженного, чтобы вас тоже не приняли за шпионов».

Наконец в посольские ворота въехала машина моего друга, и я, с трудом удерживаясь от того, чтобы побежать, поспешил ему навстречу.

Увидев меня, молодой разведчик улыбнулся, удивившись тому, что я приехал в резидентуру так рано.

— Стой и не двигайся. Неизвестно, удастся ли нам еще раз поговорить без свидетелей!.. — быстро заговорил я.

Когда друг узнал, что случилось со мной прошлой ночью, кровь отхлынула у него от лица, он был потрясен. Признаюсь, я был глубоко тронут его искренней реакцией, и, к сожалению, он единственный отнесся ко мне сочувственно. Остальные либо сторонились меня, либо укоризненно качали головой, а то и откровенно злорадствовали.

Рассказал я ему и о злополучной тетрадке, которую нужно принести мне сюда, и о рукописи, которую надо сжечь. Друг бросился к машине, чтобы успеть побывать в квартире до того, как туда нагрянут офицеры управления «К».

— Да, кстати, давай условимся еще об одном! — остановил я его. — Думаю, завтра меня вышлют в Москву, а в прессе начнется шумиха. Но ты же знаешь, что в Ясеневе никогда не показывают статей тем, что в них фигурируют. Управление «К» станет шантажировать меня ими, выискивая различия между моими донесениями и газетными публикациями. Жену, скорее всего, отправят через несколько дней. Пожалуйста, пришли мне с ней газетные вырезки, чтобы я смог ориентироваться в беседах!..

Через час тетрадка была у меня в руках. Я выдрал из нее опасную первую страницу и сжег. А книга, о которой я просил у Бога благословения, через три года вышла в Москве. Она была посвящена воспитанию детей в Японии и называлась «Как стать японцем». На прилавках она не залежалась. Тем более, что предисловие к ней не побоялся написать сам Владимир Цветов, ведущий наш журналист-японовед, к сожалению уже покойный. Когда я позвонил Цветову по этому поводу, я опасался, что он скажет: «О каком предисловии может идти речь? Ты же теперь неприкасаемый! А я каждые два-три месяца летаю в Японию! Вдруг японцы откажут мне в визе, узнав, что я написал предисловие к твоей книге? Значит, у нас с тобой есть контакт? Нет уж, лучше обратись с этой просьбой в какому-нибудь ветерану-чекисту!..»

Но ничего подобного Цветов не сказал. Его предисловие не только украсило мою книгу, но и стало актом человеческого мужества. Я до сих пор благодарен ему за это и чту его память...

III

ГЕРОЙ Я ИЛИ ПРЕСТУПНИК?

В резидентуре уже было полно народу. Все возбужденно переговаривались.

— Полиция ищет тебя по всему Токио! — послышалось со всех сторон. — Постовой полицейский приходил в ТАСС, чтобы вручить тебе повестку, но ему сказали, что тебя нет, а где ты, неизвестно! В ТАСС звонили из Токийского полицейского управления и спрашивали, когда ты появишься! А главное — ТАСС осаждает толпа журналистов! Требуют, чтобы ты вышел к ним! Завхоз Мацумото отгоняет их палкой!..

Когда я потом увидел эту сцену по телевидению в программе новостей, мне стало не по себе. Вокруг маленького двухэтажного тассовского особняка собралась уйма народу. Все кричали, жестикулировали. В окнах верхнего этажа порой мелькали испуганные лица корреспондентских жен и тотчас скрывались за занавесками. Сами журналисты сидели за столами в офисе как ни в чем не бывало, но ничего не писали... Потом, после ухода из КГБ, мне не раз приходилось встречаться с японскими журналистами, с улыбкой сообщавшими мне:

— И я тоже стоял в той толпе!..

Тем временем ко мне подошел шифровальщик с пачкой секретных телеграмм, прибывших из Москвы. С цинизмом, свойственным людям этой профессии из-за того, что они зашифровывают для передачи в Москву доносы на нас и знают многие наши интимные тайны, он громко сказал:

— Конечно, тебя уже здесь нет. Считай, что ты уже в Ясеневе! Но все равно — ознакомься с телеграммой и распишись, хотя никакого оперативного значения теперь это уже не имеет. Поставь вот здесь последний раз в жизни свой оперативный псевдоним!

Я так и сделал, а потом нехотя пробежал глазами телеграмму. Подписанная Крючковым, она была адресована всем советским разведчикам, работающим за рубежом под прикрытием журналистов. В ней приказывалось распространить по миру слух о том, что Елена Боннэр, жена опального академика Сахарова, ударила милиционера и за это ей грозит суд.

— Ничего себе! — горько усмехнулся я. — Завтра я предстану перед авторами этих телеграмм, и они будут определять, прав я или виноват!..
Тут в комнату вбежал заместитель резидента по научно-технической разведке.

— Товарищи Чебриков и Крючков... — переведя дух, начал он, и мое сердце в очередной раз болезненно сжалось. — Председатель КГБ и начальник разведки положительно оценили твои действия в полиции, — сказал он, — и прежде всего то, что ты сразу, не раздумывая, поехал в резидентуру, не в пример некоторым другим!

При этом заместитель резидента с многозначительным видом взглянул на притихших товарищей.

— Может быть, тебя даже ждет повышение, — заключил он. — Но завтра утром тебе предстоит лететь в Москву...

Эта новость ничуть не удивила меня, и я поплелся в свою прослушиваемую насквозь квартиру для почетных гостей собирать вещи. Хотя их было очень немного, потому что все они остались в тассовской квартире. Жене предстояло пробыть в Токио еще неделю, чтобы создать впечатление, будто я уехал в командировку и остался в Москве, а ее вызвали туда вслед за мною.

На следующий день утром, когда мы прощались с женой, у нас возникло ощущение, что все это с нами уже происходило прежде! А мне и впрямь уже дважды приходилось улетать в Москву при схожих обстоятельствах, не зная, что меня там ждет. Те два случая теперь облегчали нам тяжесть прощания.

Во дворе у подъезда меня ждали офицер безопасности и один из консулов. В отличие от других сотрудников консульской службы, он не был офицером КГБ, и в данной ситуации ему была поручена роль шофера — он должен был отвезти меня в аэропорт. Считалось, что он не привлечет чьего-либо внимания.

Лица обоих были мрачны.

— Тебя предстоит вывезти тайно, чтобы полиция не схватила! Поедем на машине с темными стеклами, которая куплена резидентурой специально для таких случаев! — сказал офицер безопасности.

«А вы думаете сейчас, пока мы стоим во дворе, за нами не наблюдают? Они все равно уже увидели нас троих!» — хотелось сказать мне, но я промолчал, потому что все это было уже ни к чему. Тем более, что теперь мне лучше было вообще помалкивать и следить за каждым своим словом, произнесенным в присутствии офицера безопасности, этого виртуоза клеветы и доноса. Иначе он возьмет да и напишет в телеграмме, которая улетит в Москву вслед за мной, но прилетит раньше: «По пути в аэропорт проявлял беспокойство» или: «Высказывал изменнические намерения».

После этого мы втроем спустились в подземный гараж, откуда через минуту выехали в черном лимузине. Естественно, как только посольские ворота закрылись за нами, в хвост нашему автомобилю тотчас пристроилась юркая полицейская машина, дежурившая в служебном гараже напротив. Но почему-то ни консул, ни даже офицер безопасности ее не заметили.

Окидывая прощальным взглядом любимый мною токийский пейзаж, я так и не позволил офицеру безопасности втянуть меня в сомнительную беседу.

— Эх, в Москве сейчас погода хорошая! Красота! Лето!.. — мечтательно проговорил он, но я промолчал, потому что затем непременно последовал бы вопрос: хочется ли мне вернуться в Москву или все-таки не очень.

Выждав несколько минут и внимательно следя за выражением моего лица, чекист опять холодно улыбнулся:

— Ну, сейчас в Москве отдохнешь! Эх, завидую я тебе!..

Должно быть, он думал, что я скажу так: «Как же, отдохнешь там! Сейчас как начнут таскать в вашу родную контрразведку!..»

В напряженном молчании мы подкатили к огромному серому зданию аэропорта Нарита и стремительно зашагали по коридору. Четверо полицейских в штатском двинулись за нами, не проявляя ни малейших поползновений схватить меня и отвезти в Токийское полицейское управление. Мои же спутники по-прежнему их не замечали.

У входа в таможенный зал меня ждал сюрприз. Там выстроилась группа китайских студентов. Судя по бедной одежде, это были граждане КНР, которых я так усердно вербовал. Студенты взирали на меня с ненавистью и презрением. Среди них находился дородный японский полицейский в штатском и, торжествующе усмехаясь, снимал меня на крошечную видеокамеру размером с половину ладони. Очевидно, такие видеокамеры фиксировали мои встречи с Капом. Я ожидал, что китайцы сейчас что-нибудь закричат, как это было принято во время культурной революции, но они, к счастью, молчали, и потому офицер безопасности и консул ничего не заметили. Они просто не умели отличать китайцев от японцев. Им это не было нужно. Зато как бы красноречиво они расписали это в своих отчетах, вернувшись в посольство!

Мои провожатые вошли вместе со мной в самолет и указали предназначенное мне кресло, после

448

чего они, сдержанно попрощавшись, ушли с сознанием исполненного долга. Из советского самолета я уже никак не убегу.

На каждом самолете «Аэрофлота», совершающем рейсы за рубеж, всегда имеется пара свободных мест. Их резервируют для КГБ, если тому понадобится срочно выслать одного из наших граждан в Москву. Места эти всегда одни и те же, неудобные, расположенные в хвосте. Едва заняв одно из этих мест, я сразу же из уважаемого корреспондента ТАСС и разведчика превратился в лицо без определенных занятий. Теперь стюардессы, подавая мне поднос с едой, сердито поджимали губы. Летчики тоже молча косились на меня. Оказывается, эти кресла предназначались также и для них. Поставив самолет на автопилот, один из летчиков, остановившись в проходе, с пренебрежительным видом уставился на меня. Оторвавшись от иллюминатора, я тоже удивленно взглянул на него. Наконец пилот соизволил глазами указать на мою сумку, лежавшую на сиденье соседнего кресла. Оказывается, ее надо было убрать. Опустившись в кресло, летчик молча уставился прямо перед собой, не обменявшись со мною ни одним словом: мало ли кого перевозят на этих местах!..

Через неделю здесь же будет сидеть моя жена с маленькой дочерью. Как только начнется шумиха в печати, все посольство перестанет здороваться с ней, и в первую очередь мои приятели-чекисты, неоднократно бывавшие у нас дома в Москве.

Но главное разочарование ей предстоит испытать перед самым отъездом из посольства. Мой друг сдержит слово и тайно передаст ей толстую пачку газет. Но заместитель резидента по научно-технической разведке и все тот же офицер безопасности, которые будут провожать жену, вдруг захотят обыскать ее багаж. Естественно, они тотчас же обнаружат газеты и прямо-таки впадут в бешенство.

«Ну и кто же тот доброхот, который снабдил вас ими?» — язвительно спросит заместитель резидента.

«Этого я вам никогда не скажу!» — ответит жена, и ее ответ ему не понравится, но навредить мне он уже не сможет. Дальше вредить просто некуда!

Самолет, в котором я летел, начал снижаться. Под крылом проплывали подмосковные рощи с редкими вкраплениями миниатюрных церквей, сохранившихся кое-где в деревнях. Но сейчас родной пейзаж не доставлял радости, а наполнял душу щемящей тоской...

В Шереметьеве меня встречали родители и, как ни странно, заместитель начальника отдела.

— Начальник разведки передает тебе привет! — со значением произнес он и, поклонившись, уважительно потряс мою руку. Но меня это почему-то совсем не обрадовало...

IV

ПУСТЫЕ ГОДЫ

— Вчера японцы нанесли вам удар, а сегодня свои добавят! — сказал заведующий Главной редакции иностранной информации ТАСС Чуксеев, и в его голосе прозвучали сочувственные нотки. Очевидно, ему уже приходилось быть свидетелем ситуаций, подобных моей.

Это было прощание с ТАСС, больше я сюда не вернусь никогда. В качестве «крыши» он мне уже не нужен, да и я ему тоже. Но все-таки формально я еще несколько дней оставался зарубежным корреспондентом ТАСС, и меня принял сам генеральный директор Лосев. Сочувственно вздыхая, он достал телеграмму, адресованную Политбюро. Таких телеграмм мне еще не приходилось видеть. Почти половину площади листа занимало яркое, цветное изображение герба СССР, ниже перечислялись фамилии членов высшего органа страны. А говорилось в телеграмме обо мне.

Удивило то, что в ней ни слова не было сказано о моей принадлежности к разведке, хотя от членов Политбюро вообще не существует каких-либо секретов. Телеграмма была озаглавлена так: «Провокация против корреспондента ТАСС в Токио К.Г. Преображенского». В ней я представал невинной жертвой распоясавшихся японцев...

Когда я приехал из ТАСС в Ясенево, весь огромный стол для заседаний в кабинете начальника отдела Ф. был устлан газетами с моими фотографиями. За столом восседало руководство отдела, человек пять. Все с тревогой обсуждали известие о том, что японцы запеленговали наш сеанс учебной радиосвязи с Каном и напечатали все цифры в газетах. А это — серьезный скандал. Теперь руководство разведки может устроить нагоняй моим непосредственным начальникам. Меня удивило, что все они были инженерами, некоторые в прошлом — даже научными сотрудниками в секретных лабораториях. Неужели они могли допустить, что японцы, при наличии высоко развитой электронной техники, прозевают наши шпионские игры? Не так давно они умудрились записать даже голос летчика, сбившего южнокорейский «боинг», и прокрутить его по телевизору. Говорят, наши маршалы остались очень недовольны самоуправством японцев.

Беседуя с начальниками, я то и дело бросал взгляд на газеты, чтобы прочитать хотя бы заголовки газетных статей. Один из них гласил: «Шпионаж Преображенского не наносил ущерба Японии».

— Не надо читать! — воскликнул заместитель начальника отдела и поспешно отодвинул газеты подальше.

— Подожди в коридоре! — приказал Ф.

Через полчаса из кабинета вышел один из начальников, держа под мышкой пачку японских газет. Увидев меня, он задержал на мне свой укоризненный взгляд, словно я пытался проникнуть в святая святых его частной жизни. За ним потянулись остальные начальники...

— Заходи, Константин! — сказал Ф., выглянув в коридор. — Да, не повезло тебе! — вздохнул он, вновь усаживаясь в кресло. — Крючков положительно оценил твои действия в полиции, но не сказал, как следует с тобой поступить. Если бы он добавил к своей резолюции: «Поощрить!» — то ты был бы героем. А так необходимо найти козла отпущения. В военной системе им всегда считается крайний, то есть младший по званию.

Вечером, когда я, понурившись, возвращался домой, в лифт следом за мной вошел молодой человек.

— Вам на какой этаж? — спросил я, собираясь нажать кнопку, но тот вместо ответа недовольно засопел. Я не должен был задавать такой вопрос человеку, который явно за мной следил.

Телефон вдруг залился долгой трелью. Подняв трубку, я услышал неприветливый женский голос:

— Алло, как слышно?..

А в Ясеневе потянулись бесконечные беседы с контрразведчиками, досконально выяснявшими каждую мелочь. Я знал этих людей по Токио как слабаков и бездельников, не знающих толком японский язык, здесь же они выступали как крупные эксперты по агентурно-оперативной обстановке в Японии. Потом состоялись партсобрания, на которых рассматривалось мое персональное дело. Ораторы не выдвигали мне прямых обвинений, но смысл их выступлений был ясен: во всем виноват я. На всякий случай некоторые из моих бывших приятелей поспешили отречься от меня, заявляя примерно так:

— Работая с Преображенским в Токио, я считал его грамотным оперработником. А теперь, прослушав принципиальные оценки руководителей отдела на этом партийном собрании, я понял, что ошибался. Признаю свои ошибки и обязуюсь впредь их не допускать!..

В КГБ подобная «принципиальность» поощрялась. Она свидетельствовала о том, что человек ставит общественные интересы выше личных.

В результате меня лишили тринадцатой зарплаты — премии, выплачивавшейся за успешную работу по итогам года. Обиженный, я пошел объясняться к Ф., относившемуся ко мне неплохо.

— Но ведь это же не наказание! — рассмеялся тот. — Всего лишь финансовый документ! Он будет погребен под грудой платежей в финчасти. Вот если бы тебе объявили выговор, тогда другое дело!..

— Говорят, твой провал расследовали очень гуманно! — заметил как-то встретивший меня в коридоре старый знакомый из управления «С». Помощник начальника отдела, он был осведомлен обо всем лучше, чем я.

— Никакого гуманизма я не заметил, особенно в управлении «К»! — возразил я.

453

— Но ведь тебя же не сажали на детектор лжи! — многозначительно рассмеялся приятель и заспешил по своим начальническим делам...

Вскоре мне довелось узнать, что представляет собой этот советский детектор лжи. На курсах переподготовки оперсостава, куда я был направлен после всей этой истории, нам демонстрировали этот аппарат в действии. Одного из слушателей усадили в кресло и начали задавать вопросы, например: «Фамилия вашего начальника — Иванов? Петров? Сидоров?» — «Нет», — каждый раз отвечал испытуемый, и аппарат подтверждал его правоту. Но вот оператор спросил: «Ваш начальник — полковник Джонсон?» — и на экране тотчас заметался в ужасе беленький огонек, словно подтверждая этим, что наш приятель был американским шпионом. Все захохотали, поняв, что советские детекторы лжи очень ненадежны. Они путают правду с шоком от неожиданного вопроса.

Отныне работа моя состояла в нудном и совершенно пустопорожнем бумаготворчестве. Конечно, можно было попытаться уйти из КГБ, но куда? В Институт востоковедения, кишащий его агентурой? С моей профессией японоведа в какое ведомство ни обратись, всюду наткнешься на сотрудников КГБ. Кроме того, в те времена из органов отпускали неохотно и только со скандалом, а власть КГБ в стране была безграничной. Уйти от него было некуда.

Вдобавок вскоре меня повысили. Я стал одним из референтов начальника научно-технической разведки, подполковником в возрасте тридцати трех лет, что в КГБ считается большой удачей. Об этом попросил руководство КГБ мой отец, уходя в отставку. В КГБ существовал неписаный закон, согласно которому генерал-отставник, начиная от заместителя начальника главка, имел право обратиться к начальству с последней просьбой, и она, как правило, выполнялась.

Но за границу меня по-прежнему не выпускали, а первое задание в качестве помощника было таким: придумать лозунг на тему «КГБ и перестройка», причем такой, чтобы было ясно: никакой перестройки в этом ведомстве нет и не предвидится. Я несколько часов бродил по лесу, набираясь вдохновения, и в конце концов нашел: «Перестройка для нас — это умение работать еще лучше, еще успешнее выполнять задания партии!» Позднее я встречал этот лозунг даже в докладах Крючкова...

Но перестройка все равно набирала темп. Наше ведомство, совсем недавно бывшее абсолютно всесильным, зашаталось. Участились побеги разведчиков за границу. Стала уклоняться от сотрудничества агентура внутри страны, и в первую очередь — церковная, наиболее чуткая к наступающим переменам. Священники теперь так говорили приставившим к ним чекистам:

— Отстаньте! У вас своя работа, у нас — своя!..
Еще недавно они помыслить не смели о чем-либо подобном.

И наконец, в прессе стали появляться разоблачительные статьи о КГБ. Из них читатели вдруг узнали, что чекисты — это вовсе не люди с холодной головой, горячим сердцем и чистыми руками, как утверждал Дзержинский. КГБ утратил моральную поддержку общества и словно сказочный Змей-Горыныч, начал распадаться на куски.

В воздухе запахло переворотом. Мы, конечно, не знали, что путч произойдет именно в августе

1991 года, но чувствовали, что он завершится репрессиями, в которых нам, пусть даже косвенно, придется участвовать. И тогда та часть чекистов, которая перешла на позиции демократии и либерализма, — меньшая, между прочим! — ушла из разведки. Среди этих людей был и я.

— Да, вам надо уходить! — согласились начальники. — Вы не наш человек, теперь это очевидно!..

Вскоре я распрощался с Лубянкой и полной грудью вдохнул воздух свободы.

Буквально на следующий день я начал писать эту книгу. В 1994 году она была опубликована в Токио, в издательстве «Дзидзи пресс», и наделала много шума. Но я продолжал дополнять рукопись этой книги, включив в нее сведения о деятельности КГБ и внутри нашей страны. Сейчас я представляю ее на суд российского читателя.

ОГЛАВЛЕНИЕ

Преображенский К.

П72   КГБ в Японии. Шпион, который любил Токио. — «Секретная папка». — М.: ЗАО Изд-во Центрполиграф, 2000. — 457 с.

ISBN 5-227-00623-7

Константин Преображенский — бывший разведчик, журналист и писатель, автор книг о Японии: «Бамбуковый меч», «Спортивное кимоно», «Как стать японцем», «Неизвестная Япония» — и многочисленных публикаций. Настоящая книга вышла в Японии в 1994 году и произвела эффект разорвавшейся бомбы. В ней предстает яркий и противоречивый мир токийской резидентуры КГБ, показана скрытая от посторонних кухня разведки. Автор также рассказывает о деятельности КГБ в России — о военной контрразведке, работе в религиозных организациях, о подготовке разведчиков к работе за рубежом, особое внимание уделяя внутреннему контролю в разведке и слежке за собственными сотрудниками. К. Преображенский часто выступает в российских и мировых средствах массовой информации в качестве независимого эксперта по вопросам разведки.

УДК 82-3
ББК 66.4

**Константин Георгиевич
Преображенский**

КГБ В ЯПОНИИ
Шпион, который любил Токио

Ответственный редактор *О.И. Лемехов*
Художественный редактор *И.А. Озеров*
Технический редактор *Л.И. Витушкина*
Корректоры *И.А. Филатова, Т.В. Вышегородцева*

Изд. лиц. ЛР № 065372 от 22.08.97 г.
Подписано в печать с готовых диапозитивов 24.01.2000
Формат 84х108^1/$_{32}$. Бумага газетная. Гарнитура «Таймс»
Печать офсетная. Усл. печ. л. 24,36
Уч.-изд. л. 18,79 + 0,5 альбома = 19,24
Тираж 10 000 экз. Заказ № 189

ЗАО «Издательство «Центрполиграф»
111024, Москва, 1-я ул. Энтузиастов, 15
E-MAIL: CNPOL@DOL.RU

Отпечатано в ГУП Издательско-полиграфический
комплекс «Ульяновский Дом печати»
432601, г. Ульяновск, ул. Гончарова, 14

Серию **СЕКРЕТНАЯ ПАПКА** открывают книги:

Олег Гордиевский, Кристофер Эндрю
«КГБ — РАЗВЕДЫВАТЕЛЬНЫЕ ОПЕРАЦИИ ОТ ЛЕНИНА ДО ГОРБАЧЕВА»

Авторы рассекречивают историю самого закрытого подразделения КГБ, снабжавшего политической информацией высшее руководство СССР, — Первого главного управления (внешней разведки), чьи «служащие» прямо или косвенно участвовали во всех политических и военных конфликтах, смещали правительства и манипулировали общественным мнением целых государств.

По мнению историков разведки, эта книга является уникальной. Издание, увидевшее свет в 1991 году, не стало достоянием широкой публики. Книга, предлагаемая вниманию читателей, существенно переработана и дополнена новым фактическим материалом.

Твердый переплет, формат 141×221 мм, объем 672 с. + 1 альбом вклеек.

Олег Гордиевский
«СЛЕДУЮЩАЯ ОСТАНОВКА — РАССТРЕЛ»

Он был заочно приговорен к расстрелу, и его дело до сих пор не закрыто! Как только не называли Гордиевского после его скандального побега из Москвы. Но он всего лишь был не согласен с существующим в СССР режимом. Оказавшись в сложных жизненных обстоятельствах, он начал сотрудничать с английской разведкой, пока не попал под подозрение Центра.

О своей жизни в КГБ с предельной откровенностью рассказывает Олег Гордиевский в автобиографической книге, которая во многом расходится с общепринятыми представлениями о службе госбезопасности. На Западе книга стала бестселлером сразу после выхода.

Твердый переплет, формат 126×206 мм, объем 496 с. + 1 альбом вклеек.

Леонид Млечин
«ПРЕДСЕДАТЕЛИ КГБ. РАССЕКРЕЧЕННЫЕ СУДЬБЫ»

КГБ — одна из самых знаменитых и загадочных спецслужб XX столетия. Не менее известны и люди, в разное время стоящие во главе этой закрытой государственной структуры. Дзержинский, Берия, Андропов и другие вошли в историю страны. У каждого из них была своя судьба, в полной мере отразившая судьбу страны. Но кто и что сделал для истории России? Книга известного обозревателя Леонида Млечина — это портреты тех, кто в разные годы возглавлял ведомство на Лубянке, и первое подобное исследование истории госбезопасности с 1917 года и до наших дней.

Твердый переплет, формат 141×221 мм, объем 656 с. + 1 альбом вклеек.

Валентин Фалин
«КОНФЛИКТЫ В КРЕМЛЕ»

Как проходила так называемая перестройка и какова действительная подоплека этой авантюры, окончившейся крахом, результатом которой явилась смена политического режима в нашей стране и глобальное переустройство Европы? О том, что скрывалось за лозунгом «демократизация и гласность», чем на самом деле являлось «новое политическое мышление», что представляла из себя фигура последнего генсека компартии и первого Президента СССР М.С. Горбачева, рассказывает один из непосредственных участников этих событий.

Валентин Фалин — с 1988-го по 1991 год советник М.С. Горбачева по общеполитическим проблемам. В книге впервые публикуются материалы, многие из которых рассекречены совсем недавно.

Твердый переплет, формат 130×206 мм,
объем 400 с. + 1 альбом вклеек.

Олег Царев
Найджел Вест
«КГБ В АНГЛИИ»

В книге на основании документов воссоздается история советских резидентур в Англии. Рассказывается о том, как вербовались агенты из числа подданных английской короны, о резидентах советской разведки, создавших в Англии разветвленную шпионскую сеть и передававших в Союз военные и технологические секреты, о совместной работе советской и английской разведок при открытии второго фронта во время войны, а также о том, как были похищены секреты производства атомной бомбы.

Авторы книги — подполковник внешней разведки КГБ Олег Царев, проработавший долгие годы в Англии в качестве корреспондента газеты «Известия», и Найджел Вест, военный историк и специалист в области разведки.

Твердый переплет, формат 130×206 мм,
объем 496 с. + 1 альбом вклеек.

Райнхард Гелен
«ВОЙНА РАЗВЕДОК
ТАЙНЫЕ ОПЕРАЦИИ СПЕЦСЛУЖБ ГЕРМАНИИ
1942—1971»

История немецкой внешней разведки со времен Второй мировой войны вплоть до начала 70-х годов в книге воспоминаний Райнхарда Гелена — начальника отдела «Иностранные армии Востока» генерального штаба гитлеровской армии и создателя «Организации Гелена» — Федеральной разведывательной службы ФРГ. Эта книга позволяет читателю взглянуть на исторические события 40—60-х годов нашего столетия с совершенно иной точки зрения, не соответствующей привычным стандартам отечественной историографии. Это достоверный исторический документ и интереснейший рассказ о том, что скрывалось за сухими военными сводками и официальной немецкой пропагандой.

Об истории разведок написано много. Но Райнхард Гелен — человек непосредственно причастный к разведывательной службе и его своеобразные свидетельские показания существенно дополняют картину европейской истории уходящего XX века.

Твердый переплет, формат 130×206 мм,
объем 432 с. + 1 альбом вклеек.

ЦЕНТРПОЛИГРАФ

Книга-почтой

Если Вы желаете приобрести книги издательства «Центрполиграф» без торговой наценки, то можете воспользоваться услугами отдела «Книга-почтой»

Все книги будут рассылаться наложенным платежом без предварительной оплаты. Заказы принимаются на отдельные книги, а также на целые серии, выпускаемые нашим издательством. В последнем случае Вы будете регулярно получать по 2 новых книги выбранной серии в месяц.

Для этого Вам нужно только заполнить почтовую карточку по образцу и отправить по адресу:

111024, Москва, а/я 18, «Центрполиграф»

ПОЧТОВАЯ КАРТОЧКА

В РОССИЯ

Куда ____ г. Москва, а/я 18 _____

Кому ____ «ЦЕНТРПОЛИГРАФ» _____

Индекс предприятия связи и адрес отправителя
680011
г.Хабаровск, ул. Мира,
д. 10, кв. 5.
Ивановой Г.П.

=111024

Пишите индекс предприятия связи места назначения

Мин. связи России. Издатцентр «Марка». 1992
3. 105570. ППФ Гознака. Ц. 55 к.

На обратной стороне открытки необходимо указать, какую книгу Вы хотели бы получить или на какую из серий хотели бы подписаться. Укажите также требуемое количество экземпляров каждого названия.

Указанные цены включают затраты по пересылке Вашего заказа, за исключением авиатарифа.

Стоимость пересылки почтового перевода наложенного платежа оплачивается отделению связи и составляет 10—20% от стоимости заказа.

Книги оплачиваются при получении на почте.

К сожалению, издательство не может долго удерживать объявленные цены по независящим от него причинам, в связи с общей ситуацией в стране. Надеемся на Ваше понимание.

МЫ РАДЫ ВАШИМ ЗАКАЗАМ!